本书系2015年度教育部哲学社会科学研究重大课题攻关项目"毕业生就业率、就业质量、职业发展与高等教育事业发展研究"（项目编号：15JZD043）的阶段性成果。

Value Orientation and Action Path of Construction of Major Cluster in Higher Vocational Colleges

高职院校专业群建设的价值取向与行动路径

张栋科 ◎ 著

中国社会科学出版社

图书在版编目（CIP）数据

高职院校专业群建设的价值取向与行动路径 / 张栋科著. —北京：中国社会科学出版社，2021.5
ISBN 978 - 7 - 5203 - 8328 - 8

Ⅰ.①高… Ⅱ.①张… Ⅲ.①高等职业教育—人才培养—研究—中国 Ⅳ.①G718.5

中国版本图书馆 CIP 数据核字（2021）第 072919 号

出 版 人	赵剑英
责任编辑	马　明
责任校对	刘　洋
责任印制	王　超

出　　版	中国社会科学出版社
社　　址	北京鼓楼西大街甲 158 号
邮　　编	100720
网　　址	http://www.csspw.cn
发 行 部	010 - 84083685
门 市 部	010 - 84029450
经　　销	新华书店及其他书店
印刷装订	三河弘翰印务有限公司
版　　次	2021 年 5 月第 1 版
印　　次	2021 年 5 月第 1 次印刷
开　　本	710×1000　1/16
印　　张	12.75
插　　页	2
字　　数	203 千字
定　　价	68.00 元

凡购买中国社会科学出版社图书，如有质量问题请与本社营销中心联系调换
电话：010 - 84083683
版权所有　侵权必究

前　　言

　　专业群建设是当前经济社会发展背景下专业发展方式的转变，是高职院校内涵建设和集约化管理的创新。研究立足于高职院校专业群建设的实践困境，聚焦于专业群建设的价值误区与逻辑偏差，通过反思高职教育的本质属性及与社会的互动关系，进而基于"互联网+"创新高职院校专业群建设的实施路径。

　　首先，研究从时间和空间两个维度梳理了我国专业群建设从"试点"、"普及"到"优化"的三个发展阶段，对国内外根据职业群、面向生涯集群、按照专业目录来设置专业群的不同路径进行了比较分析。其次，基于我国高职院校专业群建设实践的现状考察，从价值取向演进、行动逻辑转换和实施路径衍变三个方面递进搭建出高职院校专业群建设的研究框架。

　　在价值取向上，研究梳理了职业教育价值取向的历史演变，认为职业教育已经进入服务于学习者职业生涯的发展阶段，而当前就业导向认识误区的根源在于对社会本位下职业教育观的误读。由此，研究通过梳理社会学、教育学视角下职业教育本质属性的现实之争，分析了职业教育从"训练性"到"教育性"的历史演变，认为在知识社会下职业教育本质属性应是职业生涯导向性。同时，研究借鉴杰勒德·德兰迪的知识社会理论，基于大学体系内部"技术公民身份"和"文化公民身份"的二维分类，高职院校作为"知识应用者"，其宗旨是促进高职院校学习者的职业生涯发展，因此，职业生涯导向性应是高职院校专业群建设的价值取向。职业生涯导向下的高职院校专业群建设，是秉持以人为本的培养理念，以培养学习者职业生涯能力为目标，通过专业群的动态建设来为高职院校学习者的职业生涯发展服务。

　　接下来，研究分析了高职院校专业群建设实践的"产业—专业—就业"的线性逻辑偏差，认为其产生根源在于忽视了劳动力市场的复杂性，是对职业教育适应论的机械解读。由此，研究引入了卢曼的功能结构主义理论，将高等职业教育视作以"专业群"作为"代谢生产网络"，以"职业生涯导向"作为"纲要"，以"职业人/非职业人"作为"二元符码"的，以"自我指涉"机制运行的自创生系统，其与外界环境是一种动态、主动的适应关系。职业生涯导向理念下"自我指涉"机制的实质则是高职教育系统内部与外部的"双联动"行动逻辑。在双联动逻辑下，高职教育与外在环境耦合关系的实质，则是以专业群为特色的高职院校人才生产网络的复杂性来"化约"经济社会发展对技术技能人才需求的复杂性。

而职业生涯导向、双联动逻辑下的高职院校专业群建设，就是将高职院校专业群建设与学习者的职业生涯发展相结合，其实质即通过高职院校外部社会"人才供需信息"与内部学习者"个人生涯信息"的全面对接来为专业群动态建设提供依据。面对"外部联动"的"时滞效应"与"内部联动"的"孤岛现象"的现实困境，研究在"互联网+"背景下，基于云计算技术、大数据技术和泛在网络技术，设计了服务于职业生涯发展全过程的高职院校学生职业生涯追踪平台，进而在共享信息、共建资源和决策支持的基础上建构包括前期的"动态化"专业结构布局调整、中期的"智慧化"人才培养模式改革、后期的"终身化"职业生涯发展服务的专业群建设实施路径。

研究通过分析知识社会背景下高职教育的角色定位并反思其与社会的互动关系，将高职院校专业群建设实践困境的观察视角从"社会需求"转向"个体生涯"，从职业生涯导向的价值取向、双联动的行动逻辑和基于生涯追踪平台的实施路径三个方面，尝试建构了以人为本的高职院校专业群建设体系，以期为我国高职院校专业群建设的研究和实践提供一定的借鉴。

目　　录

第一章　绪论 …………………………………………………………（1）
第一节　问题提出与概念界定 ……………………………………（1）
　　一　研究背景 …………………………………………………（1）
　　二　问题提出 …………………………………………………（4）
　　三　概念界定 …………………………………………………（6）
第二节　已有研究梳理与评述 ……………………………………（14）
　　一　国内相关研究现状梳理 …………………………………（14）
　　二　国外相关研究现状梳理 …………………………………（23）
　　三　已有研究述评 ……………………………………………（32）
第三节　研究内容与研究意义 ……………………………………（35）
　　一　研究内容 …………………………………………………（35）
　　二　研究重点、难点与创新点 ………………………………（36）
　　三　研究意义 …………………………………………………（37）
第四节　研究思路与实施方案 ……………………………………（38）
　　一　研究思路 …………………………………………………（38）
　　二　研究方法 …………………………………………………（38）
　　三　实施方案 …………………………………………………（39）

第二章　高职院校专业群建设的历史与比较 ………………………（41）
第一节　高职院校专业群建设的历史变迁 ………………………（41）
　　一　专业群"试点"建设阶段（2006—2010年）……………（42）
　　二　专业群"普及"建设阶段（2010—2014年）……………（43）

三　专业群"优化"建设阶段（2014年至今） …………………… (45)
　第二节　高职院校专业群设置的路径比较 …………………………… (48)
　　一　《国际标准职业分类》和《国际教育标准分类》 ………… (48)
　　二　专业群的设置 …………………………………………………… (51)
　　三　专业群设置路径的比较分析 …………………………………… (60)

第三章　高职院校专业群建设的现状考察 …………………………… (63)
　第一节　高职院校专业群建设的理念分析 …………………………… (63)
　第二节　高职院校专业群建设的实践考察 …………………………… (66)
　　一　专业群建设的层次与类型 ……………………………………… (68)
　　二　专业群建设的动因与依据 ……………………………………… (68)
　　三　专业群建设的内容与流程 ……………………………………… (70)
　　四　专业群建设的校内外协作 ……………………………………… (71)
　第三节　高职院校专业群建设的困境解析 …………………………… (73)
　　一　"就业导向"价值取向的认识误区 …………………………… (73)
　　二　"产业—专业—就业"的逻辑偏差 …………………………… (75)
　　三　高职院校"单打独斗"的静态路径 …………………………… (77)
　第四节　高职院校专业群建设的困境消解 …………………………… (80)
　　一　价值取向演进：从就业导向到职业生涯导向 ……………… (80)
　　二　行动逻辑转换：从线性逻辑到双联动逻辑 ………………… (81)
　　三　实施路径衍变：从单打独斗到多方协同的动态建设 ……… (82)

第四章　高职院校专业群建设的价值取向 …………………………… (83)
　第一节　职业教育价值取向的历史演变 ……………………………… (83)
　　一　农业社会——促进个人生存与阶层流动 …………………… (84)
　　二　工业社会——满足国家产业发展需求 ……………………… (85)
　　三　知识社会——服务个体职业生涯发展 ……………………… (87)
　第二节　价值取向的理论溯源：职业教育本质属性探讨 ………… (89)
　　一　职业教育本质属性论之争 ……………………………………… (90)
　　二　职业教育本质属性——职业生涯导向性 …………………… (93)

第三节 职业生涯导向：高职院校专业群建设的应然诉求 …… （102）
  一 知识社会背景下高职院校的角色定位 …………… （102）
  二 职业生涯导向下高职专业群建设的具体内涵 …… （108）

第五章 高职院校专业群建设的行动逻辑 …………………… （112）
第一节 专业群建设的现实逻辑解析 ……………………… （112）
  一 理论根源：职业教育适应论的机械解读 ………… （113）
  二 实质反思：劳动力市场复杂性的忽略 …………… （116）
第二节 高职教育与社会关系的再审视——基于卢曼的
    社会系统理论 ……………………………………… （117）
  一 社会理论中系统论与复杂性的引入背景 ………… （118）
  二 卢曼对帕森斯结构功能主义的批判与修正 ……… （121）
  三 作为自创生系统的高职教育内涵认识 …………… （128）
第三节 高职教育自我指涉机制下"双联动"逻辑解析 …… （130）
  一 高职教育自我指涉的运作机制分析 ……………… （131）
  二 自我指涉机制背后的双联动逻辑解读 …………… （133）
  三 "双联动"逻辑下高职专业群建设内涵解析 …………… （136）

第六章 高职院校专业群建设的实施路径 …………………… （140）
第一节 职业生涯导向下"双联动"逻辑运行分析 ………… （140）
  一 专业群建设"双联动"逻辑运行困境分析 ……… （141）
  二 "互联网＋"背景下"双联动"运行困境破解 ………… （144）
第二节 基于"互联网＋"的职业生涯追踪平台构建 ……… （147）
  一 职业生涯追踪平台的价值理念解析 ……………… （147）
  二 职业生涯追踪平台的体系架构设计 ……………… （148）
  三 职业生涯追踪平台的协同联动参与 ……………… （152）
第三节 基于职业生涯追踪平台的专业群动态建设路径 … （154）
  一 前期"动态化"专业结构布局调整 ……………… （155）
  二 中期"智慧化"人才培养模式改革 ……………… （158）
  三 后期"终身化"职业生涯发展服务 ……………… （167）

结　语 …………………………………………………………（170）

参考文献 …………………………………………………………（174）

后　记 …………………………………………………………（193）

第一章

绪　　论

第一节　问题提出与概念界定

一　研究背景

高职院校专业建设是高职教育与社会发展的契合点，它既是校内外教育资源配置的枢纽，又是人才培养的基本组织单元。[①] 高职院校专业建设大致可以分成三个阶段：在 2003 年以前是第一个阶段模仿期，此时高职院校专业建设模仿本科教育模式，缺乏独立的办学理念；第二个阶段从 2004 年到 2006 年，高职院校专业建设进入了规范期，以教育部颁布实施高职专业目录为标志，此时高职院校专业设置较为盲目，重数量、轻质量；第三个阶段从 2007 年开始，高职院校专业建设进入专业群建设时期，以示范性高职建设、骨干高职建设和提升专业社会服务能力建设为依托，专业群建设成为高职院校专业发展方式的重要变革。

以专业群为单位进行专业建设是高职院校建设高水平专业、促进内涵提升的重要途径。高职院校专业群建设是当前经济社会发展背景下专业发展方式的转变，是高职院校内涵建设和集约化管理的创新[②]，其通过专业发展方式和教学组织的革新，增强专业设置的灵活性和适应性，实现教育资源共享和提升教育资源收益来促进专业建设整体水平的提高[③]。高职院校专业群建设既是产业转型升级的外部需求，也是高职教育自身发展的内在要求。

[①] 曾宪文、张舒：《论高等职业院校专业群建设——关于质的探讨》，《当代教育科学》2010 年第 3 期。

[②] 强伟纲：《对高职专业群建设的思考》，《教育与职业》2013 年第 21 期。

[③] 施泽波：《围绕产业链构建专业群的实践与思考》，《中国成人教育》2010 年第 12 期。

(一) 外部社会需求: 产业转型升级催生复合型人才需求, 驱动专业群建设

高等职业教育与社会技术进步和产业经济结构之间存在高度密切的协同联动关系, 因此, 高职院校应当结合区域产业结构来对自身的专业结构进行设置和调整。① 伴随科学技术进步和产业结构转型升级, 工作岗位要求的知识与技能水平不断提升, 从而使职业的内涵发生变化, 特别是技术类岗位对专业技术复合程度的要求越来越高, 技术人员区域在职业带上的分布持续向高端前移, 人才需求由原来的"单一技能、单一工种"逐渐转向"多技能、多工种", 而这种"复合型"技术技能人才也上升到由高等职业教育培养②。而随着现代产业集群的不断发展, 社会经济中的产业结构在纵向上不断向上下游延伸, 在横向上产业间关联度日益提升, 由此导致社会分工日益深入和复杂化, 进而使得对从业人员的知识和技能需求高度相关的岗位群开始出现。因此, 伴随社会技术进步和产业集群化发展而出现的复合型人才需求以及岗位群现象对高职毕业生的岗位适应性和职业迁移能力提出了更高的要求。

因产业转型升级而产生的人才需求结构演变是高职教育从重视单个专业建设到重视专业群建设的根本动力。③ 产业集群是产业结构调整与优化的结果, 在产业集群发展的背景下, 以单个专业面向市场已无法满足产业集群化发展和区域特色化发展的需要。而专业群的提出是高职教育适应产业发展的新思维④, 正是由于产业对于较广泛的岗位适应性和"定制化"色彩的特色人才的需求, 高职专业群建设实行柔性的课程组织和富有个性的人才培养模式, 进而强化学习者岗位迁移能力和职业生涯能力的培养⑤, 以期能够解决人才培养的适应性与针对性的矛盾, 提高技术技能人才的培养质量。

---

① 孙峰:《专业群与产业集群协同视角下的高职院校专业群设置研究》,《高等教育研究》2014 年第 7 期。

② 黄波、于淼、黄贤树:《职业带理论与现代职业教育体系建设》,《职业技术教育》2015 年第 1 期。

③ 张新民、罗志:《高职专业群建设的机理、理论、动力和机制》,《职教论坛》2016 年第 27 期。

④ 同上。

⑤ 韩继红、李曙明:《后示范时期高职院校专业群建设与发展的路径分析》,《教育理论与实践》2013 年第 27 期。

（二）内部教育规律：高等职业教育自身生存与发展，要求专业群建设

职业教育在价值追求方面，应当重视受教育者的全面发展和可持续发展，与经济社会发展建立有机联系，更加关注长远教育价值，优化成人与成才的关系。① 高等职业教育兼有高等教育和职业教育的双重属性，其性质和职能决定了"高职院校的专业设置是联系社会和学校的一个纽带"②。《现代职业教育体系建设规划（2014—2020 年）》明确提出，"现代职业教育应适应经济社会发展需求，其专业设置也应符合市场需求"③；《高等职业教育创新发展行动计划（2015—2018 年）》指出，"高等职业教育要坚持适应需求的原则，紧贴产业发展，依托重点专业（群），不断提高专业建设水平"④；《制造业人才发展规划指南》提出，"产业与教育融合发展更加深入，学科专业设置随产业发展动态调整机制更加健全"⑤；《国家教育事业发展"十三五"规划》指出，"推动区域内职业学校科学定位，使每一所职业学校办好当地经济社会发展需要的特色优势专业（集群）"⑥；2019 年 1 月发布的《国家职业教育改革实施方案》提出启动实施中国特色高水平、高等职业学校和专业建设计划，建设一批引领改革、支撑发展、世界水平的高等职业学校和骨干专业（群）。

专业群是高职院校一种新型的专业建设模式，通过将具有相近的知识和技术基础、共通的职业技能要求的专业进行组合，进而可以整合外部资源和盘活既有存量资源，共享师资、实训基地、课程资源等，形成

---

① 张振元：《试论现代国民教育的价值取向——兼论职业学校教育的价值追求》，《职教论坛》2011 年第 10 期。
② 应智国：《论专业群建设与高职院校的核心竞争力》，《教育与职业》2006 年第 14 期。
③ 《教育部等六部门关于印发〈现代职业教育体系建设规划（2014—2020 年）〉的通知》（教发〔2014〕6 号），http://old.moe.gov.cn/publicfiles/business/htmlfiles/moe/moe_630/201406/170737.html，2014 年 6 月 16 日。
④ 《教育部关于印发〈高等职业教育创新发展行动计划（2015—2018 年）〉的通知》（教职成〔2015〕9 号），http://www.moe.edu.cn/srcsite/A07/moe_737/s3876_cxfz/201511/t20151102_216985.html，2015 年 10 月 21 日。
⑤ 《教育部人力资源社会保障部工业和信息化部关于印发〈制造业人才发展规划指南〉的通知》，http://www.moe.gov.cn/srcsite/A07/moe_953/201702/t20170214_296162.html，2016 年 12 月 27 日。
⑥ 《国务院关于印发〈国家教育事业发展"十三五"规划〉的通知》，http://www.moe.edu.cn/jyb_sy/sy_gwywj/201701/t20170119_295319.html，2017 年 1 月 10 日。

规模经济效应，提高教育资源收益。同时，高职院校专业群模式可以根据产业结构的发展变化来动态调整自身的专业结构，继而使得高职院校专业设置在稳定性的基础上，又具有较强的灵活性和适应性。专业群作为一种集约化的专业管理模式，可以有效地降低教学组织管理的难度，进而通过凝聚资源和整合力量，来提高教育资源收益和提升技术技能人才的培养质量。因此，专业群建设模式将是高等职业教育自身发展的重要方向。

二 问题提出

目前我国高等职业教育尚未完全适应经济社会发展的需要，突出表现为高职院校毕业生就业率虚高、就业质量低下等问题。根据麦可思研究院发布的《2015年中国高职高专生就业报告》①和《2016年中国高职高专生就业报告》②可以看出，尽管我国2013—2015届高职学生毕业半年后的就业率分别为90.9%、91.5%、91.2%（升学人数未统计在内），但受雇从事全职工作的比例分别为82.5%、81.7%、80.5%，且已经出现连续三年下降，职业期待吻合度为40%、43%、44%，职业期待不吻合的原因前两位是"不符合自己的职业发展规划"和"不符合自己的兴趣爱好"，同时其工作与专业的吻合度只有62%，工作与专业无关的主要原因是"迫于现实先就业再择业"和"专业不符合自己的职业期待"，半年内离职率高达43%、42%、43%，而离职人群中有98%的人是主动离职，其原因主要是"个人发展空间不够"、"薪资福利偏低"和"想改变职业或行业"。同时，2011—2012届学生毕业三年后，其职业转换率为49%，行业转换率为55%和54%，其工作与专业相关度只有56%，即将近一半的人将从事与所学专业无关的工作，同时2012届毕业生认为最重要的三项职业能力分别是"持续学习能力"、"自我定位能力"和"职业规划能力"。

高职院校毕业生就业率虚高、就业质量低下等问题，是高等职业教

---

① 麦可思研究院：《2015年中国高职高专生就业报告》，社会科学文献出版社2015年版，第11—17页。
② 麦可思研究院：《2016年中国高职高专生就业报告》，社会科学文献出版社2016年版，第22—27页。

育尚未完全适应经济社会发展的集中体现，其具体原因包括以下三个方面。

第一，在专业群建设的价值取向上，单纯强调专业群建设要以促进就业为导向，忽视学习者职业生涯能力的培养。"就业导向"是高职教育长期以来坚持的办学理念，而在高职院校专业群建设实践过程中，出现了对"就业导向"理念的误读，认为"职业教育是就业教育""专业群建设要完全服务产业发展"，由此导致专业群内部设置"计划""供给"特征明显，专业设置过硬过细、培养过程设定过于刚性，进而不利于学习者职业生涯能力的培养。

第二，在专业群建设的行动逻辑上，侧重产业—专业—就业的线性逻辑，是对职业教育适应论的机械解读。由于劳动力市场的复杂性，专业群建设与产业发展并不是呈简单的线性相关，因此，单纯依靠产业导向、利用专业结构与产业结构对应的线性逻辑难以对社会人才需求做出快速、准确的反映，一味地强调就业的零距离对接，提高毕业生的初次岗位胜任能力，往往忽视了培养学习者的岗位迁移能力和职业生涯能力[①]。而高职院校毕业生较高的职业转化率、行业转化率与较低的职业期待吻合度、工作与专业的吻合度则验证了这一点。

第三，在专业群建设的实施路径上，高职院校内外协同机制尚未形成，"单打独斗"现象普遍，对于专业群的动态调整研究不足。由于专业群建设实现的"行政指向"特征，高职院校将其视为示范建设期的重点任务，然而在"后示范"时期，缺乏内涵驱动的专业群已成为一种制度化的体系，无法及时有效地反应并适应技术进步和产业发展的人才需求变化。由此，专业群的"重建设、轻调整"的静态建设实践，使其与岗位群需求脱节，既限制了专业群的产业服务能力，又阻碍了学习者的职业能力发展和岗位迁移能力的提高，由此导致高职毕业生就业质量形势严峻。

因此，本研究立足于高职院校专业群建设的实践困境，聚焦于专业群建设的价值误区与逻辑偏差，通过分析知识社会背景下高职教育的角色定位和反思高职教育与社会的互动关系，将高职院校专业群建设实践

---

① 韩继红、李曙明：《后示范时期高职院校专业群建设与发展的路径分析》，《教育理论与实践》2013 年第 27 期。

困境的观察视角从"社会需求"转向"个体生涯",从"职业生涯导向"价值取向、"双联动"行动逻辑和基于生涯追踪平台的实施路径三个方面,尝试建构以人为本的高职院校专业群建设体系,通过在政府部门、高职院校、用人企业、毕业生之间建立起畅通的信息协调机制与沟通平台,进而形成具有较强灵活性和适应性的高等职业教育专业群建设的动态调整体系,以期增强专业结构的开放性、专业方向的灵活性和专业设置的适应性,从而增强毕业生的职业生涯能力和社会适应能力培养,以期为我国高职院校专业群建设的研究和实践提供一定的借鉴。

三 概念界定

(一)专业

目前,我国学者对于专业的理解不尽相同。在广义的层面,可以从职业的角度理解专业,如有学者认为"专业是指某种职业不同于其他职业的一些特点的劳动特点,也可指某些特定的社会职业"[1],或"专业性职业的缩写,其共性就是每一个专业都有一个科学的知识体系"[2]。在狭义的层面,可以从高等教育的角度来理解专业,认为专业"特指是高等学校中的专业"[3]。其具体内涵有两种表述:一种观点将其视为高等学校内部的教育基本单位,如《辞海》的表述为"高等学校或中等专业学校根据社会分工需要而划分的学业门类"[4],有学者认为"专业是根据学科划分和社会分工需要,分门别类进行高深知识教与学活动的基本单位"[5];另一种观点将专业视为高等学校内部的教育的基本组织形式,如《教育大辞典》中认为"专业译自俄文,指中国等国高等教育培养学习者的各个专门领域,大体相当于《国际教育标准分类》的课程计划或美国高等学校的主修"[6],有学者认为"专业是课程的一种组织形式,课程之间的不同组合形成了不同的专业"[7]。

---

[1] 周川:《专业散论》,《高等教育研究》1992年第1期。
[2] 赵康:《论高等教育中的专业设计》,《教育研究》2000年第10期。
[3] 周川:《专业散论》,《高等教育研究》1992年第1期。
[4] 辞海编辑委员会:《辞海(上册)》,上海辞书出版社1979年版,第66页。
[5] 薛天祥:《高等教育学》,广西师范大学出版社2001年版,第27页。
[6] 顾明远:《教育大辞典:第三卷》,上海教育出版社1991年版,第26页
[7] 潘懋元、王伟廉:《高等教育学》,福建教育出版社1995年版,第128页。

在高等职业教育领域，专业"不同于学科门类，不侧重于学科分类的学术性，另外，职业教育的专业也不等于社会职业，尽管职业教育强调职业性，但是其与社会职业之间也不是一一对应的关系"①。因此，综上所述，本研究中的"专业"是指高职院校在学科分类和职业分工的基础上，以培养高素质技术技能人才为目标的教育教学活动的基本组织形式。

（二）专业群

高职院校"专业群"概念的提出和专业群建设项目的确立，可以说是产业集群理论在教育领域的拓展和应用②，其最初目的是要实现群内教学资源特别是师资和实践教学资源共享。通过综述已有文献，对于专业群的内涵存在"核心专业支撑论"和"相关专业组合论"两种观点。

"核心专业支撑论"类的定义认为专业群是由核心或特色专业与其他相关专业或专业方向组合而成，已有研究分别就专业间的共性、支撑专业的内涵、专业方向设置等方面进行了探究。而随后的概念对核心专业的认识则逐步加深，如"专业群是由一个或多个重点建设专业作为核心专业，由若干相关专业共同组成的专业集群，重点建设专业具有办学理念先进、产学结合紧密、特色鲜明、就业率高等专业建设特色"③；相关专业也开始超越同一行业的限制，如"专业群主要是指高职院校围绕某一技术领域、服务领域或产业链，以本校具有明显优势或特色的核心专业为龙头，充分融合各相关专业而形成的专业集群，其相关专业可以由同一大类中的相近专业组合，也可以按产业链跨类组合"④；同时，专业方向的概念开始出现，"专业群主要是指高职院校围绕某一技术领域或服务领域，以学校重点或特色（优势）专业为核心，若干个技术基础、职业岗位相近相关专业或专业方向共同组成的专业集群"⑤，"专业群是职业院校面向职业岗位群，以核心专业为依托而构建的专业或专业方向集群"⑥。

---

① 姜大源：《职业教育学研究新论》，教育科学出版社2007年版，第56页。
② 张新民、罗志：《高职专业群建设的机理、理论、动力和机制》，《职教论坛》2016年第27期。
③ 孙毅颖：《高职专业群建设的基本问题解析》，《中国大学教学》2011年第1期。
④ 强伟纲：《对高职专业群建设的思考》，《教育与职业》2013年第21期。
⑤ 方飞虎、潘上永、王春青：《高等职业教育专业群建设评价指标体系构建》，《职业技术教育》2015年第5期。
⑥ 徐恒亮、杨志刚：《高职院校专业群建设的创新价值和战略定位》，《中国职业技术教育》2010年第7期。

"相关专业组合论"类的定义则认为专业群是由相关专业或专业方向组成，而组成的原则有"课程相近"原则，如"专业群指由具有共同的专业技术基础课程和基本技术能力要求并能涵盖某一技术或服务领域的、由若干个专业组成的一个集群，能否归为一个专业群主要以是否拥有共同的专业技术基础课程和基本技术能力（技能）要求来划分"①；"能力相近"原则，如"高职院校专业群是将具有相同产业、行业背景，相近岗位职业能力的一组专业整合在一起，使之成为具有相近培养方向和培养目标的专业集合体"②，"专业群是指面向职业岗位群或行业，由职业能力相近或紧密相关、涵盖某一或几个技术或服务领域的若干个专业组成的一个集群"③；"同一实践教学"原则，如"专业群是指由面向企业中的岗位链、能在同一个实训体系中完成其基本的实践性教学的若干个相关的专业或专业方向共同组成的专业集群"④。

综上所述，本书研究的"专业群"是高职院校在产业链不断延伸的产业集群发展背景下，面向覆盖某一技术与服务领域的职业岗位群，结合自身的办学优势与办学特色，以提升学习者岗位适应性与职业迁移能力、促进学习者职业生涯发展为目的，将若干个具有共同或相似的专业技术课程和基本技能要求的专业组成一个专业集合，并在此基础上实现资源的重组与共享和人才培养质量的提高。

在专业群的本质认识上，已有研究存在"教学组织论"与"管理模式论"两种观点。"教学组织论"认为专业群是高职院校的基本教学单位，即以提高人才培养质量为目标，以一个或若干个重点建设专业为龙头，将课程体系作为专业群建设的出发点和落脚点，以专业群作为课程组织的基本单位⑤；"管理模式论"认为专业群亦是高职院校的基本管理单元，它将相关专业集合在一起来实现教学要素的内在整合，进而共享

---

① 陈林杰：《高职院校专业群构建的路径研究与实践案例》，《中国职业技术教育》2007年第26期。
② 郭福春、徐伶俐：《高职院校专业群视域下的专业建设理论与实践》，《现代教育管理》2015年第9期。
③ 范民：《高职专业群课程体系中链路课程的设计》，《职业技术教育》2009年第11期。
④ 应智国：《论专业群建设与高职院校的核心竞争力》，《教育与职业》2006年第14期。
⑤ 徐生、王怀奥、梁蓓：《高职专业群背景下的学习领域课程开发与实施》，《职业技术教育》2010年第23期。

教学资源①，是资源使用与人才产出的实体组织，进而实现人才培养目标多元化、动态化和多层次，提高学校的综合办学效益②。

因此，本研究认为，专业群是高职院校优化专业布局和资源配置的教学组织手段，也是高职专业建设机制和管理模式创新。

（三）专业群建设

专业群建设在当前高职院校内涵发展中具有特殊的地位，既是当前高职教育的基点，也是高职院校的教学组织和教育管理的基本单位和典型特征。高职院校专业群组成机构和特征是学校办学水平和办学特色的直接体现，反映了高职院校的办学历史、服务面向和服务能力③。高职院校专业群建设包括宏观和微观两个维度。从宏观上，包括"建设理念"——价值取向、"建设机制"——行动逻辑、"建设方法"——实施路径三个层次；从微观上，专业群建设包括专业结构布局、课程体系建设、实训体系建设、培养模式改革、师资队伍组建、组织机制设计等"六要素"。

1. 专业群建设的理论基础

高等职业教育兼具"高等性"与"职业性"，由此，专业集群理论和学科群理论是高职专业群建设的两大基础理论，而与产业和职业对接的"职业联系"则是高职专业群建设的现实依据。

"产业集群"是特定产业中互有联系的相关企业及政府、大学等机构聚集在特定空间的现象④，进而构成具有群体竞争优势和集聚发展的规模效益的产业空间组织形式⑤。同时，产业集群具有明显的生命周期⑥，在时间上呈现出明显的阶段性特征，在空间上表现为结构差异化发展，产业集群的时空定位直接决定了人才需求结构。而高职教育的"职业性"

---

① 郭福春、徐伶俐：《高职院校专业群视域下的专业建设理论与实践》，《现代教育管理》2015年第9期。
② 梅亚明：《高校专业群的集约建设》，《教育发展研究》2006年第17期。
③ 周建松、孔德兰、陈正江：《高职院校高水平专业建设政策演进、特征分析与路径选择》，《中国职业技术教育》2017年第25期。
④ [美]迈克尔·波特：《国家竞争优势》，李明轩、邱如美译，华夏出版社2002年版。
⑤ 刘家枢、高红梅、赵昕：《适应区域产业集群要求的高职专业集群发展对策思考》，《现代教育管理》2011年第4期。
⑥ 孙峰：《专业群与产业集群协同视角下的高职院校专业群设置研究》，《高等教育研究》2014年第7期。

决定了高职院校专业群建设要与产业集群实现时空对接。伴随产业集群转型升级以及行业新业态产生，人才需求结构也逐渐复杂化，由此驱动高职院校专业结构由离散的专业集合，通过"衍生"和"重组"，形成向专业群演进的专业结构布局。

学科群的出现是适应经济社会发展对于复合型人才需求的结果，而高职专业群是以课程组织为落脚点的，其课程内容的"高等性"决定了学科群理论也是高职专业群的基础理论。所谓"学科群"是指若干具有相同级次的学科点集[①]，由若干相关学科有序组合而成的学科集合[②]。学科群的出现是为适应科学与技术高速发展以及高度分化和高度综合的需要，打破原有学科界限，将相关学科结合以解决单一学科难以解决的问题和困难，同时是为适应高级综合性人才培养的需要[③]，具有内部结构的有序性、组成要素的相关性等特征。专业群的建设也是为了适应复合型产业人才的需要而出现的。尽管高职教育必须强调课程的职业性，强调课程内容与职业标准的衔接，但对于高职专业群而言，其"高等性"决定了专业群的公共平台课程应具有较多的学科理论知识，专业群各专业的理论课程无疑都有一定的共同学科基础，因此，"学科基础相近"应作为专业群构建的原则之一。

"职业联系"的本质是工作要素的关联，是高职教育专业群建设的现实依据。高职教育专业群建设必然引发现有专业结构的解构与重构，而与产业和职业岗位群对接的职业联系则是专业群内在联系的现实依据[④]。"职业联系"的本质是工作要素的关联。"不论哪种成分的职业能力，都是在知识与具体的工作要素之间形成的联系"。[⑤] 现代产业的基本特征是产业复合性增强，产业链不断延伸，进而使得职业与产业具有了极强的关联度，并由职业的产业属性和派生关系形成了职业集聚。职业群体现了产

---

① 袁洪志：《高职院校专业群建设探析》，《中国高教研究》2007年第4期。
② 谭镜星、曾阳素、陈梦迁：《从学科到学科群：知识分类体系和知识政策的视角》，《高等教育研究》2007年第7期。
③ 张新民、罗志：《高职专业群建设的机理、理论、动力和机制》，《职教论坛》2016年第27期。
④ 沈建根、石伟平：《高职教育专业群建设：概念、内涵与机制》，《中国高教研究》2011年第11期。
⑤ 徐国庆：《职业教育原理》，上海教育出版社2007年版。

品（服务）生产过程中的相关职业联系，以职业群分析为逻辑起点可以将相近职业进行捆绑，从而成为构建高职教育专业群的基础①。

2. 专业群建设的层次与要素

在宏观上，鉴于专业群在高职院校发展中的地位与作用，基于高职院校专业群研究中的不足，即在价值取向上，以就业导向或产业导向为主，基于学习者职业生涯出发的研究较少，在行动逻辑上，侧重"产业—专业—就业"的线性逻辑，对于高职教育如何主动适应社会需求关注不够，在实施路径上，侧重对于专业群的动态调整研究不足，来确定自己的研究维度，即从"建设理念"——价值取向、"建设机制"——行动逻辑、"建设方法"——实施路径三个层次来进行研究。价值取向，是指对事物价值问题的倾向性认识，它包含两层含义：一是某种事物包含几种价值，二是当几种价值发生冲突时，何种价值予以优先考虑②。专业群建设的价值取向就是专业群建设的价值选择，即秉持何种理念来建设专业群。逻辑，有思维的规律性、关于思维形式及其规律的科学、客观规律性③等多种含义，而在本书中，逻辑意指"客观规律性"，而专业群建设的"行动逻辑"是在专业群建设实践中所存在或者遵循的规律。实施路径，就是具体操作的方法，在本研究中专业群建设的"实施路径"就是专业群在现实实践中具体的操作方法。"价值取向""行动逻辑""实施路径"是高职院校专业群建设层层递进、环环相扣的"三层次"，坚定"价值取向"是前提，有助于把握专业群的建设方向、解决"建设理念"的问题；理清"行动逻辑"是关键，有益于梳理专业群的建设思路、解决"建设机制"的问题；创新"实施路径"是重点，有利于革新专业群的建设路径、解决"建设方法"的问题。

在微观上，专业群建设是促进高职院校内涵式发展、提高人才培养质量的重要抓手，其要素构成包括专业结构布局、课程体系建设、实训体系建设、培养模式改革、师资队伍组建、组织机制设计等"六要素"。其中，"专业结构布局"是前提，课程体系和实训体系建设是基础，培养

---

① 章建新：《职业联系视角下高职专业群建设的效应分析与提升对策》，《职教论坛》2006年第12期。

② 易兰华：《高职教育的价值取向研究》，《成人教育》2006年第12期。

③ 辞海编辑委员会：《辞海（中）》，上海辞书出版社1979年版，第2421页。

模式改革与师资队伍建设是关键，组织机制设计是保障。当前高职院校专业群建设的重点是通过对接区域产业来优化专业群的专业结构布局，包括整体的专业结构布局与内部的专业设置路径；"课程体系及其资源建设"是专业群建设的核心环节，包括课程体系建设途径与课程资源组成结构；"实训基地建设与实践体系构建"分别从硬件保障和软件支撑的角度推动专业群的人才培养改革，包括实训基地的分类建设机制与实践体系的管理运行机制；"人才培养模式改革"是提高专业群人才培养质量的依托，包括专业群的人才分类培养与校企协同育人机制构建；专业群内部"师资队伍组建"应该打破传统教师分属不同教学单位的身份固化，完善培养和成长机制。

（四）高职院校

高职院校，是高等职业院校的简称，既是我国高等教育的重要类型，也是我国职业教育的重要组成部分，担负着培养面向生产、建设、服务、管理一线需要的高素质的技术技能人才的使命。在办学层次上，高职院校主要包括专科和本科两个学历教育层次，并相应颁发普通高等学校三年制专科和四年制本科毕业证书，其中包括应用技术大学等举办的本科专业以及部分示范高职院校与本科院校合办的本科层次专业。从办学类型上，包括职业技术学院、高等专科学校、职业大学、应用技术大学等，其中师范、医学、公安类的专科层次的高职院校后缀为"高等专科学校"，其他高职院校后缀为"职业技术学院"或"职业学院"，职业技术学院、高等专科学校、职业大学以举办专科层次职业教育为主，而应用技术大学以举办本科层次职业教育为主。

本书的研究对象主要是自改革开放以来成立的、独立设置的、专科层次的全日制普通高等职业学校，包括职业技术学院、高等专科学校和职业大学。

（五）价值取向

"价值"，包括两层含义，一方面是"体现在商品里的社会必要劳动。价值量的大小决定于生产这一商品所需的社会必要劳动时间的多少"[①]，另

---

① 中国社会科学院语言研究所词典编辑室编：《现代汉语词典》（第7版），商务印书馆2016年版，第629页。

一方面是"事物的用途或者积极作用"，如参考价值、有价值的作品①。而"取向"是指选取的方向，指立场或者态度，如价值取向、审美取向②。价值取向，是指对事物价值问题的倾向性认识，即包含多种价值的某种事物在面临价值冲突时对某种价值的优先考虑③。

在本研究中，价值取向则可理解为主体在价值选择和决策过程中的一定倾向性，是主体的价值追求的具体体现。专业群建设的"价值取向"是指专业群建设的价值选择，即高职院校在专业群建设过程中所秉持的价值理念，它既是专业群建设的研究起点，也是高职教育价值理念的具体体现。

（六）行动路径

"行动"包括名词和动词两种含义，名词是指为达到某种目的而进行的活动，动词是指行为者动着做的意思。"路径"包括"道路""到达目的地的路线""比喻办事的门路、办法"。而本研究中专业群建设的"行动路径"是指高职院校在价值理念基础上的专业群建设的具体实施方法，是对专业群建设内涵认识的具体体现。在本研究中，专业群建设的"行动路径"包括"建设机制"——"行动逻辑"、"建设方法"——"实施路径"两部分内容。

一般认为"逻辑"有三方面的意思：一是"思维的规律性"④，如"这几句话不合逻辑"；二是"关于思维形式及其规律的科学"，即"逻辑学"；三是"客观规律性"，如"事物的逻辑""中国革命的逻辑"⑤，在本研究中，"逻辑"取第三种意思，即事物的客观规律性，而专业群建设的"行动逻辑"是指高职院校在专业群建设实践中所存在或者遵循的规律。"实施路径"就是实施的步骤，包括各个步骤的目标、程度，以及为达到最终目的而制定的路线图。在本研究中，专业群建设的"实施路径"是指高职院校在专业群建设实践中的具体操作方法。

---

① 辞海编辑委员会：《辞海（上）》，上海辞书出版社1979年版，第504页。
② 中国社会科学院语言研究所词典编辑室编：《现代汉语词典》（第7版），商务印书馆2016年版，第1080页。
③ 易兰华：《高职教育的价值取向研究》，《成人教育》2006年第12期。
④ 中国社会科学院语言研究所词典编辑室编：《现代汉语词典》（第7版），商务印书馆2016年版，第861页。
⑤ 辞海编辑委员会：《辞海（中）》，上海辞书出版社1979年版，第2421页。

第二节　已有研究梳理与评述

一　国内相关研究现状梳理

（一）高职院校专业群建设的立场

高等职业教育是职业教育的重要层次，也是高等教育的重要类型，在其专业的设置与调整上，呈现出职业教育与高等教育的整合立场与分化立场。

整合立场认为，高职教育是高等性和职业性的统一。从类型的角度看，高职教育是高等教育的一个类型，因此必然强调其高等性，应按高等教育规律办学。同时，从职业教育视角出发，高职教育与中职教育同根同源，是职业教育的较高层次，因此，必须彰显其职教性[①]。因此，高等职业教育专业设置应坚持职业性与高等性的统一。从价值的角度看，高职教育的专业建设应坚持"市场性"与"公益性"的价值统一，市场性是指高职教育作为高层次的职业教育，其专业设置应参照劳动力市场和社会发展的需求；而公益性是指高职教育作为高等教育的类型，育人是其首要目标，其专业建设统一于"人的全面发展"这一基本的宗旨之中[②]。从人才性质来看，高职教育培养的是高级技术性人才，具有人才层次的高级性、知识能力的职业性、人才类型的技术性、毕业生去向的基层性等特征，由此，其专业定位应是直接对应经济发展的教育，其专业设置要适应市场需求[③]。

分化立场认为，应基于高等教育与职业角度的差异来定位高职教育。在区分标志上，学科是普通高等教育的基点，而专业则是高等职业教育的基点[④]；在专业性质上，普通高等教育具有通识性、系统性和扩展性的特点，而高等职业教育则具有针对性、过程性和技能性的特征，因此，

---

①　丁永香：《山东省高等职业院校专业建设研究》，山东经济学院硕士学位论文，2011年，第28—29页。

②　杨光：《坚持市场性与公益性的统一——试论高等职业教育专业建设的价值取向》，《教育研究》2004年第12期。

③　吴德民、汤国栋：《重新审视高等职业教育的定位》，《教育与职业》2005年第11期。

④　周建松、孔德兰、郭福春：《基于内涵发展的高职专业品质建设研究》，《中国大学教学》2013年第8期。

高职教育的专业建设应当突出职业特色和地方特色①；在专业内涵上，高等教育中专业是学业门类、是教学的基本单位、是课程的组织形式，而高职教育中的专业则是以职业岗位划分为依据，以服务地方区域经济和社会或行业发展为目标，以工作过程系统化的课程体系为形式的教与学的活动②；在专业设置上，高职教育既不同于纯技能的职业教育，也不同于以学术为使命的高等教育，其培养理念应是一种融知识与技能为一体的高层次的职业教育，这就要求在专业设置定位上，既要围绕产业或行业发展的需求，又要有一定的职业发展的前瞻性，并以职业性为本真价值，因此，应以专业的岗位群为基础、专业群为平台来进行专业设置路径③。

（二）专业群组建与专业结构布局

如何有效对接区域产业、优化专业结构布局是当前高职专业群建设的重点，已有研究主要关注专业群对接产业的选择、专业群对接产业的路径、专业群内部专业的设置等三个方面。

在专业群对接产业的选择上，已有研究认为应充分考虑学校的办学特色、专业特色以及周围院校的专业布局，并结合区域的主导产业、新兴产业，尝试利用多种对接方式，坚持"有所为有所不为"和"差异化发展"是职业院校专业群发展的战略选择④⑤。

在专业群对接产业的路径上，已有研究认为有以下对接方式：面向不同行业领域的新出现的行业业态构建专业群⑥；面向不断延长和拉伸的产业链构建专业群⑦；面向不同职业领域的岗位群构建专业群；围绕具有

---

① 叶华光：《高职教育的特性分析与未来发展走向——与普通高等教育比较的视角》，《教育发展研究》2010年第1期。
② 邓光、傅伟：《高职教育"专业"的涵义、特征与问题——基于高等教育类型的比较研究》，《现代教育管理》2011年第7期。
③ 余凡：《从职业教育本真价值透视高职专业建设的困境及出路》，《江苏高教》2014年第6期。
④ 沈建根：《高职教育专业群建设：概念、内涵与机制》，《中国高教研究》2011年第11期。
⑤ 张新民、罗志：《高职专业群建设的机理、理论、动力和机制》，《职教论坛》2016年第27期。
⑥ 徐恒亮、杨志刚：《高职院校专业群建设的创新价值和战略定位》，《中国职业技术教育》2010年第7期。
⑦ 顾晓燕：《高职物联网专业定位与专业群建设的探索》，《职业技术教育》2013年第11期。

相同学科基础的专业构建专业群①；面向职业岗位的细化所导致的重新排列和序化的职业各要素构建专业群；按照与产业链对接的职业重新序化的职业链构建专业群；按照职业带上技术、技能与工程人员的交叉区域构建专业群②；运用 SWOT 分析方法来结合产业人才需求进行专业群建设③；等等。

在专业群内部专业的设置上，已有研究认为应包括核心专业的确定和群内相关专业的选择④两个步骤。核心专业的确定即选择各院校的重点专业或优势专业。相关专业的选择则可以围绕学科基础相同或相近，技术能力要求趋同或相关，面向产业群发展链或职业岗位群，将若干相关专业与核心专业组成专业群，进而实现教学资源的整合和师资资源的共享，提升高职院校毕业生的岗位迁移能力和职业生涯能力，以及提高高职院校的社会服务能力。

（三）课程体系建设及其具体模式

课程体系及其资源建设是专业群建设的核心环节，已有研究分别从课程体系建设的路径与方法、模式与结构方面进行了一定的探讨。

在课程体系建设的路径方面，有学者认为应根据专业群的技术与服务领域进行分析，明确人才培养目标和人才需求分析，分析专业群面向的岗位群工作任务，进行确立专业群课程⑤。在上述分析基础上，已有研究认为可以基于下面三种方法进行课程体系建设：分析专业群的"职业联系"⑥以及所面向的"服务域"的核心岗位，以其工作领域构建专业核心课程、工作内容构建课程内容、工作过程为主线组织教学内容⑦；利用"学习领域课程开发方法"，设计面向典型工作任务的、知识与能力

---

① 袁洪志：《高职院校专业群建设探析》，《中国高教研究》2007 年第 4 期。
② 章建新：《职业联系视角下高职专业群建设的效应分析与提升对策》，《职教论坛》2006 年第 12 期。
③ 黎红：《高职物流管理专业特色与专业群构建探讨》，《职教论坛》2012 年第 9 期。
④ 孙毅颖：《高职专业群建设的基本问题解析》，《中国大学教学》2011 年第 1 期。
⑤ 陈秀珍：《高职院校专业群课程体系构建的研究》，《中国职业技术教育》2015 年第 2 期。
⑥ 沈建根、石伟平：《高职教育专业群建设：概念、内涵与机制》，《中国高教研究》2011 年第 11 期。
⑦ 强伟纲：《对高职专业群建设的思考》，《教育与职业》2013 年第 21 期。

交叉融合的开放共享的学习领域课程群①；借鉴企业管理培训中的 KAS 培训法，将职业岗位能力分解为工作知识、职业核心能力和职业技能三个要素，进而设置包含理论课程体系、实践实训课程体系和考证模块体系在内的"渐进式"实践课程体系②。

在课程体系建设的模式与结构方面，已有学者按照"宽平台、多方向"③、"横向层次、纵向链式"④、"平台＋模块＋方向"⑤ 和"基础＋平台＋模块＋拓展"⑥ 等模式，按照"基础共享、核心分立、拓展互选"⑦ 的原则，构建了"共享技能＋分立技能＋互选技能"的平台式课程体系⑧，"实践课程前置、任务中心课程主体、理论课程提升"的能力培养系统⑨，"专业理论课、专业技能课、实习课"等有机结合的实践教学体系⑩，"基本工作任务课程＋专门化方向工作任务课程＋技术性学科课程"⑪，"公共类课程＋专业共享课程＋专业方向的'模块'课程"的课程体系框架⑫等三段式课程结构，"公共基础课＋平台通识课＋平台基础课＋方向技能课"⑬ 等四段式课程结构，"综合素质模块、专业基础平台

---

① 徐生、王怀奥、梁蓓：《高职专业群背景下的学习领域课程开发与实施》，《职业技术教育》2010 年第 23 期。
② 左武荣：《借鉴 KAS 培训法构建高职国贸专业群课程体系》，《中国成人教育》2015 年第 3 期。
③ 卢兵：《基于职业技术领域专业群的高职课程体系的建构实践》，《中国大学教学》2009 年第 9 期。
④ 范民：《高职专业群课程体系中链路课程的设计》，《职业技术教育》2009 年第 11 期。
⑤ 周劲松：《基于专业群的高职"平台＋模块＋方向"课程体系开发》，《职业技术教育》2013 年第 8 期。
⑥ 钱红、张庆堂：《高职院校专业群建设的实践与思考》，《江苏高教》2015 年第 1 期。
⑦ 张欢：《高职院校专业群课程体系构建方法探讨》，《中国职业技术教育》2014 年第 5 期。
⑧ 包忠明：《高职专业群平台式课程体系的构建——以现代纺织贸易专业群为例》，《职教论坛》2014 年第 21 期。
⑨ 沈建根、石伟平：《高职教育专业群建设：概念、内涵与机制》，《中国高教研究》2011 年第 11 期。
⑩ 薛伟明：《高职院校专业实践课程群教学模式探索》，《江苏高教》2016 年第 1 期。
⑪ 沈建根、石伟平：《高职教育专业群建设：概念、内涵与机制》，《中国高教研究》2011 年第 11 期。
⑫ 强伟纲：《对高职专业群建设的思考》，《教育与职业》2013 年第 21 期。
⑬ 吴翠娟、李冬：《高职教育专业群的内涵分析和建设思考》，《教育与职业》2014 年第 23 期。

模块、基本技能模块、职业技能模块、考证模块、生产实习及毕业设计模块""通识课程+通用技术平台课程+专业技术平台课程+专业技术课程+专业方向课程+专业实践与创新"① 等六段式课程,以期能够促进岗位群面向的岗位工作的胜任度与人才培养目标的协同性、课程与岗位工作过程的匹配度、理论与实践教学体系协同与匹配②。同时还有学者从规划设计、内容建设、制度管理和教学模式等方面对以用户为中心、专业群内广泛共享的数字化资源库及其服务体系建设进行了探讨③。

(四) 人才培养模式改革

专业群建设的目的是通过人才培养模式改革提高人才培养质量,已有研究对于专业群的人才分类培养、校企协同育人模式进行了探讨。

在专业群的人才分类培养方面,有学者认为应根据大学生的个性特点在高职院校专业群中进行分类培养,包括大众化、技能型、创新型等类型④。针对不同类型的人才,实施不同的人才培养方案,通过规范化教学来培养大众化技术技能型人才,通过加强实践操作训练来培养技能特色型人才,通过创新训练和创业培训来培养创新创业型人才。

在校企协同育人模式方面,有学者基于"教学与生产双元一体化"⑤"企业与学校的全向全程介入"⑥"前店后院"式⑦等模式,探讨了校企双方利用教育教学资源和生产经营资源参与到教学过程与生产过程的各个环节之中,形成融生产、教学、产品研发、技术创新、创业指导为整体的育人模式;还有学者基于新加坡南洋理工大学的"能力开发"系统,通过"项目制教学"创造"无界化"的能力开发环境,进而实现学习者

---

① 陈小荣、黄敦华、张文涛、刘增辉:《高职自控与电气专业群基于职业能力目标的"1-4-1"课程体系构建》,《职业技术教育》2015年第29期。

② 徐秀维、蒋春霞、顾艳阳:《基于协同学视角的高职建筑工程专业群构建实证研究》,《教育与职业》2014年第29期。

③ 强伟纲:《对高职专业群建设的思考》,《教育与职业》2013年第21期。

④ 顾京:《基于产业结构的高职教育专业群建设》,《教育与职业》2012年第17期。

⑤ 刘俊栋:《高职动物疫病防控专业群"双元一体化"人才定向培养模式的创新与实践》,《中国职业技术教育》2015年第17期。

⑥ 吴言明:《高职校企双向全程介入人才培养模式探索——南宁职业技术学院酒店餐旅专业群的实践研究》,《学术论坛》2013年第9期。

⑦ 李芸、董广智、刘小中:《高职院校旅游管理及在线运营服务专业群建设研究》,《中国职业技术教育》2014年第14期。

的"能力开发"与学习目标一体化、"能力开发"与教学评价一体化的人才培养模式①。在上述研究基础上，有学者认为应将行业文化融合到校园文化和课程教学当中②，进而完善工学结合人才培养模式。

（五）实训体系建设

实训基地作为教学资源对专业群建设起着保障作用，已有学者对于实训基地管理及实践教学体系构建等方面进行了探讨。

在实训基地管理方面，有学者首先认为应从实践教学要求出发分类建设实训基地，包括满足特定教学要求的单项实验（训）室、满足基本与通用技能训练的基础实训基地、面向技术或服务领域的技术或工程中心等③。还有学者认为应从校企合作的角度，建设包含实践教学中心、企业职工培训中心、技术研发与服务中心、创新创业平台开放共享的实训基地④；同时还应通过政行企校共投共建、创新运行机制，通过实训基地关键资源池（KR-POOL）模式建立专业群实训基地服务平台⑤，建设校内基础实验与校外基地共享实训基地相结合的实践平台，实现从消费性实训向生产性实训的转变。

在实践教学体系构建方面，相关学者构建了"实践教学建设体系""实践条件运行体系""实践教学保障体系"三个体系管理架构⑥，基于课程模块构建了基本型实训、专项技能型实训、生产型实战、创新型实体四层递进的实践教学体系⑦，并构建了包含实践教学条件、设计、过程和效果评价在内的科学可行、多元化的实践教学质量评价体系和运行

---

① 李卓梅、王学军：《"能力开发"系统对高职院校人才培养模式改革的启示——以新加坡南洋理工学院为例》，《中国高教研究》2012 年第 10 期。
② 李芸：《专业群建设背景下高职校园文化与行业文化的融合》，《江苏高教》2017 年第 1 期。
③ 强伟纲：《专业群视角的高职实训基地建设研究》，《江苏高教》2014 年第 5 期。
④ 钱红、张庆堂：《高职院校专业群建设的实践与思考》，《江苏高教》2015 年第 1 期。
⑤ 戴勇：《高职实训基地关键资源池（KR—POOL）模式的研究与实践》，《中国职业技术教育》2015 年第 17 期。
⑥ 吴强：《地方高职应用电子技术专业群实践教学体系示范性建设研究》，《职教论坛》2014 年第 15 期。
⑦ 刘芳：《高职信息类专业群"实训、实战、实体"实践教学体系构建》，《职业技术教育》2015 年第 11 期。

（六）师资队伍建设

在专业群的师资队伍建设上，相关研究对于专业群教师的组合机制、培养机制和成长机制进行了探讨。

在专业群教师的组合机制上，有学者认为应该打破传统教师分属不同教学单位的身份固化，通过组建包含学习者实训、职业技能竞赛培育和横向项目研发等功能在内的"三合一"教师工作室[2]来建设教师合作团队及其合作机制，并通过项目研发与技术转化来提升教师团队的社会服务能力。在专业群教师的培养机制上，完善教师学习培训制度，搭建群内包括教师资源库平台和网络资源库平台两个方面共享优质师资平台[3]，规划专业教师与教师团队的职业生涯方向，分层次制定教师培训制度，探索学校与行业间相互聘任或兼职的双向交流机制，增加专业教师的生产实践经历，提升项目或工程实践能力[4]。在专业群教师的成长机制上，建立教师发展和评价的激励机制，构建教师发展性评价体系，合理完善薪酬分配制度和绩效评价制度[5]，引导和帮助其专业发展。

（七）组织管理

专业群作为一种组织形态，其管理机制包括宏观、中观和微观三个层面。宏观层面包括"政校行企"多主体协同参与模式，中观层面是指由校企作为双主体的参与机制，微观层面是专业群内核心专业与相关专业的具体构建机制[6]。

在宏观层面，构建"政校行企"积极参与的专业群建设模式。通过建立公共信息平台，引导政府、高职院校与行业企业共建共享的合作机制，通过政府发布人才规划信息、高职院校发布人才培养信息、行业企

---

[1] 黄金凤：《高职建筑设计技术专业群实践教学质量评价和运行机制构建》，《职业技术教育》2016年第5期。

[2] 蒋新革、刘国生、陈选民、陈敏：《高职现代制造专业群"三合一"教师工作室建设实践》，《职业技术教育》2010年第35期。

[3] 吴吉东：《高职院校专业群建设视域下的教师发展研究》，《职教论坛》2014年第5期。

[4] 强伟纲：《对高职专业群建设的思考》，《教育与职业》2013年第21期。

[5] 霍丽娟：《论专业群建设与高职教师的成长与发展》，《国家教育行政学院学报》2010年第1期。

[6] 杨善江：《产业调整视角下常州高职教育园区专业群建设》，《职业技术教育》2012年第29期。

业发布人才需求信息，进而形成招生、培养、就业联动的技术技能人才需求预测与供给机制；在教育部门的参与和引导下，完善高职院校人才培养数据采集平台，建立高职院校人才培养质量年报制度，引入第三方评价，建立多主体参与的，涵盖就业率、就业质量学习者和企业满意度等指标的高职人才培养质量评价机制[1]。

在中观层面，创新校企参与的专业群机制。有学者认为以区域产业为纽带、以多主体构建专业群协作组织为核心的职业教育集团或人才培养联盟，来主动对接区域社会发展需求[2]；有学者认为通过成立多方组成的专业群建设委员会以及对话交流制度[3]，进而建立以资源共建共享为目的的协调合作机制和教学改革成果适时推广应用机制；还有学者认为可以混合所有制的形式确定"产业学院"[4]、"校企利益共同体"[5]和"校企融合发展共同体"[6]，以现代学徒制进行教学方案设计及管理专业集群，校企共同实施"创业—专业"一体化人才培养模式。

在微观层面，建立"系主任领导下的专业群经理负责制"[7]或"专业群负责人与专业带头人制度"[8]，明晰其在专业建设、教学组织、学习者管理相关方的责任，同时实施柔性化的专业管理与柔性化的课程组织[9]，可以根据产业发展和技术进步来调整专业课程内容，并可以将课程

---

[1] 杨善江：《产业调整视角下常州高职教育园区专业群建设》，《职业技术教育》2012年第29期。

[2] 沈建根、石伟平：《高职教育专业群建设：概念、内涵与机制》，《中国高教研究》2011年第11期。

[3] 张新民、罗志：《高职专业群建设的机理、理论、动力和机制》，《职教论坛》2016年第27期。

[4] 章建新：《职业联系视角下高职专业群建设的效应分析与提升对策》，《职教论坛》2006年第12期。

[5] 黄云奇：《基于校企利益共同体的高职汽车类专业群创业教育》，《教育与职业》2015年第17期。

[6] 朱琴：《从区域产业集群转型升级的视角探索高职文化创意设计专业群建设》，《教育与职业》2016年第3期。

[7] 任晓鹏、任晓鲲、张小菊：《高职院校专业群组织构成与职责定位的探索》，《职业技术教育》2009年第26期。

[8] 强伟纲：《对高职专业群建设的思考》，《教育与职业》2013年第21期。

[9] 沈建根、石伟平：《高职教育专业群建设：概念、内涵与机制》，《中国高教研究》2011年第11期。

分为理论和实训项目组①来进行教学。

（八）专业群的动态调整

产业结构调整是一个动态协调过程，因此，与产业结构相对应的专业群建设，也应是一个与之相适应并不断优化的过程②。已有研究对专业群的评价机制与动态调整机制进行了研究。

在专业群的评价机制上，有学者认为应将专业群作为一个综合体进行评价③，评价的重点应侧重专业群人才培养对产业的贡献度、行业企业的参与度、专业结构与产业结构的契合度以及产业导向下专业的提升度等④。在评价类型上，有学者认为应分为立项评估与水平评估两个阶段⑤，立项评估主要考量学校专业群建设的必要性、合理性与可行性，水平评估针对已经立项建设的专业群开展评估，用以衡量学校专业群建设的程度（水平）或已达到的发展阶段；在评价方式上，有学者认为在传统的高职院校内部评价基础上，形成行业、企业、第三方评价机构协同参与的专业群建设评价机制⑥，以专业群建设的社会贡献度、毕业生就业质量等作为衡量专业群建设成效的重要指标，并进一步完善学校、企业、行业和第三方组织机构共同参与，包含教学信息监控、教学督导监控和教学管理监控的教学质量监控体系⑦。

在专业群的动态调整机制上，有学者从主体参与的角度，认为应构建多方协同参与的调整机制，政府主要负责协调联系各方来制定人才发展规划和人才需求预测，教育部门协调建立人才培养质量发布制度，引导高职院校进行专业结构优化调整；有学者从调整机制的角

---

① 刘霞：《基于产业链的高职专业群建设研究》，《中国职业技术教育》2012 年第 3 期。
② 杨善江：《高职院校专业群对接区域产业群的适应性分析——以常州高职教育园区为例》，《职业技术教育》2013 年第 5 期。
③ 韩继红、李曙明：《后示范时期高职院校专业群建设与发展的路径分析》，《教育理论与实践》2013 年第 27 期。
④ 章建新：《职业联系视角下高职专业群建设的效应分析与提升对策》，《职教论坛》2006 年第 12 期。
⑤ 方飞虎、潘上永、王春青：《高等职业教育专业群建设评价指标体系构建》，《职业技术教育》2015 年第 5 期。
⑥ 强伟纲：《对高职专业群建设的思考》，《教育与职业》2013 年第 21 期。
⑦ 钱红、张庆堂：《高职院校专业群建设的实践与思考》，《江苏高教》2015 年第 1 期。

度，认为应建构就业质量为评价重点的专业群与产业发展同步调整机制①，通过毕业生就业质量的第三方评价来反应产业发展趋势以及人才培养质量，进而为专业群结构动态调整提供重要依据；还有学者认为应根据劳动参与率界定专业调整的方向和层次定位，根据就业弹性变化来对专业调整的规模与数量定位②，劳动参与率体现出劳动力层次的需求，进而对区域内职业教育专业设置层次做出差异化调整，就业弹性反映行业对劳动力的吸纳程度，进而对专业群的专业结构和规模进行调整；有学者从建立动态调整机制的目的上，认为以调控群内专业数量和招生规模为重点，可以推动群内专业的资源集聚和结构优化，促进专业群自我发展、约束和调整机制的建立③。

二 国外相关研究现状梳理

目前，已有研究针对国外专业群设置趋势与特点、专业预测机构与制度、专业调整主体与机制等方面展开了研究。

（一）专业群建设的主体参与、能力标准与体系设计

已有研究分别从专业群建设的主体参与、能力标准与体系设计入手，探讨了专业群建设的参与主体、参与机制、理论依据和实践路径。

在参与主体方面，有学者分析了美国、日本、俄罗斯、英国等国家的专业结构调整现状。在美国，高等学校对于专业的设置与调整具有较大的自主权，联邦政府部门主要通过财政拨款、教育立法与教育政策等形式间接影响高校的专业设置，州政府部门除了采取上述政策外，在某些州还可以直接对专业进行鉴定，而在通常情况下，专业的鉴定与评价是由非营利组织的专业鉴定机构进行的，因此，美国的专业调整机制形成了政府、高校、第三方鉴定机构相互合作、相互制约的机制。在英国，不同高等学校的办学自主权差异较大，传统高校由于力量强大，对于专业设置与调整具有较大的自主权，而新成立的大学，如多科性技术学院的办学自主权较弱，其专业设置与课程计划需要由全国学术委员会或者

---

① 沈建根、石伟平：《高职教育专业群建设：概念、内涵与机制》，《中国高教研究》2011年第11期。
② 施泽波：《围绕产业链构建专业群的实践与思考》，《中国成人教育》2010年第12期。
③ 张新民、罗志：《高职专业群建设的机理、理论、动力和机制》，《职教论坛》2016年第27期。

专业团体批准,因此,政府主要通过成立新的大学类型来实现对于专业设置和专业结构的调整。在专业评估方面,与美国不同的是,英国的专业评估机构包括全国性高等教育质量保障机构(QAA)和专业性评估机构两类,前者负责一般学科的专业评估,后者负责与职业相关的专业评估。日本与中国的情况类似,高校的办学自主权比较小,高校设置专业需要在政府设定的目录内选择,政府也通过设立新型大学的方式来调整专业机构;在专业设置与评估方面,与英美不同,日本是由直属政府的官方机构"大学设置审议会"负责[1]。

在参与机制方面,有学者首先探讨了美国在联邦资助终止后职业集群运作机制,包括以国家职业群的倡议为目标,国家职业技术教育联合会为行动主体,《卡尔·帕金斯职业和技术教育法》是法律依据[2]。还有研究从教育管理部门的角色与责任出发,认为地区教育部门应当提高教师教学的模型设计和学术标准,进而通过与学区协作来使学生达到州标准测试的必备能力要求[3],探讨了州教育部门应当提供最能保证项目质量的产品与服务并且需要重新思考其如何能够传达到相应的领域,应从水平监管转向技术辅助与产品服务提供,强化雇主的参与等[4],探讨了其市场需求、供给结构与市场的属性,进而通过明确政府的责任来弥补市场调节的不足。还有学者从多元主体的协作关系出发,以亚特兰大的职业特许学校与高科技生产企业定制的行业培训的制度模式为例,探讨了通过构建行会、企业、家长和教育工作者的协作关系来重建政府管制规则和创建教育项目[5]。

---

[1] 林蕙青:《高等学校学科专业结构调整研究》,博士学位论文,厦门大学,2006年,第35—79页。

[2] Career Clusters Survive Despite ED Funding Loss, *Vocational Training News*, No.9, 2003, pp. 1 – 6.

[3] Michael Worley, A case study of regional occupational program teachers who have integrated mathematics standards into career and technical education courses, University of La Verne, 2008, pp. 10 – 25.

[4] Stone, Sheila Dobbin: Products and services which should be provided be the Oklahoma Department of Vocational and Technical Education as perceived by vocational instructors and administrators, Oklahoma State University, 1993, pp. 20 – 28.

[5] Richard D. Lakes, "Rescaling Vocational Education: Workforce Development in a Metropolitan Region", *The Urban Review*, No.5, 2008, pp. 421 – 435.

在理论依据方面，生涯集群的能力要求包括技术能力和非技术能力指标，有学者选择农业教育的动物科学生涯路径，以行业专家为研究对象，探讨了其入职的技术能力和非技术能力要求指标，在技术能力方面包括市场分析、数据管理、健康与营养等，在非技术能力方面，包括职业道德、工作态度、自我激励等指标[1]；还有学者从行业专家和教师两个角度，对农业产业入职的技能要求和生涯路径进行了分析和比较，在技能要求数量上，行业专业认为有60项，而教师认为应有161项，在生涯路径选择上，两者的共同点是应通过动物科学和农业通信两个生涯路径来最大限度地获取上述技能[2]。

在实践路径方面，有学者根据美国的就业和收入情况、劳动力统计系统预计的职位空缺情况对生涯集群进行分析[3]，进而有学者探讨了如何根据市场就业信息来对生涯集群进行调整，从而对生涯集群的设计提供参考[4]；还有研究基于文献计量学的社会网络分析方法来跟踪职业生涯，分析了德国的长期就业与英国的短期就业两种模式，进而试图调查宏观劳动力市场机构如何形成科技人员的微观职业联系网络，最终表明职业关系网络是通过社会交往出现的与宏观制度因素在很大程度上无关[5]；还有学者探讨了生涯集群与后续教育的衔接情况，发现在技术中心和社区学院的学习并没有为学生在高等教育持续地做好衔接，且生涯项目可能无法有效地连接高中学生在技术中心或学院的进一步学习，进而对于生

---

[1] Wendy Lee Slusher, Competencies needed by graduates of secondary agricultural education in the animal systems career pathway for entry-level employment: a delphi study of indsutry experts in Oklahoma, Oklahoma State University, 2009, pp. 16 – 24.

[2] Jon W. Ramsey, Identifying entry-level skills expected by agricultural industry experts and determining teachers' perceptions on whether they are being learned through students' participation in the supervised agricultural experience component of the secondary agricultural education program: a two-panel delphi study, Oklahoma State University, 2009, pp. 18 – 26.

[3] Torpey, Elka, "Clusters, pathways, and BLS: Connecting career information", *Career Outlook*, No. 3, 2015, pp. 2 – 21.

[4] Miller, Jared, "Labor Market Information for Career Cluster Initiatives", *Techniques: Connecting Education and Careers*, No. 6, 2008, pp. 26 – 29.

[5] Steven Casper, Fiona Murray, "Careers and clusters: analyzing the career network dynamic of biotechnology clusters", *Journal of Engineering and Technology Management*, No. 1, 2005, pp. 51 – 74.

涯集群项目的实施提出了思考①。

(二) 专业群实施的具体策略、评价方式与职后发展

已有研究分别从专业群的设置模式、设置特点、实施模式、调整依据、评价方式与职后发展等角度,探讨了专业群的实施模式、实施效果和参与学生的职后发展情况。

基于专业设置的趋势与特点,有学者梳理了20世纪70年代后,伴随着西方经济结构日益复杂以及产业结构调整,进而产生了大量的技术型、实用型产业人才,为此,职业教育的专业设置也出现了适应劳动力市场需求、基于未来技术超前设置专业、基于高新技术设置急需专业等特点②,不同国家也有专业设置面向应用工程类学科、实施专业群建设③。从专业设置培养目标上,美国高等职业教育的目标是为社会培养具有较高职业理论和技术技能的劳动力,其实施机构主要是社区学院,其专业设置主要是基于文凭的形式,设置理科应用副学士、职业学科副学士等形式;德国的职业教育主要是由高等专科学院进行的,培养出了具有理论基础和快速解决实际问题能力的高素质劳动力④。同时,还有学者认为在专业设置管理上,美国从政府干预、市场调节、高等教育自我调节、民间组织、投资渠道等五个方面进行高等学校的专业设置与调控机制;在设置逻辑上,中美之间存在着"由上到下"与"由下到上"两种不同的专业设置逻辑⑤,美国职业教育专业设置的特点是"治理取向",注重政府、社会、大学和其他利益相关者彼此之间互相沟通和协调以实现学科专业的动态调整,其专业目录(CIP)对专业设置的引导作用有限,专业评估也由社会力量进行⑥。

从实施模式角度,有学者最开始探讨了美国职业教育中的集群概念,

---

① McCharen, Belinda, "The Success of Implementing Programs of Study in Health Careers through Career Clusters and Pathways", *Career and Technical Education Research*, No. 3, 2008, pp. 203–215.
② 潘庆祥:《国外高职教育专业设置的特点及启迪》,《中国成人教育》2002年第8期。
③ 戴明来、杨丽娜:《国外高职教育专业设置分析》,《中国成人教育》2007年第3期。
④ 同上。
⑤ 阳荣威:《高等学校专业设置与调控研究》,湖南大学出版社2007年版,第106—130页。
⑥ 许文静、张晓:《从管理到治理:高职专业动态调整机制建构——基于中美比较的视角》,《职教论坛》2015年第28期。

并探讨了通过集群学习向学生提供的职业生涯导向方案①，分析了生涯集群在实施过程中遇到的问题与挑战，认为其可以从整合学术与技术内容、提供交叉学习和双重学分等途径来应对这些挑战②；之后有学者分析了美国内布拉斯加州的"基本教育"政策、弗吉尼亚州的职业路径模型和个性化的学习计划、亚拉巴马州的学校学习和职业经历联系项目③等不同实施路径；还有学者基于学生的角度，为学生设计了职业集群的课程设计软件④、预备课程⑤、双语教学的专业集群⑥和基于相应标准的、具有模块化和适应性特征的、确保与职业生涯主题一致的集群知识和技能的职业群模型⑦，以提高学生对于生涯教育与以后整个生活的认识，培养他们的知识技能与创新能力，并帮助他们选择适合自己的面向未来的项目。

从调整依据的角度，基于专业预测机构与制度，有学者首先认为构建行业技能委员会的制度和行业服务平台至关重要，比如英国成立了就业与技能委员会（UKCES）以及行业技能委员会（SSCs）、澳大利亚的行业技能委员会（ISCs）、德国的行业协会等，同时实施多方参与的技能需求预测制度，比如英国建立了国家层面的劳动力调查（LFS）、年度就业调查（AES）、地区或行业调查、技能审核制度相结合的技能预测制度，德国构建了包括联邦职业教育研究所（BIBB）、德国工会联盟和德国职业培训雇主组织等在内的"在网络中判断技能需求"的研究网络，法国技

---

① Dull, Lloyd W., "The Cluster Concept in Career Education", *Educational Leadership*, No. 3, 1972, pp. 218 – 221.

② Reese, Susan, "Career Clusters Implementation in the States", *Techniques: Connecting Education and Careers*, No. 6, 2008, pp. 16 – 21.

③ Sibert, Bonnie, Rowe, Anne, McSpadden, "The Career Clusters Initiative: Three States Outline Implementation Progress", *Techniques: Connecting Education & Careers*, No. 6, 2007, pp. 36 – 40.

④ Jorgensen, Haley, "Learner-Focused Curriculum Design Software Incorporates Career Clusters", *Community College Week*, No. 10, 2008, p. 22.

⑤ Dedmond, Rebecca M., "Freshman Transition: A Preparatory Course to Career Clusters", *Techniques: Connecting Education and Careers*, No. 6, 2008, pp. 8 – 9.

⑥ Tanis Ellyn *Cooper Weiss*: *A Bilingual Career Education Module*, North Texas State University, 1981, pp. 8 – 24.

⑦ Barbara Morgan, "Engineering by Design (EbD): A Model for Career Clusters", *Technology Teacher*, No. 6, 2006, p. 4.

能预测包括中期预测、行业研究、区域调查和雇主技能调查等[1]。

从评价方式的角度，有学者首先对参与生涯教育与其生涯选择和满足度[2]、社区学院的教育支持服务的满意度进行了调研[3]，并认为参与项目的学生具有较高的雇佣率、工作相关性和工作满意度；还有学者基于教育项目的实施效果进行了测评，如针对区域的制造业生涯课程兴趣干预计划[4]和学业障碍学生的结构化生涯干预计划[5]、SETM 学生参与学术教育计划[6]、计算机辅助职业指导计划[7]的实施效果进行了研究，生涯课程兴趣干预计划是针对学生对建筑业生涯集群兴趣偏低致使高技能劳动力短缺而出台的，结果发现生涯课程兴趣干预计划并未对学生的职业兴趣产生作用，而 SETM 学生参与学术教育计划也并没有提高其学生教育的持续性，还对地区 SETM 生涯集群工程技术教育路径的实施效果进行了分析，并选取教师与管理人员为研究对象，认为建立与工程技术教育相关和与 SETM 严格质量标准相一致的课程，而教学计划、学习资源、招生宣传、加强协作等是提升教育效果的策略[8]。

---

[1] 刘育锋：《职业教育适应劳动力市场需求制度的国际比较》，《中国职业技术教育》2015年第36期。

[2] Steven Dee Fraze, The relationship of participation in selected ffa activities with career choice and job satisfaction of program completers in vocational agriculture in Texas, Texas A&M University, 1986, pp. 6 – 15.

[3] Christine Kerlin, Measuring Student Satisfaction with the Service Processes of Selected Student Educational Support Services at Everett Community College, Oregon State University, 2000, pp. 10 – 15.

[4] Bridget Duncan Shem Well, The effects of a curriculum intervention on Arkansas students' interests in manufacturing as measured by the Kuder career interest assessment, Arkansas State University, 2010, pp. 18 – 34.

[5] Amla Salleh, Syed Mohamad Syed Abdullah, Zuria Mahmud, Simin Ghavifekr, Noriah Ishak, "A structured career intervention program for academically challenged students", *Asia Pacific Education Review*, No. 2, 2013, pp. 209 – 219.

[6] Shetay N. Ashford, Rheta E. Lanehart, Gladis K. Kersaint, Reginald S. Lee, Jeffrey D. Kromrey, "STEM Pathways: Examining Persistence in Rigorous Math and Science Course Taking", *Journal of Science Education and Technology*, No. 6, 2016, pp. 961 – 975.

[7] Tai-Ho KimYoung-Hye Kim, "The effect of a computer-assisted career guidance program on secondary schools in Korea", *Asia Pacific Education Review*, No. 1, 2001, pp. 111 – 118.

[8] Mark VanBuren Crenshaw, Stem career cluster engineering and technology education pathway in Georgia: perceptions of Georgia engineering and technology education high school teachers and CATE administrators as measured by the characteristics of engineering and technology education survey, Clemson University, 2014, pp. 24 – 32.

从职后发展的角度，有学者选取了某社区学院学生，对其在毕业五年后收入的影响因素进行了分析，并认为在制造业、STEM、交通和物流集群里，性别、年龄、经济地位、社区学院学位和年度收入是五年后收入的重要预测指标；在建筑业，性别、年龄、年度收入是五年后收入的重要预测指标；在艺术、视听技术和通信行业，性别、社区学院学位和年度收入是五年后收入的重要预测指标①。也有学者从性别、种族/民族、学习项目、完成学位、收入结果等因素，探讨了社区学院的商业、信息技术和市场营销三类职业群毕业生毕业后收入的影响因素。研究发现，性别因素是影响其收入的显著变量②。还有学者分析了职业集群参与和就业流动间的关系，并分析了其背后的心理机制与过程，最终尝试构建了生涯发展模型③。

（三）学生参与的个性特点、具体类型与影响因素

已有研究分别从专业群的类别、专业群的选择和学生心理入手，探讨了学生参与专业集群的个性特点、具体类型与影响因素。

基于专业群类别的角度，有学者选取建筑与制造生涯集群④和艺术、视听技术与通信生涯集群⑤的学生，以技术中心学习的学生为研究对象，探讨了影响该集群注册情况的性别、年龄、家庭收入、学习目标、技术中心认知、个性特点、自我认知上特点等因素与生涯准备行为差异⑥，认

---

① Kenneth Joseph Maguire, Post-college earnings of Iowa community college career and technical education students: Analysis of selected career clusters, Iowa State University, 2009, pp. 15 – 39.

② Compton, Jonathan I., Laanan, Frankie Santos, Starobin, Soko S., "Career and Technical Education as Pathways: Factors Influencing Postcollege Earnings of Selected Career Clusters", *Journal of Education for Students Placed at Risk*, No. 1 – 2, 2010, pp. 93 – 113.

③ Jean-Denis Culié, Svetlana N. Khapova, Michael B. Arthur, "Careers clusters and employment mobility: The influences of psychological mobility and organizational support", *Journal of Vocational Behavior*, No. 2, 2014, pp. 164 – 176.

④ Lily Yaneth Calix Rodriguez, Factors influencing adult students' decisions to enroll in the architecture and construction career cluster at meridian technology center, Oklahoma State University, 2009, pp. 18 – 34.

⑤ Nancy Lynne Cox, Student characteristics and self-concept of secondary career and technical education students in a north central Texas region, University of North Texas, 2010, pp. 14 – 26.

⑥ Song Zhixiao, Lee, Jungyoon, "College students' personality and motivation to change is a type of special route on the basis of the difference in preparation for action", *Discussion Studies*, No. 3, 2014, pp. 1183 – 1198.

为学术自我认知与语言能力自我认知是潜在变量,而性别差异和生涯教育的参与度在问题解决与语言表达自我认知存在差异。在因素分析的基础上,有研究试图探析社区学院学生在学术课程上的持续性的模型差异①,并选取能够潜在带来高收入的 STEM 集群,对影响学生持续参与的因素与价值观进行了分析,认为能够持续学习的影响因素包括高考中的数学成绩、选择的数学与科学课程以及最重要的对于生涯集群的兴趣等②。

基于专业群选择的角度,有学者设计了基于霍兰德职业兴趣理论的跨文化职业决策系统③和基于贝叶斯信念网络(Bayesian Belief Network)结构建构了动态职业决定模型 DDCM(Dynamic Decision Model)④,并对生涯决策类型⑤和职业规划未决类型⑥进行了分析,进而将生涯决策分为缺少支撑信息的决定、犹豫的决定、坚定的决定和不确定四种类型,职业规划未决类型包括无计划逃避、信息充分但是犹豫不决、自信但是缺少信息、没有被通知四类情况。同时,有研究基于职业搜索活动来分析职业集群选择与兴趣的相关关系,发现职业集群的等级顺序与职业兴趣的等级相关⑦,进而通过分析失业和非就业的职业生涯路径类型,分析了个体特征和父母背景因素,并探讨了决策者如何进行有针对性的预防性

---

① Grant B. Morgan Email author Mark M. D'AmicoKari J. Hodge, "Major differences: modeling profiles of community college persisters in career clusters", *Quality & Quantity*, No. 1, 2015, pp. 1 - 20.

② Judson Wagner, Longitudinal Study of Career Cluster Persistence from 8th Grade to 12th Grade with a Focus on the Science, Technology, Engineering, & Math Career Cluster, Wilmington University, 2015, pp. 18 - 35.

③ Thomas F. Harrington, "The construct validity of the career decision-making system cross-culturally", *International Journal for the Advancement of Counselling*, No. 4, 1986, pp. 331 - 339.

④ Clarence C. Rohrbaugh, Individual differences and career decision factors: a bayes net representation, Kansas State University, 2000, pp. 14 - 29.

⑤ Johnson, Don Charles, Subtypes of career indecision and their relation to career planning courses, The University of Oklahoma, 1993, pp. 12 - 28.

⑥ Lisa M. Larson, P. Paul Heppner, Tom Ham and Ken Dugan, "Investigating Multiple Subtypes of Career Indecision Through Cluster Analysis", *Journal of Counseling Psychology*, No. 4, 1988, pp. 439 - 446.

⑦ Kevin R. Kelly, "Concurrent Validity of the Kuder Career Search Activity Preference Scales and Career Clusters", *Journal of Career Assessment*, No. 1, 2002, pp. 127 - 144.

政策干预①。还有学者基于学校分布、学生类型、提供不同生涯集群的学校类型等因素,对佛罗里达州院校学生选择与注册生涯与职业集群的流动性进行了多层次分析②。

基于学生心理的角度,有部分研究从学生类型出发,比如选取参与比率最高的非洲裔美国学生,探讨了其个人经历的认识因素对其参与的影响③;选取社区学院的学生,对其选择职业生涯课程的影响因素进行了分析④;选取葡萄牙语中学生的职业决策状况,从职业特征与个人特质对职业未决的群组特征进行了分析⑤,从而探讨学生参与的影响因素。也有研究基于大学生职业决策水平、职业准备水平和职业准备行为的集群类型及其差异⑥⑦,分析了职业决策自我效能⑧⑨、职业适应性、职业计划能力⑩、职

---

① Anyadike-Danes, Michael, Mcvicar, Duncan, "You will never walk alone: Childhood influences and male career path clusters", *Labour Economics*, No. 4, 2005, pp. 511 – 530.

② Evan, Aimee J., Burden, Frances F., Gheen, Margaret H., Smerdon, Becky A., "Explaining Variability in High School Students' Access to and Enrollment in Career Academies and Career Theme Clusters in Florida: Multi-Level Analyses of Student and School Factors", *Career and Technical Education Research*, No. 3, 2013, pp. 211 – 243.

③ Laura Beth Smith, *Perceptions of Career and Technology Education Among African American Students*, Clemson University, 2015, pp. 19 – 27.

④ Morgan, Grant, D'Amico, Mark, Hodge, Kari, "Major differences: modeling profiles of community college persisters in career clusters", *Quality & Quantity*, No. 1, 2015, pp. 1 – 20.

⑤ Santos, Paulo Jorge Ferreira, Joaquim Armando, "Career Decision Statuses Among Portuguese Secondary School Students: A Cluster Analytical Approach", *Journal of Career Assessment*, No. 2, 2012, pp. 166 – 181.

⑥ Eun Young, Kim Jung Hwa, Mi-Kyung Kim, Kim Jin-kyung, "The relationship between cluster type and career disability according to career decision level and career preparation behavior of college students", *Korean Psychological Association: School*, No. 2, 2012, pp. 417 – 442.

⑦ Park Min-ji, Kay-Hyon, Kim, "Differences in the demand for career service by cluster type based on career development variables of college students", *Counseling Research*, No. 4, 2015, pp. 193 – 208.

⑧ Kim Min Jung, Yang Hyun Jeong, "Career preparation behavior, job stress, search for career preparation type according to career decision level", *Counseling Research*, No. 1, 2015, pp. 95 – 110.

⑨ Hyun Eun Jeong, "College students' dysfunctional career thinking and career decision self-efficacy", *Youth Counseling Research*, No. 2, 2015, pp. 233 – 251.

⑩ Yoo, Nahyun, Lee, Ki-Hak, "Cluster types of career decision-making difficulties and intervention of universitys tudents in Korea", *The Journal of Career Education Research*, No. 2, 2016, pp. 237 – 256.

业成熟度①等指标背后的性别因素②、个人成长主动性③、情绪体验与人格特质④、职业认同与职业韧性⑤等影响因素,以此来预测大学生职业生涯服务的不同需求,探讨职业生涯辅导的途径。

三 已有研究述评

总体而言,专业作为高职院校与社会紧密联系的纽带,其建设一直是高等职业教育持续关注的热点。随着科学技术的进步以及产业集群的发展,具有较强岗位迁移能力的复合型技术技能人才日益成为人才需求的重点,因此,专业群已经成为高等职业教育专业建设的未来方向和必然趋势。尽管国内外学者在专业以及专业群的理论研究与建设实践上进行了有益的探索,但是依然存在以下不足。

(一)在专业群建设的价值取向上,以就业导向或产业导向为主,基于学习者职业生涯出发的研究较少

在专业群建设的价值取向上,已有研究与实践秉持专业群建设的"就业导向"或"产业导向"。"就业导向"认为职业教育的本质属性是"职业性",就是"就业教育",因此高职院校专业群建设应从招生专业设置、课程体系建设、人才培养模式等方面紧紧围绕"就业"这一目标来展开。"产业导向"认为职业教育的本质属性是"产业性",其专业群建设的目的是服务于产业发展,因此高职院校的专业群建设和人才培养过程应始终围绕产业发展和变革。然而,一味地强调就业的零距离对接和

---

① Fang, Chung-Ha'iung, Career Maturity Among Taiwan Vocational Industrial High School Students in the Machinery Courses, The Pennsylvania State University, 1990, pp. 15 – 29.

② Jasmi A. Talib, Amla Salleh, Salleh Amat, Simin Ghavifekr, Azlinda M. Ariff, "Effect of career education module on career development of community college students", *International Journal for Educational and Vocational Guidance*, No. 1, 2015, pp. 37 – 55.

③ Lee Ji-won, Lee, Ki-Hak, "Differences in career adaptation and life satisfaction according to cluster type according to self-growth initiative and career call", *Counseling Research*, No. 6, 2015, pp. 259 – 278.

④ Jung Sung-mo, Seon, Hyeyon, "Emotions of college students and differences in the type of clusters based on personality career problems and interpersonal competence", *Learner-centered curriculum Education Research*, No. 3, 2017, pp. 313 – 332.

⑤ Chung Hee-young, Pok Hwan Lee, "Analysis of the difference of satisfaction and career maturity by value group through cluster analysis", *Korean Journal of Aesthetic Science*, No. 2, 2009, pp. 630 – 638.

产业服务能力，提高毕业生的首任岗位胜任能力，往往忽视了学习者的可持续发展能力和岗位迁移能力，进而导致高职院校毕业生就业质量较低，高就业率、高职业和行业转换率、专业与就业的低相关度等现象严重。

高等职业教育作为教育的一种类型，其根本目标应是促进高职院校学习者的职业生涯发展。尽管专业群培养是面向包含关键岗位和相关岗位的职业岗位群，但更应注重学习者岗位迁移能力与职业生涯能力的培养，进而为学习者的职业生涯发展奠定基础①。因此，高职专业群建设是一个系统的育人工程，应秉持以人为本的"生涯导向"理念，关注高职学习者的价值诉求，以满足学习者个体的全面发展与区域经济社会发展需求相协调为核心，以专业及专业群的发展与区域经济社会的发展需求相同步为途径，通过高职院校专业群建设来提高其专业建设水平和人才培养质量。

（二）在专业群建设的行动逻辑上，侧重产业—专业—就业的线性逻辑，对于高职教育如何主动适应社会需求关注不够

在专业群建设的行动逻辑上，已有研究与实践存在"产业决定论"而导致的"产业—专业—就业"的线性逻辑。当前，产业结构调整升级已经成为各区域经济发展的核心战略并由此导致区域经济内部产业的专业化分工，而专业化分工所带来的生产技术和方法的复杂性则对劳动力需求的数量、类型和层次提出了更高的要求。"劳动力市场上的雇主需求是复杂的，他们处于高度竞争的全球化市场之中，需要应对各种不断变化的经济趋势"②，"而企业的劳动力需求又分为短期劳动需求和长期劳动需求，而由于受到工资价格、生产要素成本等因素的影响，短期劳动需求和长期劳动需求的调整幅度也不相同，长期劳动需求具有更大的弹性"③，由此导致了产业内部不同行业的劳动力需求是无法仅仅依靠单个企业的用工需求的简单相加来得出的。这就使得整个劳动力市场人才供求的关系变得异常复杂。劳动力市场的复杂性决定了职业教育自身难以

---

① 吴翠娟、李冬：《高职教育专业群的内涵分析和建设思考》，《教育与职业》2014年第23期。

② [英] 耶胡迪·巴鲁：《职业生涯管理教程》，陈涛、孙涛译，经济管理出版社2005年版，第7页。

③ 曾湘泉：《劳动经济学》，复旦大学出版社2003年版，第47—48页。

快速、准确地反映劳动力的需求类型、层次和数量。因此，高职院校专业群建设如果仅仅遵循"产业—专业—就业"线性逻辑，就会使得专业群建设无法及时反映就业市场的人才需求变化，进而影响其人才培养质量。

高职院校专业群建设"产业—专业—就业"的线性行动逻辑偏差的根源是高等职业教育机械适应论的体现。高等职业教育机械适应论忽略了劳动力市场的复杂性，致使高职院校专业群建设无法及时反映就业市场的人才需求变化，并由此导致专业设置重复现象严重、人才培养技能培训化明显、就业质量重视不足且反馈不够、高职院校内部与外部联动机制尚未形成等现实困境，进而影响人才培养质量。因此，重新审视职业教育与社会发展的单向的、线性的适应关系，成为当前高职院校专业群建设所亟待解决的问题。而如何建构高职院校内部与外部的联动机制，进而在高职院校、用人企业、毕业生之间建立起畅通的信息协调机制与沟通平台，成为当前提升专业群内涵建设水平、提高人才培养质量的关键。

（三）在专业群建设的实施路径上，侧重专业群的静态建设，对于专业群的动态调整研究不足

在专业群建设的实施路径上，已有研究与实践探讨了如何根据产业集群和技术进步，从理论依据、专业设置、课程内容、师资建设、实训体系等方面，具体探讨了建设专业群的具体措施。然而由于专业群建设的"行政指向"特征，高职院校将其视为示范建设期的重点任务，然而在"后示范"时期，缺乏内涵驱动的专业群已成为一种制度化的体系，无法及时有效地反应并适应技术进步和产业发展的人才需求变化。由此，专业群"重建设、轻调整"的静态建设实践，使其与产业链岗位群需求脱节，既限制了专业群的产业服务能力，又阻碍了学习者职业能力的发展和岗位迁移能力的提高。

职业教育的发展是一种与经济结构相匹配的流动状态。专业结构与产业结构、专业细分与产业分工、人才供给与人才需求的匹配是构成职业教育与经济发展耦合机制的外部框架[①]。专业群建设是动态的劳动力市

---

① 周晶：《区域中高职专业协调发展的三个经济学视角》，《职业技术教育》2011年第34期。

场需求与高职教育相结合的产物,是高职院校服务于个人和社会发展的必然路径。而伴随产业链的延伸、产业结构的调整和社会需求的变化,劳动力市场需求处于不断的变化当中,因此专业群的结构也要处于不断的调整过程中①。因此,如何基于产业发展和技术进步,通过对于人才供给和人才需求的分析,实现专业群建设的动态调整,是高职院校专业群建设的当务之急。

第三节　研究内容与研究意义

一　研究内容

本研究秉持以生为本的理念,通过分析知识社会背景下高职教育的角色定位和反思高职教育与社会的互动关系,尝试建构以人为本的高职院校专业群建设体系,以期为我国"双高计划"下高职院校专业群建设的研究和实践提供一定的借鉴。

(一)高职院校专业群建设的历史定位与现实依据

通过对我国高职院校专业群建设的历史进行梳理,从"试点"、"普及"和"优化"三个阶段梳理我国专业群建设的时代变迁,进而对我国高职院校专业群建设的历史必然性进行分析。同时,基于国际比较的角度,系统梳理了德国根据职业群、美国面向生涯集群、中国参照产业分类来设置专业群的不同路径。进而,基于高职院校专业群建设实践困境的现实考察,从价值取向、行动逻辑和实施路径三个方面递进搭建出高职院校专业群建设的研究框架。

(二)高职院校专业群建设的价值取向研究

通过梳理就业导向理念的政策变迁、认识偏差与实践误区,在分析了职业教育本质属性的现实之争和知识社会背景下高职教育的角色和定位的基础上,借鉴杰勒德·德兰迪的知识社会理论,引用其关于大学"技术公民身份"和"文化公民身份"的相关理论,对高职院校在知识社会时代的角色及其本质属性进行探讨。高职院校作为知识时代的"知识应用者"的角色,其宗旨是促进高职院校学习者的职业生涯发展,因此,职业生涯导向性应是高职教育的本质属性,也是高职院校专业群建设的

---

① 施泽波:《围绕产业链构建专业群的实践与思考》,《中国成人教育》2010年第12期。

价值取向。职业生涯导向下的高职院校专业群建设,秉持以人为本的培养理念,以培养学习者的职业生涯能力为目标,通过专业群的动态建设来为高职院校大学生的职业生涯发展服务。

(三) 高职院校专业群建设的行动逻辑研究

通过梳理就业导向理念下,高职院校专业群建设实践中单向、线性的"产业—专业—就业"行动逻辑及其困境,分析了行动逻辑偏差的根源在于忽视了劳动力市场的复杂性,是对职业教育适应论的机械解读。由此,本研究引入了卢曼的功能结构主义理论,将高职教育视作以"专业群"作为"代谢生产网络"、以自我指涉机制运行的自创生系统,其与外界环境是一种动态、主动的适应关系。"职业生涯导向"理念下"自我指涉"机制的实质则是高职教育系统内部与外部的"双联动"发展逻辑,进而以"专业群"为特色的高职院校人才"生产网络"的复杂性来"化约"经济社会发展对技术技能人才需求的复杂性,并服务于高职院校大学生的职业生涯发展。

(四) 高职院校专业群建设的动态调整路径研究

职业生涯导向、双联动逻辑下的高职院校专业群建设,就是如何将高职院校专业群建设与大学生的职业生涯发展相结合,其实质就是通过促进高职院校外部社会"人才供需信息"与内部学习者"个人生涯信息"的全面对接来为专业群动态建设提供依据。针对"外部联动"的"时滞效应"与"内部联动"的"孤岛现象"的现实困境,本研究在"互联网+"背景下,基于云计算技术、大数据技术和泛在网络技术,设计了服务于生涯发展全过程的高职院校大学生职业生涯追踪平台,进而在共享信息、共建资源和决策支持的基础上建构包括专业结构布局调整、人才培养模式改革、职业生涯发展服务的专业群动态建设实施路径。

二 研究重点、难点与创新点

(一) 研究的重点与难点

本研究的重点和难点在于对高职院校专业群建设的价值取向的认识。价值取向的确立是把握高职院校专业群建设方向的前提。长期以来,我国高职教育奉行的是"社会本位"下的"就业导向",即以"就业"工作为核心,确定人才培养目标、调整专业结构、改革人才培养结构、构建质量评估体系。然而,由于对"就业导向"的认识偏差而将"职业教育"等同于"就业教育",进而使得高职院校专业群建设出现了专业设置盲目、重视初次岗位就业能力、过分强调与岗位的无缝对接等问题,由此忽视了学习者岗位迁移能力的提高和职业生涯的发展,进而影响了高职院校大学生的培养质量和就业质量。由此,如何在时代背景下反思并审视高职院校专业群建设的价值取向是本研究的关键内容。

（二）研究创新点

本书的创新主要有三点:一是对高职院校在知识社会下的定位进行了思考,通过借鉴杰勒德·德兰迪的知识社会理论并基于大学体系内部"技术公民身份"和"文化公民身份"的二维分类,将高职院校视为"知识应用者",其宗旨是促进高职院校学习者的职业生涯发展;二是反思了高职院校与社会的单向适应关系,通过引入卢曼的功能结构主义理论,将高职教育视为以"职业生涯导向"作为"纲要"、以"专业群"作为"代谢生产网络"、以自我指涉机制运行的自创生系统,其与外界环境是一种动态、主动的适应关系;三是将"互联网+"引入高职院校专业群建设过程中,通过基于职业生涯追踪平台的构建来创新专业群建设路径。由此,本书通过重新厘清高职院校的定位、建构高职教育的社会互动模型、将"互联网+"引入高职院校专业群建设中,进一步深化和拓宽了高职教育的基础理论和应用实践研究。

三 研究意义

（一）理论意义

本研究尝试基于大学体系内部"技术公民身份"和"文化公民身份"的二维分类,认为高职院校作为"知识应用者",其宗旨是促进高职院校学习者的职业生涯发展,并引入了卢曼的功能结构主义理论,将高职教育视为一种动态、主动的适应外界环境、以自我指涉机制运行的自创生系统。由此,本研究从高职教育的本质属性与高职院校与社会互动关系两方面,拓展与深化了高等职业教育的基础理论研究。

（二）实践意义

本研究通过分析知识社会背景下高职教育的角色定位和反思高职教育与社会的互动关系,将高职院校专业群建设实践困境的观察视角从"社会需求"转向"个体生涯",通过"职业生涯导向"价值理念、"双联动"行动逻辑和基于生涯追踪平台的实施路径,尝试建构了以人为本的高职院校专业群建设体系，进而为我国高职院校专业群建设的应用实践提供一定的借鉴。

第四节 研究思路与实施方案

一 研究思路

本研究通过分析专业群的理论内涵，整合专业群建设宏观层面的"三层次"与微观层面的"六要素"，进而形成专业群建设的研究框架，包括"时空解读""现实依据""建设理念""建设机制""建设方法"五部分。

```
时空解读 ←---- 高职专业群建设的历史变迁    高职专业群建设的横向比较
                              ↓
现实依据 ←----      高职专业群建设的现状考察
                              ↓
建设理念 ←----      高职专业群建设的价值取向
                              ↓
建设机制 ←----      高职专业群建设的行动逻辑
                              ↓
建设方法 ←----      高职专业群建设的实施路径
```

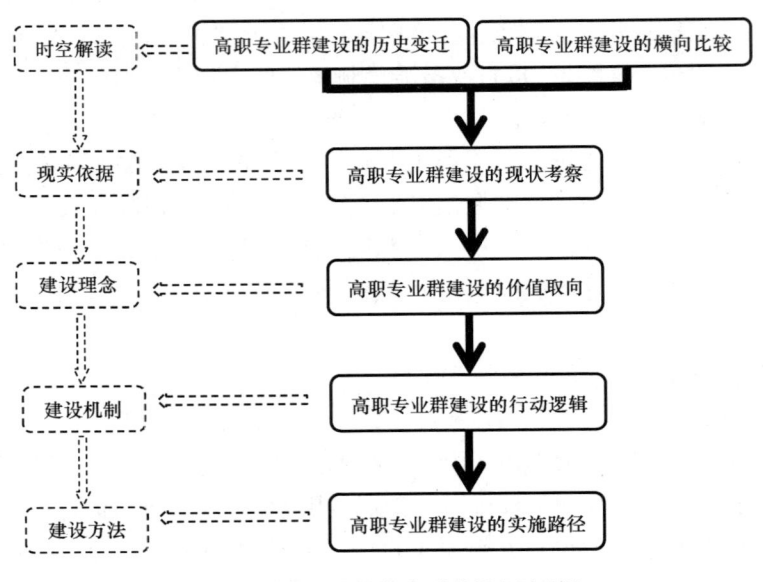

图 1-1 高职院校专业群建设研究框架

二 研究方法

（一）历史研究法

基于对我国高职专业群建设的历史梳理，从"试点"、"普及"和"优化"三个阶段梳理我国专业群建设的时代变迁，进而对我国高职院校专业群建设的现状与问题进行分析，并探讨专业群建设的历史必然性。

第一章 绪论

（二）比较研究法

基于国际比较的角度，系统地梳理了德国根据职业群、美国面向生涯集群、我国参照专业目录来设置专业群的不同路径，探讨其相应的运行机制的共同点及差异，并在此基础上为我国专业群建设提供相关借鉴。

（三）调查研究法

本研究将根据我国高职专业群建设水平，选择若干所代表型高职院校，尝试对其在专业群与产业集群协同建设中的具体措施、实践经验与存在问题进行整理与分析，从而对我国高职专业群建设的行动逻辑与具体问题进行分析，进而为本研究提供一定的现实依据。

（四）文献研究法

本书主要借鉴杰勒德·德兰迪的知识社会理论，引用其关于大学"技术公民身份"和"文化公民身份"的相关理论，来分析高职院校在知识社会中的角色定位，进而在此基础上对其本质属性进行探究；同时，引入卢曼的功能结构主义理论，将高职教育视为以"职业生涯导向"作为"纲要"、以"专业群"作为"代谢生产网络"、以"双联动"作为行动逻辑、以"自我指涉"机制运行的自创生系统，进而解释高职院校与外界环境间动态的、主动适应的互动关系。

三 实施方案

（一）2016年3月—2016年9月 政策分析阶段

本研究从"试点"、"普及"和"优化"三个阶段梳理我国专业群建设的时代变迁，同时基于国际比较的角度，分析德国根据职业群、美国面向生涯集群、我国参照专业目录来设置专业群的不同路径，进而对专业群建设进行时空解读。

（二）2016年10月—2017年6月 文献分析阶段

本研究主要借鉴杰勒德·德兰迪的知识社会理论，来分析高职院校在知识社会中的角色定位，进而在此基础上对其本质属性进行探究；同时，引入卢曼的功能结构主义理论，将高职教育视为以"自我指涉"机制运行的自创生系统，进而尝试建构高职院校与外界环境间动态的、主动适应的互动关系。

（三）2017年7月—2017年10月 调查研究阶段

本研究将根据我国高职专业群建设水平，选择若干所代表型高职院校，尝试对其在专业群与产业集群协同建设中的具体措施、实践经验与存在问题进行整理与分析，从而对我国高职专业群建设的行动逻辑与具体问题进行分析，进而为本研究提供一定的现实依据。

（四）2017 年 11 月—2018 年 4 月　论文撰写阶段

本研究在"互联网+"背景下，基于云计算技术、大数据技术和泛在网络技术，设计了服务于生涯发展全过程的高职院校大学生职业生涯追踪平台，促进高职院校外部社会"人才供需信息"与内部学习者"个人生涯信息"的全面对接，以此为专业群动态建设提供依据，进而在共享信息、共建资源和决策支持的基础上创新专业群建设实施路径。

第二章

高职院校专业群建设的历史与比较

专业群建设是高职教育与社会的契合点,它既是校内外教育资源配置的枢纽,又是人才培养的基本组织单元,而以专业群为单位统筹专业的内涵建设,则是建设高水平专业的重要途径。鉴于我国高职院校专业群建设存在明显的政策导向,本书通过对专业群建设政策的纵向梳理来管窥我国高职院校专业群的建设历史。从2006年教育部正式提出建设专业群开始,我国高职院校专业群建设经历了"试点""普及""优化"三个发展阶段,并呈现出鲜明的阶段性特征。同时,通过对国内外专业群设置路径的比较分析可以看出,德国是按照职业群来设置专业群的,美国是面向生涯集群来设置专业群的,我国是参照专业目录来设置专业群的。这三种专业群设置路径在专业设置依据、教学标准建设、协同参与机制方面存在一些共同点。

第一节 高职院校专业群建设的历史变迁

鉴于我国高职院校专业群建设存在明显的政策导向,本书通过对专业群建设政策的纵向梳理来管窥我国高职院校专业群的建设历史。专业群是提升高职院校内涵建设的重要途径,为此,国家出台了一系列政策来鼓励和支持高职院校开展专业群建设。通过对我国高职专业群建设政策进行回顾和梳理可以看出,2006年是我国高职专业群建设的元年。在这一年,教育部提出实施"国家示范性高等职业院校建设计划",明确提出要重点建成500个左右的特色专业群。由此,专业群成为我国高职院校专业发展方式转变的未来方向，也是促进高职院校内涵发展、提升人才培养质量的重要途径。近20年来，伴随着我国高等职业教育的跨越式发展，高职院校专业群建设历经了"试点""普及""优化"三个阶段，并呈现出明显的阶段性特征，而这种阶段性特征的形成与国家政策的引导和推动密不可分。

一　专业群"试点"建设阶段（2006—2010年）

2005年10月，《国务院关于大力发展职业教育的决定》（以下简称《决定1》）①出台，提出要在"十一五"期间实施国家示范性高等职业院校建设计划，重点支持100所国家示范院校，进而带动高等职业教育加快改革与发展。2006年11月，教育部与财政部联合印发《教育部　财政部关于实施国家示范性高等职业院校建设计划，加快高等职业教育改革与发展的意见》（以下简称《意见1》）②，提出要支持100所高水平示范高职院校建设，从专业带头人和教学骨干培养、实训基地或车间建设、工学结合特色的课程体系开发等入手，形成500个左右以重点建设专业为龙头、相关专业为支撑的重点建设专业群，以期提高示范高职院校对经济社会发展的服务能力。截止到2010年，先后完成了三批共440个重点专业群的试点建设。由此，伴随着国家示范性高职院校的带动作用，专业群正式成为我国高职院校专业内涵式发展的未来方向。

此阶段的政策导向体现在以下两方面。

第一，进一步明确以"服务为宗旨、以就业为导向"的指导方针。《决定1》提到，要坚持"以服务为宗旨、以就业为导向"的职业教育办学方针，积极推动职业教育向市场驱动、就业导向转变。与此同时，2006年11月，《教育部关于全面提高高等职业教育教学质量的若干意见》③出台，明

---

① 《国务院关于大力发展职业教育的决定》（国发〔2005〕35号），http://www.moe.edu.cn/jyb_xxgk/moe_1777/moe_1778/tnull_27730.html，2005年10月28日。

② 《教育部　财政部关于实施国家示范性高等职业院校建设计划加快高等职业教育改革与发展的意见》（教高〔2006〕14号），http://old.moe.gov.cn/publicfiles/business/htmlfiles/moe/s3876/201010/109734.html，2006年11月3日。

③ 《教育部关于全面提高高等职业教育教学质量的若干意见》（教高〔2006〕16号），http://old.moe.gov.cn//publicfiles/business/htmlfiles/moe/moe_1464/200704/21822.html，2006年11月16日。

确提出要"服务区域经济和社会发展,以就业为导向,加快专业改革与建设",通过及时追踪市场需求变化、毕业生就业状况,有针对性地调控与优化专业结构布局,并建立以重点专业为龙头、相关专业为支撑的专业群,辐射服务面向的区域、行业、企业和农村,通过重点专业体系建设、专业教学标准建设和专业认证体系建设,强化学生就业能力培养。

第二,以投入导向的方式系统性提出高职专业群建设的具体任务。2007年6月,教育部与财政部联合印发《国家示范性高等职业院校建设计划管理暂行办法》[1],明确了专项资金支出主要包括实验实训条件建设费、课程建设费、师资队伍建设费、共享型专业教学资源库建设费,由此,明确了高职专业群建设的方向与具体内容。《意见1》详细指出,要培养和引进高素质"双师型"专业带头人和骨干教师,聘请企业行业技术骨干与能工巧匠;在课程建设方面,建成4000门左右优质专业核心课程,1500种特色教材和教学课件,每个专业带动区域和行业内3个以上相关专业主干课程水平的提高;围绕国家重点支持发展的产业领域,创建共享型专业教学资源库,为高技能人才的培养和构建终身学习体系搭建公共平台。

二 专业群"普及"建设阶段(2010—2014年)

2010年7月,教育部与财政部联合下发《教育部 财政部关于进一步推进"国家示范性高等职业院校建设计划"实施工作的通知》(以下简称《通知1》)[2],提出新增100所左右骨干高职建设院校,积极推进省级示范性高等职业院校建设计划,形成以国家示范高职院校为引领、国家骨干高职院校为带动、省级重点建设高职院校为支撑的发展格局。2011年9月,教育部、财政部决定实施"支持高等职业学校提升专业服务产业发展能力"项目,提出要在全国独立设置公办高等职业学校中,支持

---

[1] 《教育部 财政部关于印发〈国家示范性高等职业院校建设计划管理暂行办法〉的通知》(教高〔2007〕12号),http://old.moe.gov.cn//publicfiles/business/htmlfiles/moe/s3876/201010/xxgk_109729.html,2007年6月7日。

[2] 《教育部 财政部关于进一步推进"国家示范性高等职业院校建设计划"实施工作的通知》(教高〔2010〕8号),http://old.moe.gov.cn/publicfiles/business/htmlfiles/moe/s3876/201008/xxgk_93891.html,2007年7月26日。

1000 个左右高等职业教育专业进行重点建设，提高高等职业教育服务国家经济发展方式转变和现代产业体系建设的能力。2012 年 6 月，经过审核与确定，除了已列入国家示范（骨干）高职学校重点建设、高等职业教育专业教学资源库牵头建设的专业，以及中央财政支持的职业教育实训基地建设项目的专业，全国共有 969 所高职院校被纳入行动计划。由此，"以重点专业为龙头辐射带动相关专业"的专业群建设模式基本覆盖到全国所有高职院校。

此阶段的政策导向体现在以下两方面。

第一，确定以提升服务产业能力作为高职专业群的建设目标。教育部于 2011 年 9 月发布《教育部关于推进高等职业教育改革创新 引领职业教育科学发展的若干意见》[1]，明确高等职业教育应承担起服务经济发展方式转变和现代产业体系建设的时代责任，提升其服务经济社会发展能力。由此，在提升服务产业能力的目标导向下，高职专业群建设应充分发挥地方及行业在专业设置工作中的调控和引导作用，围绕国家产业发展重点和区域产业发展需要，合理确定专业结构和布局，引导高等职业学校调整专业设置，同时，以区域产业发展对人才的需求为依据，鼓励行业与企业参与人才培养目标确定、课程标准制定、教学内容设计、教学形式创新等人才培养模式改革的全过程。

第二，明晰提升高职专业群服务产业能力的原则、内容与重点。2010 年教育部发布的《通知 1》提到，应从适应区域产业结构升级来调整专业结构、参照职业岗位任职要求制定培养方案、引入行业企业技术标准开发专业课程、吸纳行业企业参与人才培养与评价、合作共建实习实训基地等具体措施；2011 年教育部发布的《中央财政支持高等职业学校提升专业服务能力基本要求》[2]中指出，应坚持服务和发展、重点突破与整体带动、学校主体和多方参与、区域特色与行业统筹相结合的原则，推进校企对接、探索系统培养、强化实践育人、转变培养方式、建设教

---

[1] 《教育部关于推进高等职业教育改革创新 引领职业教育科学发展的若干意见》（教高〔2011〕12 号），http://old.moe.gov.cn/publicfiles/business/htmlfiles/moe/s6342/201407/xxgk_171561.html，2011 年 9 月 29 日。

[2] 《教育部 财政部关于支持高等职业学校提升专业服务产业发展能力的通知》（教高〔2011〕11 号），http://old.moe.gov.cn/publicfiles/business/htmlfiles/moe/s6342/201407/171562.html，2011 年 9 月 30 日。

学团队、实施第三方评价等内容,来整体提升专业发展水平,并应将产业支撑型、人才紧缺型、特色引领型、国际合作型等技能型人才培养作为支持高等职业学校提升专业服务能力的重点。

三 专业群"优化"建设阶段（2014年至今）

2014年6月出台的《现代职业教育体系建设规划（2014—2020年）》① 提出要改革职业教育专业课程体系,建立产业结构调整驱动专业改革机制、产业技术进步驱动课程改革机制和真实应用驱动教学改革机制,进而形成动态调整的专业预警机制和课程体系,推动教学内容、教学流程和教学方法改革。2015年7月出台的《高等职业教育创新发展行动计划（2015—2018年）》② 指出应加强专科高等职业院校的专业建设,支持紧贴产业发展、校企深度合作、社会认可度高的骨干专业建设,依托重点专业（群）,整体提升专业发展水平,促进区域产业结构调整和新兴产业发展。2016年6月,教育部提出到2018年,将支持地方建设200所办学定位准确、专业特色鲜明、社会服务能力强、综合办学水平领先、与地方经济社会发展需要契合度高、行业优势突出的优质专科高职院校③。2019年1月,国务院发布《国家职业教育改革实施方案》,提出要建设50所高水平高等职业学校和150个骨干专业（群）的具体目标④。由此,我国高职院校专业群开始步入动态调整的"优化"建设阶段。

此阶段的政策导向体现在以下四个方面。

第一,完善高职院校专业设置的动态调整机制。2015年10月,教育部印发《普通高等学校高等职业教育（专科）专业设置管理办法》和

---

① 《教育部等六部门关于印发〈现代职业教育体系建设规划（2014—2020年）〉的通知》（教发〔2014〕6号），http://old.moe.gov.cn//publicfiles/business/htmlfiles/moe/moe_630/201406/170737.html，2014年6月16日。

② 《教育部关于印发〈高等职业教育创新发展行动计划（2015—2018年）〉的通知》（教职成〔2015〕9号），http://www.moe.edu.cn/srcsite/A07/moe_737/s3876_cxfz/201511/t20151102_216985.html，2015年10月21日。

③ 《2018年教育部将支持地方建200所优质高职院校》，http://www.moe.edu.cn/jyb_xwfb/s5147/201607/t20160701_270340.html，2016年6月29日。

④ 《国务院关于印发〈国家职业教育改革实施方案〉的通知》（国发〔2019〕4号），http://www.gov.cn/zhengce/content/2019-02/13/content_5365341.htm?.from=singlemessage&isappinstalled=0，2019年1月24日。

《普通高等学校高等职业教育（专科）专业目录（2015年）》，明确了高职专业设置实行备案制，阐述了按照专业目录设置专业和自主设置专业方向的实施细则，并从专业设置原则、专业设置要求与条件、专业设置程序等实施层面进行了阐述，明确提出省级教育行政部门要建立健全本地区高职专业设置的预警和动态调整机制，把招生计划、招生计划完成率、报到率、就业率、生均经费投入、办学情况评价结果等作为优化专业布局、调整专业结构的基本依据。

第二，进一步明析高职专业群动态调整的实施策略。2015年7月，教育部印发的《教育部关于深化职业教育教学改革　全面提高人才培养质量的若干意见》①指出，要引导职业院校科学合理地设置专业，紧贴市场、紧贴产业、紧贴职业设置专业；优化服务产业发展的专业布局，围绕各类经济带、产业带和产业集群建设适应需求、特色鲜明、效益显著的专业群；推动国家产业发展急需的示范专业建设，围绕现代农业、先进制造业、现代服务业和战略性新兴产业发展需要，积极推进相关产业建设。2016年12月发布的《制造业人才发展规划指南》指出推进制造业人才供给结构改革、促进学科专业设置与产业发展同步，要建立学科专业动态调整机制，围绕产业链、创新链调整专业设置；注重专业设置前瞻性；强化行业特色学科专业建设；根据制造流程变革改造升级传统学科专业，服务传统产业向价值链高端发展；围绕制造业重点行业布局规划，集中建设一批校企深度合作、发挥支撑作用的专业集群。2017年1月印发的《国家教育事业发展"十三五"规划》②也指出，要完善职业学校布局结构，推动区域内职业学校科学定位，使每一所职业学校集中力量办好当地经济社会发展需要的特色优势专业（集群），加快学科专业结构调整，通过专业改造等方式设置复合型专业，并建设服务现代产业的新兴学科专业集群。2019年4月，教育部与财政部发布了《关于实施中国特色高水平、高职学校和专业建设计划的意见》，提出要面向区域或

---

① 《教育部关于深化职业教育教学改革　全面提高人才培养质量的若干意见》（教职成〔2015〕6号），http://www.moe.edu.cn/srcsite/A07/moe_953/201508/t20150817_200583.html，2015年7月29日。

② 《国务院关于印发〈国家教育事业发展"十三五"规划〉的通知》（国发〔2017〕4号），http://www.gov.cn/zhengce/content/2017-01/19/content_5161341.htm，2017年1月19日。

行业重点产业，依托优势特点专业打造高水平专业群，并于 2019 年 12 月发布了首批入选"双高计划"的 197 所高职院校和 253 个专业群名单。

第三，建立高职专业群教学诊断与改进制度。2015 年 6 月，教育部办公厅印发了《教育部办公厅关于建立职业院校教学工作诊断与改进制度的通知》①，指出建立职业院校教学工作诊断与改进制度，引导和支持学校全面开展教学诊断与改进工作，不断完善内部质量保证制度体系和运行机制，并试行专业诊改，通过反映专业机构和社会组织对职业院校专业教学质量的认可程度，倒逼专业改革与建设。2015 年 12 月《高等职业院校内部质量保证体系诊断与改进指导方案（试行）》②下发，按照"需求导向、自我保证，多元诊断、重在改进"的工作方针，引导高职院校切实履行人才培养工作质量保证主体的责任，建立常态化的内部质量保证体系和可持续的诊断与改进工作机制，不断提高人才培养质量。在专业质量保证中，分别从专业建设规划、专业诊改、课程质量保证等三个角度开展；在专业诊改项目中，学校内部是否建立常态化的专业诊改机制；是否能够促成校内专业设置随产业发展动态调整的诊改制度与运行成为其重要的衡量指标。

第四，继续深化产教融合的专业群建设机制。"示范校建设重点抓的是工学结合的专业建设，骨干校建设重点抓的是校企合作的体制机制创新，而优质高职建设则重点抓产教融合的院校整体质量提升"，伴随"优质校"行动方案的出台，如何依托重点专业（群），整体提升专业发展水平，促进区域产业结构调整和新兴产业发展，成为当前亟待解决的问题。在优质校建设过程中，应"坚持围绕专业建设，调整结构、改善条件、提振师资，提高专业服务产业发展的能力"③，而产教融合作为优质校专业群建设的主线。2017 年 2 月，国家发改委、教育部、人社部联合印发

---

① 《教育部办公厅关于建立职业院校教学工作诊断与改进制度的通知》（教职成厅〔2015〕2 号），http：//www. moe. edu. cn/srcsite/A07/moe_737/s3876_zdgj/201507/t20150707_192813. html，2015 年 6 月 24 日。

② 《关于印发〈高等职业院校内部质量保证体系诊断与改进指导方案（试行）〉启动相关工作的通知》（教职成司函〔2015〕168 号），http：//www. moe. edu. cn/s78/A07/A07_gggs/A07_sjhj/201512/t20151230_226483. html，2015 年 12 月 30 日。

③ 《优质校建设，高职改革举起新标杆》，http：//www. jyb. cn/zyjy/sjts/201611/t20161108_681573. html，2016 年 11 月 8 日。

《教育现代化推进工程实施方案》①，其中明确提出要推进职业教育产教融合工程，以实习实验实训设施建设为重点，支持职业院校、本科高校深化产教融合、校企合作，改善人才培养条件，加强实践育人。并在2019年4月，教育部发布了先期重点建设培育的24家产教融合型企业建议名单。由此，通过产教深度合作来促进高职院校专业群建设，进而促进高职院校整体的人才培养质量的提升。

第二节　高职院校专业群设置的路径比较

专业群设置在不同国家有着不同的路径，比较具有代表性的有：按照"职业群"设置专业群，以德国为代表；面向"生涯集群"设置专业群，以美国为代表；而中国则是在专业目录指导下设置专业群。这三种专业群建设模式在专业设置依据、教学标准建设、协同参与机制方面存在一些共同点。

一　《国际标准职业分类》和《国际教育标准分类》

随着劳动力市场的全球化，各领域的职业、职业分类与聚合逐渐成为国际性的研究开发领域，从1923年起，国际劳工组织（ILO）就开始建设《国际标准职业分类》（International Standard Classification of Occupations，ISCO），其主要目标是提高国际职业和劳动市场研究的质量、信度和数据的可比性。基于在国际合作中大家对ISCO的广泛承认，ISCO已成为许多国家职业分类的指导方针。

最新版的ISCO-08是由国际劳工组织在2007年12月修订的，并将所有职业分为四个等级，包括10个职业大类43个职业中类125个职业小类436个职业细类②，相对于ISCO-88来讲，其职业大类数量没变，名称出现了一定的变化，职业中类、职业小类和职业细类则出现了不同程

---

①　《我国实施教育现代化推进工程，三部委印发实施方案，明确五大建设任务》，http://www.moe.gov.cn/jyb_xwfb/s5147/201702/t20170221_296808.html，2017年2月21日。

②　ILO,"International Standard Classification of Occupations-08", http://www.ilo.org/public/english/bureau/stat/isco/isco08/index.htm，2008年3月5日。

度的数量扩张（如表2-1所示）。职业的分级是按照技能水平和技能专门化进行的分类，技能水平是所涉及任务的范围和复杂性的参数，技能专门化反映了应用知识的类型、使用工具和设备、需处理的原理以及生产的商品和服务的性质。而 ISCO 的四个职业分类等级分成五个与工作相关的技能水平，并与《国际标准教育分类》（International Standard Classification of Education，ISCED）的教育层次相对应，如表2-2所示。

表2-1　　　　ISCO-88 与 ISCO-08 的职业分类比较

ISCO-88	ISCO-08
10 个职业大类	10 个职业大类
28 个职业中类	43 个职业中类
116 个职业小类	125 个职业小类
390 个职业细类	436 个职业细类

表2-2　　　　ISCO-08 的职业大类及其技能水平①

职业大类	技能水平
1. 管理者	—
2. 专家	4
3. 技术员和辅助专业人员	3
4. 办事人员	2
5. 服务与销售人员	2
6. 农业、林业和渔业的技术工人	2
7. 手工艺及相关贸易行业工人	2
8. 机器设备的操作员和装配工	2
9. 初级职业（非技术工人）	1
10. 武装军人职业	—

为了从全球角度解读并适当阐释教育系统的投入、过程和成果，确保数据具有可比性是不可或缺的，因此，联合国教科文组织（UNESCO）最初于20世纪70年代组织开发《国际教育标准分类法》，并于1997年

---

① ［德］菲利克斯·劳耐尔、［澳］鲁珀特·麦克林：《国际职业教育科学研究手册》，赵志群等译，北京师范大学出版社2014年版，第117页。

首次修订，使之成为收集和发布国家和全球教育统计数据的一个工具，并被不断更新以更好地捕捉世界教育系统的新进展。最新的《国际教育标准分类法》于 2011 年 11 月由联合国教科文组织大会第 36 届会议通过，该版引入教育资格证书，作为与教育课程一起的一个相关统计单元，三数字编码系统，用于教育课程和受教育程度分级。

ISCED（2011）依据国家（或地区）的教育课程和相关的公认教育资格证书进行分类，由并行的教育课程等级（ISCED 教育课程，下称为 ISCED – P）和受教育程度等级（ISCED 受教育程度，下称为 ISCED – A）两个编码系统构成，在两个编码系统中，都确认了"0—8"这样 9 个不同的等级，且教育课程和受教育程度都采用三个数字并通过它们来表示受教育者在整个教育体系中的等级。第一个数字表示的是教育层次的分类，涵盖纵向的整个教育层次；第二个数字表示的是教育类型的分类，将 ISCED – 2 到 ISCED – 5 的课程分为普通教育和职业教育两类，将 ISCED – 6 到 ISCED – 8 的课程分为专业教育和学术教育两类；第三个数字表示的是受教育者完成相应教育层次的教育课程的情况说明，具体分类如表 2 – 3 所示。

表 2 – 3　　《国际教育标准分类法》等级编码（第一个数字）①

教育课程（ISCED – P）	受教育程度（ISCED – A）
0. 早期儿童教育	0. 低于初等教育
1. 初等教育	1. 初等教育
2. 初级中等教育	2. 初级中等教育
3. 高级中等教育	3. 高级中等教育
4. 中等后非高等教育	4. 中等后非高等教育
5. 短线高等教育	5. 短线高等教育
6. 学士或同等水平	6. 学士或同等水平
7. 硕士或同等水平	7. 硕士或同等水平
8. 博士或同等水平	8. 博士或同等水平
9. 别外未分类	9. 别外未分类

---

① UNESDOS, "International Standard Classification of Education 2011", http：//www.uis.unesco.org/ EDUCATION/pages/international-standard-classification-of-education.aspx，2011 年 9 月 5 日。

ISCED（2011）将教育分为"普通/学术教育"和"职业/专业教育"两种基本类型，体现出一种普职分工合作、相异又相融通的教育理念，为学习者终身教育服务①。本研究的研究对象是"专科层次"的"高等职业教育"，对应的是第五级的"短线高等教育"。

二 专业群的设置

（一）按照职业群设置专业群

德国在职业分类方面，曾具有两套官方的职业分类，一套是1992年联邦统计局颁布的《职业系统分类：职业名称系统化列表》（StBA），另一套是1988年联邦劳动局颁布的《统计用职业分类》（BA）。在适用对象上，BA宗旨仅针对已有工作的、由社会保障的个人；而StBA不仅包括已经参与工作的人，还包括注入个体经营者、公务员、文职人员、服务官员等其他从业人员。在具体的分类层级上，两者区别不是很大。在2010年，德国出台了最新的社会职业资格分类（Klassifikation der Berufe2010，KlDB 2010），2010年版的德国职业分类建立在1988年和1992年职业分类基础之上，由德国劳工局、劳动力市场与职业研究所共同主导，在联邦统计局以及相关部门和专业的共同参与下完成，反映了当前德国职业图景的最新发展，并显示了与国际标准职业分类ISCO-08的高度对应，具体如表2-4所示。职业分类通过两个标准维度进行结构化，"职业专业性"主要指向所划分的职业领域，体现在职业分类的第二至第四层次中；职业的"要求等级"标识了所从事职业活动的复杂程度，主要存在于第五层次的职业细类中。

表2-4　　德国 StBA、BA 和 KlDB 2010 的职业分类结构②

StBA	BA	KlDB 2010
6个职业大类	3个职业大类	10个职业领域
33个职业带	20个职业领域	37个职业大类

---

① 和震、李玉珠：《基于〈国际教育标准分类法（2011）〉构建中国现代职业教育体系》，《首都师范大学学报》（社会科学版）2014年第3期。

② BA Bundesagentur fuer Arbeit, *Klassifikation der Berufe 2010 – Band 1：Systematischer und alphabetischer Teil mit Erlaeuterungen*, Nuernberg, 2011, pp. 16 – 26.

续表

StBA	BA	KlDB 2010
88 个职业群	83 个职业群	144 个职业中类
369 个职业列	319 个职业列	700 个职业小类
2287 个职业		1286 个职业细类

在教育体系方面，2012 年发布的德国资格框架（Deutsche QualifikationsRahmen，DQR）将除了基础教育之外的包括职业准备教育、中等职业教育、继续教育、专科和本科、硕士和博士教育等在内的各类职业教育与专业教育划分为八个等级，分别从横向和纵向来进行描述。横向描述包括由知识和技能组成的专业能力和由社会能力与独立性组成的个人能力两个维度，而纵向描述包括学习领域中的学术专业和工作领域中的职业活动两部分（如图 2-1 所示）。而对于本研究对象的专科层次的高职教育，对应职业的第二要求等级和资格水平的三级和四级，即两年制到三年制的专业指向性的职业活动。

工作与就业体系 职业，工作和专业			职业教育与高等教育	
德国职业分类（KlDB 2010）			德国资格框架（DQR 2012）	
要求等级	4	高度复杂性的职业活动（例如，硕士或博士毕业人员）	资格水平	8 博士
				7 硕士
	3	综合专业性的职业活动（例如，学士毕业人员、师傅、技术员）		6 学士、师傅、技术员、专科学校毕业人员
				5 短期继续教育（例如，IT专长者）
	2	专业指向性的职业活动（例如，职业教育毕业人员）		4 职业教育（三年制）
				3 职业教育（两年制）
	1	助手级与初等性职业活动（例如，助手、仅经过一年职业教育培训的人员）		2 职业基础教育（一年制）
				1 职业准备教育

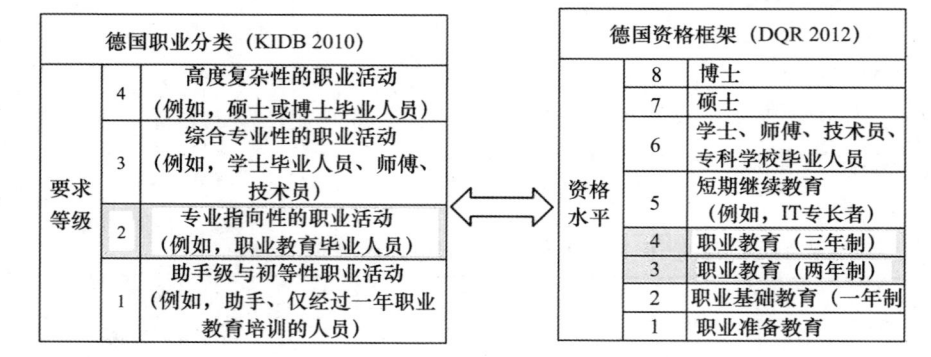

图 2—1 德国职业体系与教育体系之间的相互关联

资料来源：谢莉花：《德国职业教育的"教育职业标准"：职业教育条例的开发内容、路径与经验》，《外国教育研究》2016 年第 8 期。

德国是根据职业分类的标准来对职业教育的层次进行分类的，在 StBA 和 BA 的职业分类中，33 个职业带或 20 个职业领域以及 88 个或 83 个职业群分别被用于职业教育专业设置中,其设置的 350 个教育职业被划归到 88 个职业群中的 69 个,而随着职业分类标准 KlDB 2010 的颁布,其相应的专业设置也进行了相应调整。因此,德国职业教育中的专业被称为"教育职业"。而教育职业的设置与取消、目录的编制与发布,是由德国联邦职业教育研究所负责的。德国联邦职业教育研究所会根据外在的劳动力市场需求与政策和内在的教育职业自身规律,来对教育职业的结构进行划分,包括重点、方向、应用领域等组成部分①。

在德国,政府把所有培训职业系统归入若干职业领域,其目的是建立用于规范职业教育的第一个学年,即职业基础教育年的课程设置与教学,其官方文件就是所谓的《职业基础教育年核算条例》(BGJAVO,1972)。从形式上看,在职业基础教育年,每一个职业领域内所有培训职业都提供统一的、基础性的职业知识和技能教学,进而通过制定相关的教学和课程标准来对职业培训条例进行规范②。而德国专业教学标准是由两部分组成的,包括企业的《职业教育条例》《企业职业教育框架教学计划》及《学校框架教学计划》③。《职业教育条例》是在联邦职业教育研究所公布的条例指导下,由职业教育的诸多利益相关者协同完成、联邦政府部门和联邦职业教育所颁布,是企业职业教育教学的纲领性文件,包括教育职业名称、教育培训时间、教育职业规格、教育框架计划和考试要求等内容,其附件《企业职业教育框架教学计划》则可视为企业职业教育的教学大纲,包括具体的教学单元、教学要点及其时间安排。而《学校框架教学计划》则是由各州文教部部长联席会颁布,是学校职业教育教学的纲领性文件,包括学校的教育任务、教学原则、专业说明、学习领域等部分,阐述了学校职业教育的基本原则、理论基础、培养目标等,其中学习领域是某个专业教学基本范畴,每个专业有 10—20 个学习领域,是制定教学实施方案的基本依据。《企业职业教育框架教学计划》和《学校框架教学计划》是相互联系、协调统一的关系,反映了德国职业教育校企"双元制"特色,也是情境、个性化职业教育与通识性职业

---

① [德] 菲利克斯·劳耐尔、[澳] 鲁珀特·麦克林:《国际职业教育科学研究手册》,赵志群等译,北京师范大学出版社 2014 年版,第 119—124 页。
② 同上。
③ 姜大源:《当代世界职业教育发展趋势研究》,电子工业出版社 2013 年版,第 319—321 页。

教育的协调补充。《学校框架教学计划》强调培养学习者的综合素质和综合职业能力，而《企业职业教育框架教学计划》强调培养职业工作环境中的岗位能力，其在教学目标上是相互协调的，它们具体的教学内容都是以相关职业领域的工作任务为基础，经过职业分析和教学分析形成的，因此，它们在教学内容上又是相互补充的。

（二）面向生涯集群设置专业群

在职业分类体系构建方面，美国主要由标准职业分类修订政策委员会（Standard Occupational Classification Revision Policy Committee，SOCRPC）负责职业分类体系的修订工作，其成员包括劳动部劳动统计局、雇佣培训管理处、国家职业信息协调委员会、管理和预算办公室人员等，近十几年来，分别于2000年、2010年、2018年发布了三次标准职业分类修订版本（如表2—5所示）。根据美国标准职业分类体系与国际标准职业分类体系的对比可以发现，美国的职业层级划分的标准与国际劳动组织的划分并不相同，其原因在于美国标准职业分类（SOC）的23个职业大类是以"技能专门化"作为唯一标准，而ISCO的10个职业大类则把"技能水平"和"技能专门化"两项标准分开，因此，SOC的职业大类涵盖了不同技术水平的多种职业，例如"交通与材料运输职业"包括飞行员、副驾驶员、飞行工程师等职业①。从对比中还可以看出，美国的职业分类较为细致，在同一层级中，职业分类更为仔细。与此同时，美国和加拿大、墨西哥还基于国际标准产业分类（SIC）研发了适用于北美自由贸易区的北美产业分类体系（NAICS），NAICS包括20个主要产业门类，与国际标准产业分类（SIC）的10个产业分类相对应②。

在教育体系构建方面，2011年美国露明纳基金会（Lumina Foundation）提出了美国学历资格框架（Degree Qualifications Profile，DQP）。美国学历资格框架是在借鉴欧盟学历框架的基础上结合本国的特点而提出的，得到了美国高等院校协会（AAC&U）、美国独立学院理事会（CIC）等机构的积极响应，在全美高等院校进行试点推广，并在2014年根据反

---

① ［德］菲利克斯·劳耐尔、［澳］鲁珀特·麦克林：《国际职业教育科学研究手册》，赵志群等译，北京师范大学出版社2014年版，第120页。

② NAICS Association, "NAICS Structure", https：//www.naics.com/history-naics-code/，2018年1月25日。

馈建议进行了修订。美国学历资格框架以"大学生获取不同层次学历时被期望应知道些什么以及能够做些什么"为核心,划分了涵盖副学士、学士、硕士三个层级,包含专业化知识(Specialized Knowledge)、广泛且整合的知识(Broad and Integrative Knowledge)、智力技能(Intellectual Skills)、应用与协作学习(Applied and Collaborative Learning)、公民与全球学习(Civic and Global Learning)等五个独立且相融的基本学习领域,并以学习成果的方式清晰地描述了不同层次的毕业生取得专业学历时需要在五大学习领域所达成的要求①。该资格框架除了阐述与学历层次相对应的知识与技能外,着重强调了与相应层次学历相适应的知识与技能的广泛融合,以提升学生毕业后的适应能力和自我学习能力②。本研究的对象为专科层次的高职院校,因此,其对应美国学历资格框架的"副学士"层次。

表 2-5　　　　　　　　　美国 SOC 的职业结构演变

ISCO-08	SOC 2000③	SOC 2010④	SOC 2018⑤
10 个职业大类	23 个职业大类	23 个职业大类	23 个职业大类
43 个职业中类	96 个职业中类	97 个职业中类	98 个职业中类
125 个职业小类	449 个职业小类	461 个职业小类	459 个职业小类
436 个职业细类	821 个职业细类	840 个职业细类	867 个职业细类

与德国严格按照职业分类进行高职专业的设置不同,美国在产业分类(NAICS)和 SOC 的基础上,以服务于学生职业生涯发展为宗旨,采

---

① Lumina Foundation, "Degree QualificationsPro-file", http://degreeprofile.org/wp-content/uploads/2017/03/DQP-web-download-reference-points-FINAL.pdf, 2014 年 10 月 21 日。
② 殷明、刘丹青、郑继昌:《美国学历资格框架(DQP)述评》,《中国职业技术教育》2016 年第 6 期。
③ The Office of Management and Budget, "2000 SOC System", https://www.bls.gov/soc/2010/home.htm, 1999 年 6 月 29 日。
④ The Office of Management and Budget, "2010 SOC System", https://www.bls.gov/soc/2010/home.htm, 2009 年 3 月 21 日。
⑤ The Office of Management and Budget, "2018 SOC System", https://www.bls.gov/soc/.2018/home.htm, 2017 年 11 月 28 日。

用生涯集群的方式来进行高职的专业教学。2006年《帕金斯法案Ⅳ》将"职业教育"改为"生涯与技术教育"（Career and Technical Education，CTE），职业教育名称的变更本身就蕴含着对于"高质量"职业教育的追寻与反思。在传统教育观念中，"职业教育被认为是一个二流的教育选择，其学生也被认为从事的是无技术含量、低收入和没有前途的工作"[①]；而生涯与技术教育被描述为一个与传统的职业教育项目相区别的新模式，其"关注学术教育与技术教育的统一，更加关注人的发展和终身教育，更充分反映现代社会对技术技能人才的要求"[②]，而生涯集群是生涯与技术教育实施的核心。生涯集群的开发源于20世纪90年代，1994年，美国国家技能标准董事会（NSSB）成立，负责界定较大范围的职业集群和创建包括标准、评估、认证每个专业集群的系统，同一年，国家"从学校到工作"项目办公室（NSTWO）成立，着力于开发产业认可技能标准；1996年，NSSB、NSTWO、教育部职业与成人教育办公室（OVAE）联合成立了"建立联系项目"，旨在研究能够有助于成功实现从学校到职场转变的在更宽范围生涯集群的课程框架，NSSB负责牵头签订合作协议，NSTWO负责与雇主进行沟通，OVAE为评估提供支持；2001年，全类各州生涯与技术教育联盟主任协会（NASDCTEc，2010年更名为生涯与技术教育推进组织，简称Advance CTE）开始接管生涯集群的开发工作，并于2002年9月，NASDCTEc在南加州的查尔斯顿发布了全部16个生涯集群的课程资源[③]。经过数次修订，现行的最新的生涯集群，包括16个生涯集群（Career Clusters）、79个生涯路径（Career Pathways）、1800个左右的具体岗位。生涯集群作为课程设计和教学的组织工具，为16个职业群体及其职业发展提供必要的知识和技能，为学生个体发展计划提供一个有用的指南，包括农业、食品、自然资源、建筑、艺术、音像技术及交流、商业管理、金融、政府和公共事业管理、教育和培训、健康

---

① A Quality Education for All,"A Career and Technical Education Policy Agenda", http：//www.shankerinstitute.org/sites/shanker/files/CTE-POLICY-AGENDA-3-10-9-131.pdf，2018-01-25.

② 教育部调研团：《美国生涯与技术教育调研报告》，《中国职业技术教育》2016年第1期。

③ Katherine Ruffing,"The History of career clusters", http：//occrl.Illinois.edu/sites/default/.../Careerclusterhistory.doc，2018-01-25.

和科学、餐饮与旅游观光、人类服务、信息技术、法律、公共安全、制造业、市场、销售、服务、科学、技术、工程、数学、运输、分配、后勤等①。2012 年，NASDCTEc 和国家生涯与技术教育基金会（NCTEF）共同颁布了《共同生涯与技术核心标准》（Common Career Technical Core，CCTC），这是美国职业教育史上第一个面向全国的职业教育共同基准，包括生涯准备实践、16 个职业群的知识与技能标准以及针对 79 个相应职业路径的知识与技能标准，明确了成功的职业教育项目应当帮助学生掌握哪些核心知识和技能②。

（三）参照专业目录设置专业群

我国的职业分类是由人力资源社会保障部、国家质量监督检验检疫总局、国家统计局联合开发研制的，1999 年 5 月正式颁布第一版《中华人民共和国职业分类大典》，2015 年 7 月，修订后的《中华人民共和国职业分类大典》正式发布。1999 年版的《中华人民共和国职业分类大典》将我国职业归为 8 个大类 66 个中类 413 个小类 1838 个细类（职业），2015 年版《大典》的职业分类结构为 8 个大类 75 个中类 434 个小类 1481 个职业。与国际标准职业分类相比，我国的职业分类呈现出明显细化的特点，如表 2-6 所示。与我国职业教育相关的还有由国家统计局起草，国家质量监督检验检疫总局、国家标准化管理委员会发布的《国民经济行业分类》。其最早发布于 1984 年，并曾于 1994 年、2002 年、2011 年、2017 年进行了修订，根据《国民经济行业分类》（2017），我国经济行业分为 20 个门类 97 个大类以及中类和小类四个组成部分，如表 2-8 所示。而根据 2014 年颁布的《现代职业教育体系建设规划（2014—2020 年）》中涉及的我国教育体系的基本框架及其结构可以看出，专科层次的高等职业教育是我国职业教育的重要层次，同时是我国高等教育的重要类型，如图 2—2 所示。

---

① Advance CTE，"Career Clusters"，https：//careertech.org/career-clusters.，2018 年 1 月 25 日。
② "Introduction to The Common Career Technical Core"，https：//careertech.org/sites/default/files/ CCTC_Standards_Formatted_2014. pdf? f = numswdh&t = - - type&ft = gjlock& - - type = 0，2018 年 1 月 25 日。

表 2-6　　　　　　　我国职业分类的结构演变

ISCO-08	1999 年《职业分类大典》	2015 年《职业分类大典》①
10 个职业大类	8 个职业大类	8 个职业大类
43 个职业中类	66 个职业中类	75 个职业中类
125 个职业小类	413 个职业小类	434 个职业小类
436 个职业细类	1838 个职业细类	1481 个职业细类

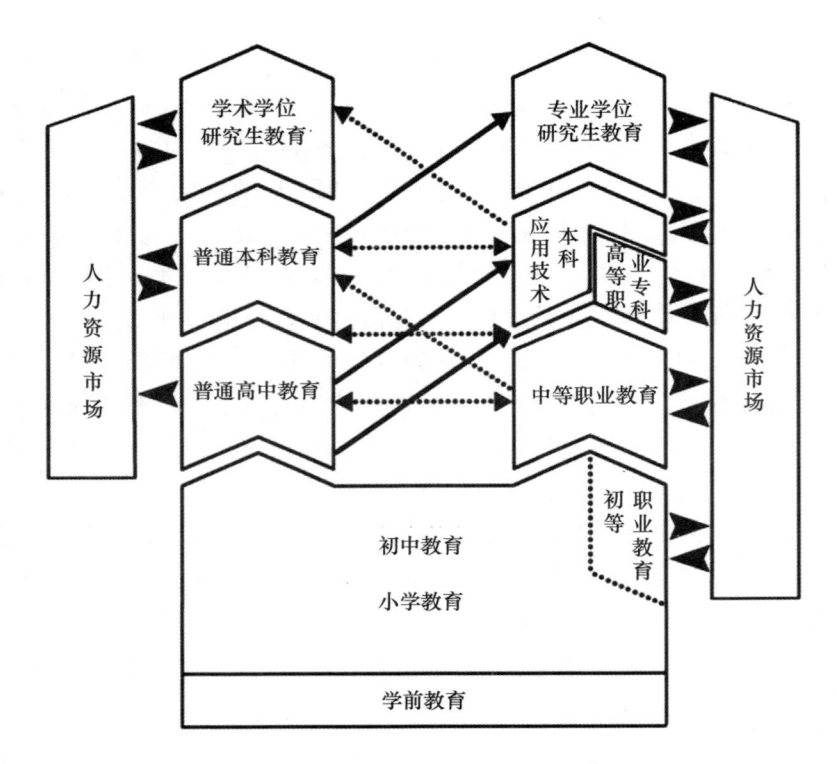

图 2—2　我国教育体系基本框架②

---

① 国家职业分类大典修订工作委员会：《中华人民共和国职业分类大典（2015 年版）》，中国劳动社会保障出版社 2015 年版，第 10—25 页。

② 《现代职业教育体系建设规划（2014—2020 年）》，http：//www.moe.cn/publicfiles/business/htmlfiles/moe/moe_630/201406/170737.html，2014 年 6 月 16 日。

我国自 2006 年起，开始在高职院校开展以专业群为核心的专业建设改革，以期提升高职专业的建设水平，进而提升人才培养质量和社会服务水平。高职院校专业群建设的重要依据则是高职高专教育专业目录。教育部曾于 2004 年出台了《普通高等学校高职高专教育专业设置管理办法（试行）》和《普通高等学校高职高专教育指导性专业目录（试行）》。然而，由于近年来我国产业结构转型升级、科学发展与技术进步使得大量的新兴职业涌现，而原有的专业目录已不适应我国职业教育发展的需要，为此，教育部 2015 年颁布了新的《普通高等学校高等职业教育（专科）专业设置管理办法》和《普通高等学校高等职业教育（专科）专业目录（2015 年）》，《目录》（2004）与《目录》（2015）的对比如表 2 – 7 所示。《目录》（2015）参照《职业分类大典》和《国民经济行业分类》的联系，按照专业大类对应产业、专业类对应行业、专业对应职业、专业方向对应职业岗位的原则，在数量上，保持专业大类数量不变，专业类增加了 21 个，专业减少了 423 个[①]；在内容结构上，新增了"对应职业类别""专业方向举例""衔接中职和接续本科专业举例"等内容，明确专业与专业方向、对应职业类别、衔接专业的关系，有利于打通技术技能人才的成长通道和职业生涯发展；在专业管理体制上，专业每五年修订一次，每年增补一次，促进专业稳定性和灵活性的有机统一。同时，《办法》明确了专业设置的条件与要求、专业设置程序、专业设置指导与监督，对各级部门和高职院校在专业设置程序中的职责进行了具体阐述。与此相对应的是，2012 年，教育部发布了首批《高等职业学校专业教学标准（试行）》（410 个专业标准），每个专业标准包含专业的名称、代码、招生对象、学制学历、就业面向、培养目标与规格要求、职业资格证书、课程体系与核心课程、专业办学基本条件和教学建议、继续专业学习深造建议等内容，随着经济社会快速发展，新职业、新技术、新工艺不断涌现，一些专业的内涵发生了较大变化，而 2015 年出台的最新的专业目录对专业划分和专业设置进行了较大调整。

---

① 《见证 2015——我们眼中的中国职业技术教育亮点》，《职业技术教育》2016 年第 3 期。

表2-7 《目录》(2004)与《目录》(2015)的对应关系

《目录》(2004)	《目录》(2015)
19个专业大类	19个专业大类
78个专业类	99个专业类
1170个专业	747个专业
	291个职业类别举例
	764个专业方向举例

资料来源：《教育部关于印发〈普通高等学校高等职业教育（专科）专业设置管理办法〉和〈普通高等学校高等职业教育（专科）专业目录（2015年）〉的通知》，http://www.moe.edu.cn/srcsite/A07/moe_953/201511/t20151105_217877.html，2015年10月26日。

表2-8 《2017国民经济行业分类》

门类代码	门类名称	门类代码	门类名称
A	农、林、牧、渔业	K	房地产业
B	采矿业	L	租赁和商务服务业
C	制造业	M	科学研究和技术服务业
D	电力、热力、燃气及水的生产和供应业	N	水利、环境和公共设施管理业
E	建筑业	O	居民服务、修理和其他服务业
F	批发和零售业	P	教育
G	交通运输、仓储和邮政业	Q	卫生和社会工作
H	住宿和餐饮业	R	文化、体育和娱乐业
I	信息传输、软件和信息技术服务业	S	公共管理、社会保障和社会组织
J	金融业	T	国际组织

资料来源：《2017年国民经济行业分类》（GB/T 4754—2017），http://www.stats.gov.cn/tjsj/tjbz/hyflbz/201710/t20171012_1541679.html，2018年1月25日。

三 专业群设置路径的比较分析

对于专科层次阶段的高职专业群设置，不同的国家具有不同的特点。德国按照职业群来设置专业群，中国参照专业目录来设置专业群，而美国则综合考虑了产业分类和职业分类，面向职业生涯发展来设置专业群。德国采用由德国劳工局、劳动力市场与职业研究所共同主导，在联邦统计局以及相关部门和专业的共同参与的（KldB 2010）中所界定的职业类别来进行教育职业的设置，其专业教学标准是由联邦政府部门和联邦职业教育所颁布的《职业教育条例》及《企业职业教育框架教学计划》，以及各州文教部部长联席会颁布的《学校框架教学计划》组成，分别作为企业职业教育教学的纲领性文件和学校职业教育教学的纲领性文件。中国采用的是产业分类参照下的专业设置模式，参照《国民经济行业分类》门类、大类划分，《普通高等学校高等职业教育（专科）专业目录（2015年）》中设定了19个专业大类99个专业类747个专业，进而作为高职院校专业设置和调整的依据，而高职专业教学标准也正在跟随目录的调整进行修订。美国则综合考虑了产业分类和职业分类，面向职业生涯发展的需求来设置专业，由生涯与技术教育推进组织（Advance CTE）发布了全部16个生涯集群的课程资源，并在2012年与国家生涯与技术教育基金会共同颁布了《共同生涯与技术核心标准》，包括生涯准备实践、16个职业群的知识与技能标准以及针对79个相应职业路径的知识与技能标准。

  对于专科层次阶段的高职专业建设，不同的国家也有些共同之处。首先，明晰了职业教育专业设置要与产业发展相适应、与现有教育体系相协调的基本原则，应充分考虑到职业教育专业设置与国家经济产业分类、国家标准职业分类、国家教育体系分类的协调与联系。同时，高职专业教学标准是高职专业建设的重要内容，包括德国研制《企业的教育框架计划》和《学校框架教学计划》，美国研制《共同生涯与技术核心标准》，中国研制《高等职业学校专业教学标准（试行）》，进而通过专业的知识、技能标准的制定来有效指导高职院校的专业建设，加强对专业建设的考核与评估。促进多方协作的参与机制是高职专业建设的关键，德国已经建立了以法律基础作为保障，职业学校与企业作为主体，联邦政府部门、联邦职业教育研究所、各州文教部部长联席会、雇主协会等协同参与的职业教育参与机制；美国也已经建立了国家教育部门和各州生涯与技术教育部门且分工明确，通过构建生涯与技术教育协会、生涯与技术教育学生组织（CTSOs）、劳工和经济发展机构的代表等所形成的"伙伴关系"来共同促进高职教育参与机制的运行，而中国相继通过发布《现代职业教育体系建设规划（2014—2020年）》、《高等职业教育创新发展行动计划（2015—2018 年）》、《国家职业教育改革实施方案》等政策文件，试点实施现代学徒制、设立技能大师工作室、提升社会服务能力试点、实施产教融合提升工程等项目，进而促进校、企、政等多方面协同参与的职业教育办学机制。

第三章

高职院校专业群建设的现状考察

我国高职院校专业群建设理念经历了从"以就业为导向"到"以促进就业为导向"、从强调"就业率"到注重"就业质量"的发展转变。然而，通过对高职院校专业群建设现状的实地调研后发现，目前高职院校专业群建设存在价值理念上"就业导向"的认识误区、"产业—专业—就业"的逻辑偏差、高职院校"单打独斗"的静态路径等实践困境。由此，从就业导向到职业生涯导向的价值取向演进、"线性"到"双联动"的行动逻辑转换、单打独斗到多方协同的实施路径衍变三个方面，递进搭建出高职院校专业群建设的研究框架。

第一节 高职院校专业群建设的理念分析

我国高职院校专业群建设经历了"试点"、"普及"和"优化"三个阶段。在"试点"建设阶段，我国先后完成了三批共440个重点专业群的试点建设；在"普及"建设阶段，我国又支持新增建设969个专业群；在"优化"建设阶段，高职院校专业群建设进入动态调整的发展阶段。在办学理念上，纵观专业群建设历史可以看出，我国高职院校专业群建设奉行的是社会本位下的就业导向办学理念，即以就业工作为核心，来确定专业群建设的培养目标与专业结构、改革人才培养模式、构建质量评估体系。从2003年"就业导向"正式提出开始，十几年来，我国高职院校专业群建设经历了从"以就业为导向"转向"以促进就业为导向"、从强调"就业率"转向注重"就业质量"、从关注"就业数据"转向重视"人才培养"三个方面的转变。

2013年以前,我国高职教育侧重将"就业率"作为高职院校办学的核心指标,将强化学生的就业能力来提升就业率作为办学的核心任务,并将就业率指标的考核结果与学校的事业发展、专业设置、评估结论紧密结合起来。2003年教育部出台《关于进一步深化教育改革,促进高校毕业生就业工作的若干意见》①,指出"高等职业学校必须明确以就业和社会实际需求为导向,调整专业结构,改革培养模式,加强实践环节教育教学,保持同经济和社会的直接、密切的沟通与联系",并明确将就业率与高职院校的发展规划、招生计划、质量评估挂钩。2004年教育部高教司1号文件《教育部关于以就业为导向,深化高等职业教育改革的若干意见》②出台,明确提出"高等职业院校要主动适应经济和社会发展需要,以就业为导向确定办学目标","将就业状况作为专业设置及其结构调整的依据,依据就业率来进一步完善高等职业教育人才培养工作水平评估制度",并直接影响高等职业院校的审批备案。2005年1月,国务院发布《国务院关于大力发展职业教育的决定》③;2006年11月,《教育部关于全面提高高等职业教育教学质量的若干意见》④和《教育部 财政部关于实施国家示范性高等职业院校建设计划 加快高等职业教育改革与发展的意见》⑤,再次确认了"坚持以服务为宗旨、以就业为导向"的职业教育办学方针,"加快专业改革与建设,通过重点专业体系建设、专业教学标准建设和专业认证体系建设,强化学生就业能力培养"。2011年教

---

① 《关于进一步深化教育改革,促进高校毕业生就业工作的若干意见》(教学〔2003〕6号),http://old.moe.gov.cn//publicfiles/business/htmlfiles/moe/s3265/201001/xxgk_80062.html,2004年4月25日。

② 《教育部关于以就业为导向深化高等职业教育改革的若干意见》(教高〔2004〕1号),http://old.moe.gov.cn//publicfiles/business/htmlfiles/moe/moe_737/201001/xxgk_79654.html,2004年4月6日。

③ 《国务院关于大力发展职业教育的决定》(国发〔2005〕35号),http://www.moe.edu.cn/jyb_xxgk/moe_1777/moe_1778/tnull_27730.html,2005年10月28日。

④ 《教育部关于全面提高高等职业教育教学质量的若干意见》(教高〔2006〕16号),http://old.moe.gov.cn/publicfiles/business/htmlfiles/moe/moe_1464/200704/21822.html,2006年11月16日。

⑤ 《教育部 财政部关于实施国家示范性高等职业院校建设计划 加快高等职业教育改革与发展的意见》(教高〔2006〕14号),http://old.moe.gov.cn/publicfiles/business/htmlfiles/moe/s3876/201010/109734.html,2006年11月3日。

育部发布的《教育部 财政部关于支持高等职业学校提升专业服务能力基本要求》①中，明确提出了"就业导向"下高职专业建设的"五个对接"，即"促进专业与产业对接、课程内容与职业标准对接、教学过程与生产过程对接、学历证书与职业资格证书对接、职业教育与终身学习对接，全面提升高等职业学校专业建设水平、条件装备水准和产业服务能力"。

从 2014 年至今，我国高职教育侧重将"就业质量"作为高职院校专业群建设的评价指标，将"提升人才培养质量"作为核心任务，强化学生的职业能力培养，并将"就业质量"视作高职办学水平的评价标准之一。2014 年 6 月出台的《现代职业教育体系建设规划（2014—2020 年）》②指出，"现代职业教育是服务经济社会发展需要，面向经济社会发展和生产服务一线，培养高素质劳动者和技术技能人才并促进全体劳动者可持续职业发展的教育类型，坚持以立德树人为根本，以服务发展为宗旨，以促进就业为导向，以学习者的职业道德、技术技能水平和就业质量为核心，建立职业教育质量评价体系，开展以人才培养质量和服务贡献为主要内容的职业院校绩效考核"。2015 年 7 月，教育部印发的《教育部关于深化职业教育教学改革 全面提高人才培养质量的若干意见》③重申了"以立德树人为根本，以服务发展为宗旨，以促进就业为导向，以增强学生就业创业能力为核心，加强思想道德、人文素养教育和技术技能培养，全面提高人才培养质量"的办学方针，并"把学生的职业道德、职业素养、技术技能水平、就业质量和创业能力作为衡量学校教学质量的重要指标"。2015 年 7 月出台的《高等职业教育创新发展行动计划（2015—2018 年）》④重

---

① 《教育部 财政部关于支持高等职业学校提升专业服务产业发展能力的通知》（教高〔2011〕11 号），http://old.moe.gov.cn/publicfiles/business/htmlfiles/moe/s6342/201407/171562.html，2011 年 9 月 30 日。

② 《教育部等六部门关于印发〈现代职业教育体系建设规划（2014—2020 年）〉的通知》（教发〔2014〕6 号），http://old.moe.gov.cn//publicfiles/business/htmlfiles/moe/moe_630/201406/170737.html，2014 年 6 月 16 日。

③ 《教育部关于深化职业教育教学改革 全面提高人才培养质量的若干意见》（教职成〔2015〕6 号），http://www.moe.edu.cn/srcsite/A07/moe_953/201508/t20150817_200583.html，2015 年 7 月 29 日。

④ 《教育部关于印发〈高等职业教育创新发展行动计划（2015—2018 年）〉的通知》（教职成〔2015〕9 号）http://www.moe.edu.cn/srcsite/A07/moe_737/s3876_cxfz/201511/t20151102_216985.html，2015 年 10 月 21 日。

申了"以立德树人为根本,以服务发展为宗旨,以促进就业为导向,推动高等职业教育与经济社会同步发展,加强技术技能积累,提升人才培养质量",并"鼓励支持地方建设一批办学定位准确、专业特色鲜明、社会服务能力强、综合办学水平领先、与地方经济社会发展需要契合度高、行业优势突出的优质专科高等职业院校"。2017年1月印发的《国家教育事业发展"十三五"规划》①指出,教育要"坚持立德树人、坚持服务导向","着力提升职业学校人才培养质量"。2017年2月,《国务院关于印发"十三五"促进就业规划的通知》指出,"改善职业院校基本办学条件,建设一批高水平的职业院校和骨干专业,加快培育大批具有专业技能与工匠精神的高素质劳动者和人才,提升人才培养质量",以期实现比较充分和高质量的就业。

从"以就业为导向"转向"以促进就业为导向",从强调"就业率"转向注重"就业质量",从关注"就业数据"转向重视"人才培养",我国高职教育"就业导向"政策的演进反映了我国高职教育价值观正在逐步由"社会本位"转向"个人本位",从"功利性"向"人本性"转变。

第二节 高职院校专业群建设的实践考察

从2003年至今,我国高职教育办学理念从"以就业为导向"转向"以促进就业为导向",从强调"就业率"转向注重"就业质量",那么,我国高职院校专业群建设实践是怎样的呢?为此,笔者于2017年9—10月深入四川和重庆的8所代表性高职院校,就专业群建设的现状进行调研。选择四川和重庆的原因是两地的产业结构与我国产业结构的相似性。2016年我国三次产业增加值占国内生产总值的比重是8.6∶39.8∶51.6,而重庆的这一比重是7.4∶44.2∶48.4,四川的比重是12.0∶42.6∶45.4,都处于工业化中期向工业化后期过渡的阶段,而职业教育是与产业结构相适应的教育类型,因此,选择四川和重庆两地的高职院校进行调研具有一定的代表性。此次调研的目的是调研当前高职院校专业群建设的已有经

---

① 《国务院关于印发〈国家教育事业发展"十三五"规划〉的通知》(国发〔2017〕4号),http://www.gov.cn/zhengce/content/2017-01/19/content_5161341.htm,2017年1月19日。

验与现实困境，调研内容主要包括高职专业群建设的情况和校内外参与专业群建设的协作情况，调研对象选取了2所国家示范高职院校、3所国家骨干高职院校、3所普通高职院校（如表3-1所示）。通过分析已有的调研资料，从专业群建设的层次与类型、动因与依据、内容与流程、校内外协作等四个方面对调研结果进行阐述。

表3-1　　被调研高职院校专业群建设的基本情况

学校代称	学校类型	专业数量			专业群建设层次	专业群与系部关系	专业群内专业间关系
		2014年	2015年	2016年			
四川A1学院	国家示范	40	42	45	Ⅱ	紧密型	从属型
四川A2学院	国家示范	36	34	35	Ⅲ	松散型	平行型
四川B1学院	国家骨干	49	44	45	Ⅰ	松散型	平行型
四川B2学院	国家骨干	35	36	36	Ⅲ	紧密型	平行型
重庆B3学院	国家骨干	46	44	44	Ⅰ	松散型	从属型
四川C1学院	省级示范	37	34	33	Ⅰ	松散型	从属型
重庆C2学院	市级示范	25	26	26	Ⅲ	松散型	从属型
重庆C3学院	一般院校	21	24	26	Ⅲ	松散型	从属型

以四川A1学院为例，2013年，学院开设47个专业，涵盖7个专业大类；2014年，学院对接行业和产业发展，进行第一轮专业布局调整和专业整合，专业总数由2013年的47个调整为40个；2015年进行第二轮专业布局调整和专业整合，专业总数由40个调整为42个；2016年新增4个专业，撤销1个专业，专业总数变为45个；2017年进行第三轮布局调整和专业整合，按照专业集群思路，取消5个专业，对14个专业进行整合，将45个专业整合为26个。A1学院专业整合有以下背景：一方面，校内专业间课程设置重复，过去一味强调专业设置要迎合市场需求，进而导致专业设置盲目和部分专业间课程重复，例如其"汽车运用与维修技术"专业与"汽车检测与维修技术"专业，其基础课程95%相似，专业核心课程重合度接近90%；另一方面，由于某些专业的市场准入制度比较低，市场需求下降，也需要整合，如市场监理岗位；另外，还有一些专业校际间重合率较高，在这种情形下，学校要凝练专业办学方向，体现自身的办学优势追求特色发展，如2015年四川高职有60%开设了

"汽车维修"专业,因此,学校要追求汽车维修专业特色化发展。

一 专业群建设的层次与类型

根据专业群建设的程度,将高职专业群建设分为"提出理念尚未规划"的Ⅰ层次、"提出规划尚未实施"的Ⅱ层次、"已在实施"的Ⅲ层次。在8所高职院校中,处于Ⅰ层次的有3所,处于Ⅱ层次的有1所,处于Ⅲ层次的有4所。

根据专业群与系部的关系和专业群内部专业间的关系,专业群有两种类型。

按照专业群与系部的关系分为两种情况,一种是专业群作为一种实体的管理单位,兼具教学组织与专业管理两方面功能,称之为紧密型专业群;另外一种仅是一种教学组织,称之为松散型专业群。紧密型专业群的明显特征是专业群与系部合并管理,一个系部只有一个专业群,管理结构为包括系—专业带头人的管理架构,比如汽车类专业群包括汽车运用与维修、汽车车身维修技术、汽车营销与服务,专业群内部建设实施大平台多方向,实现师资、课程与硬件资源的共享(A1-1);松散型专业群的明显特征为专业群不是专业管理单位,仅是一种教学组织形式,系部具有多个教研室,每个教研室负责一个专业,教研室主要负责自身专业的平台课与方向课以及其他教研室的平台课(B1-2),包括系—教研组(负责专业的课程师资)—专业带头人的管理架构。

按照专业群内部专业间的关系,可以分为平行性专业群和从属性专业群。平行性专业群内的专业间是平等关系,如B2校的旅游管理专业集群就是由导游、酒店、景区和空乘四个专业构建的(B2-1);从属性专业群一般是由1个骨干专业或者龙头专业带几个一般专业,而带动作用主要体现在,以重点专业的经费和实验室的投入实现专业群内的资源共享,以及教师间的教学成果申报(C2-1)或者交流(C2-3)等。

二 专业群建设的动因与依据

在实践调研中可知,目前高职院校专业群建设的动因有以下四种。

实现资源配置最优化:由于整个学校的师资、财力与硬件资源是一定的,如何实现教学资源、师资和实训资源的最优化以促进教学质量的提高,专业群是一个重要的途径(A2-2)。

实现学校的特色发展：在院校竞争日益激烈的情况下，每个学院都希望建设热门专业，而学校为了防止内耗式的发展，决定发挥专业与人才优势来组建专业群，并以重点专业带动薄弱专业，追求特色化发展（B1-2）。

满足行业与产业发展的人才需求：根据国家与省市的产业与行业的发展规划，以及用人单位对于产业的需求，来构建能够培养复合型人才的专业群（A2-2），如 B2 校旅游分院，瞄准成都市支柱产业旅游产业的发展需求，构建了以导游、酒店、景区和空乘的专业集群（B2-1）。

满足国家对于高职院校人才培养的要求：如 C 校专业群的构建是基于高职人才培养水平评估的现实背景，学院于 2009 年升格为高职，2014 年需要接受新办高职院校的人才培养水平评估，并迎合我国高等职业教育的专业群建设规划，学校开展了相应的专业群调整（C2-1）。

通过实践调研可知，目前高职院校专业群建设的依据有以下四种。

根据产业链来设置专业群：例如 C3 校的护理专业集群，主要面向护理的全产业链，从胚胎到儿童再到老年护理的全过程，包括助产护理、社区护理、老年护理、涉外护理等，其管理架构是以教研室为单位，包括内科教研室、老年护理教研室等，每个教研室负责具体课程体系建设与专业建设（C3-1）。

根据课程相关性和岗位群来设置专业群：例如 C2 校由市场营销+电子商务+商务代购等专业组成了专业群，主要根据是课程相关性和岗位群相似两个原则（C2-3）。

根据专业发展指标来设置专业群：例如 A1 校根据学院制定的《专业诊断评估管理办法》，完善专业发展评价指标，从人才培养方案（培养目标定位、课程开设情况）、专业支撑资源（师资、课程、实训基地等）、市场需求（就业率、就业相关度等）、学生评价（学校满意度）、社会评价（雇主满意度）、专业建设成果（教学成果奖、技能大赛获奖）等六个方面来对各个专业进行评价，并根据结果形成专业整合意见（A1-1）。

根据产业需求调研来设置专业群：例如 B2 校，主要以专业调研作为专业群调整的依据，教务处主要设计方案，具体专业调研由分院负责，其原则是专业对接产业需求。以软件教育集团理事会为例，每年要对软件行业协会（约 20 家企业）进行调研，主要与一线工程师进行座谈交流，调研企业需求的技能和知识点，然后每学期开展调研会调整专业人才培养方案（B2-4）；B1校的专业群调整主要是设置专业方向，在调整设置专业时，既要考虑到专业的生存周期，也要考虑到省内外同行的办学情况，同时要关注社会需求和学校自身的办学资源。例如工业机器人专业，主要是通过对于企业和学校的调研，以及机械工程学会的相关行业发展信息（B1-2）设立的；A2校以航空为特色，其专业群主要根据每年的航空产教联盟、汽车产教联盟的定期年会以及专业教指委会议内容来进行调整，同时专业教指委的人员组成有一定条件，即具有企业背景的专家数要在2/3以上（A2-2）。

三 专业群建设的内容与流程

专业群建设主要包括校际层面的专业调整和系部层面的专业人才培养方案调整。

校际层面的专业整合主要通过专门成立的专业整合专家组或者委员会进行，它们主要由校内专家组成，例如A1校的专业整合专家组主要是由相关系主任和教学副主任等组成（A1-1），B2校的专业整合专家组主要是由各个分院负责教务的老师、分院领导及专业负责人组成（B2-1）。专业群内新专业申报流程，按照教育部出台的最新规定，采用备案制，即高职院校提出申报专业申请，省教育厅负责审核。例如四川省教育厅每年负责审核学校的新办专业，每个学校每年有3个指标，通过宏观统筹专业就业率与专业布点率来对其进行审核。一般情况下，学校的新专业申报都会获得允许，这是学校办学自主权的一部分，而新设方向要进行充分的专业认证，不能与已有的专业重合，但一般情况下，国控专业包括公安、教育等是不允许设方向的。对于专业的重复率或者布点率，教育厅主要是根据学校在新专业认证材料里所提供的前置审核材料进行审核，前置审核材料主要是行业部门的论证等。目前专业论证主要是学校在负责，教育厅没有形成与人力资源部门、企业或行业间的协调机制，而老专业的撤销属于学校自身调整的范围，不用报教育厅审核（D1-1）。

系部层面的专业人才培养方案调整主要是由教务处牵头，制定整体框架与要求，具体方案设计由各专业负责人或者教研室来负责。例如C2校的人才培养方案原则上是每年修订，课程体系分为公共课（选修与必修）、专业课（必修课、选修课和实践课），人才培养体系的调整流程主要是由专业带头人负责,其具体流程包括企业调研、岗位调研、分析职业知识与技能要求、编写课程标准、构建课程体系等步骤,而课程是由教研室来完成,教务处负责整合框架构搭建。企业调研是与校企合作理事会(B2-4)开展调研或者座谈(C2-1),进而能够基于行业、产业以及社会岗位需求,来调整人才培养方案、课程体系的方向课和专业课的设置,其原则是既要满足社会需求,也要保持教学体系的完整性(B1-2)。

四 专业群建设的校内外协作

(一)校内招生部门与其他部门的协作情况

高职院校通常会将招生与就业部门合二为一,在确定招生名额的时候,一般是由招生就业处牵头,通过与教务处和相关院系来协商具体的招生专业、招生规模及招生比例。

招生与就业已经实现完全互动。在招生前,每年下半年都会做专业认证,主要是各个部门通过协商来根据专业就业情况进行招生计划调整,比如A1校近年来根据轨道交通行业迅猛发展后,相应岗位需求和报考人数的增多,适当增加了轨道交通专业的招生计划(A1-4);C1校的招生计划主要与专业就业对口率密切相关,如在户口限制和学历限制的影响下,社区服务与管理专业的就业对口率严重偏低,进而减少了招生计划(C1-2)。

招生与培养也已经实现了部分互动。C1校和B2校在遇到考生报考冷热不均的时候,就必须考虑专业的师资、实习实训资源等条件,如C1校的水产专业就业前景很好,但是师资、设备、资源有限,规模一直没有扩招,招生计划调整每年都有,既要保证学校的报到与入学率,也要维持专业结构的均衡(C1-2);B2校在录取后还要根据分院的教师资源和实训资源来进行班级人数的确定,如光电一体化专业只录取了10个人,不够一个班的标准,因此,就取消这个专业,对报考该专业的学生进行分流(B2-1)。

(二)校内就业部门与其他部门的协作情况

高职院校就业工作实行系部主体、就业部门牵头的二级管理机制,学校层面的大型招聘、跨系招聘由招生就业处负责牵头、统筹和协调,系内的招聘会由系部负责(A1-4、B1-1),并负责统计与上报学校的就业率与就业质量数据。

就业率的统计主要通过高校毕业生就业管理系统上报,数据由就业处、学生处与辅导员共同统计,就业质量一般由第三方来进行统计,学校一般每2年会从官方认定的第三方机构进行招标来选择统计就业质量的第三方机构(D2-1)。

就业质量统计源于2013年教育部要求高职院校出台的质量报告,其指标主要体现在专业是否对口、薪酬待遇如何、就业后的职业发展等。就业质量使用第三方统计数据的初衷是学校自身不能"既当运动员,又当裁判员",进而保证数据的客观与公正(B1-1)。例如A1校在2003—2004年就开始和麦可思合作,B1校从2009年开始与第三方合作,目的主要是通过对就业现状的分析与反馈来召开招生计划协调会议(B1-1)。除此之外,学校自身也在做一些调研工作,但是都是非正式的、不系统的,包括对长期合作的大企业的回访与走访,以及组织毕业生返校,就其目前的工作情况、专业对口情况、专业技术能力等方面进行了解(A1-4)。

(三)学校与外部的协作关系

学校与外部的协作关系主要是由高职院校与用人单位签订订单班、现代学徒制班以及组建教育集团等合作形式。

例如A2学院以航天专业为特色,主动对接产业需求开展订单班培养,比如"飞机涂装班",从人才培养目标、课程体系建设、师资队伍建设、人才评价等方面与飞机制造企业展开全方面合作(A2-2);A1校以汽车检测与维修专业为特色,与某著名汽车企业开展现代学徒制试点,其合作机制为"五双",包括培养方案、学徒选拔、课程体系(企业培训课程融入)、资格认证等,相对于订单班,现代学徒制的优势是企业基地的利用率高,实现企业与学生就业的零距离(A1-2);B2校以软件技术为特色,与20余家软件企业合作共建软件管理委员会,学校提供生产性教学实践基地,吸引企业入驻,并服务于日常教学。通过与企业共同开展座谈交流、专业调研与生产性实训,调研企业需求的技能和知识点,来调整专业人才培养方案和专业课程体系建设,并由企业提供实训项目以进行生产性实训(B2-4)。

第三节 高职院校专业群建设的困境解析

一 "就业导向"价值取向的认识误区

根据实践调研可知，在专业群建设的价值取向上，存在"就业导向"的认识误区，具体表现为将"职业教育"视为"就业教育"，认为"职业性"是其本质属性，高职院校专业群建设应紧紧围绕"就业率"来确立培养目标、建设课程体系等。由此，招生工作是高职院校的"生命工程"，就业工作是高职院校的"形象工程"，而以专业群为核心的人才培养工作则处于招生和就业工作的从属地位。然而，一味地强调初次就业率和零距离产业对接，往往忽视了学习者可持续发展能力和岗位迁移能力的培养，进而导致高职院校毕业生较高的就业率、较高的职业和行业转换率、较低的专业与就业相关度等现象。

在培养目标上，在"就业导向"认识误区下，高职院校将单向度的"技术人"或"工具人"作为培养目标，并以培养胜任某一具体岗位知识与技能为内容的就业能力作为高职院校教育教学的核心任务，把培养目标的关注点放在学生的初次就业上，直接表现为根据专业的初次对口就业率来作为专业是否招生的决定性标准。然而，职业教育从本质上不是单纯传授岗位技能的训练性的职业培训，而是为培养学习者的职业生涯能力，进而为其提供职业准备并服务于其职业生涯发展的教育性的职业教育。职业生涯能力包括技术技能、学术技能和就业技能三个部分[①]，分别作为职业技能的外在表现、内在动力和保障。技术技能是指运用所掌握的专业知识和专业技能来解决实际问题、完成工作任务的能力；学术技能是指能随着科学进步和技术发展而不断获取新信息、更新自身知识与技能的能力；就业技能也被称为可雇佣技能，是指工作中所具有的人际交往、团队协作等能力。

职业教育培养的就是从事具体岗位的操作人员，因此，职业学校的培养目标应与用人单位的岗位知识和技能需求直接相关。例如

[①] 陈鹏：《职业能力观演变的历史逻辑及其理论述评》，《中国职业技术教育》2010 年第 6 期。

> 我校和相关飞机企业合作的"飞机涂装班",严格按照企业岗位的实际操作的知识和技能来形成学校的人才培养目标和人才培养方案。(A2-1)

> 职业教育就是就业教育,因此,职业学校培养的学生是能够从事具体岗位的具有操作和实践能力的人。如果一个专业的毕业生毕业出去后都找不到工作,那么这个专业就不得不停止招生,例如我校的社区服务与管理、国际经济与贸易、市场营销等专业,由于毕业生初次就业率低,最后都取消招生。(C1-2)

> 职业教育的人才培养必须面向一线的具体的工作岗位,例如汽车检测与维修专业是我校的传统优势专业,也是我校重点专业,其人才培养目标必须与一线汽车企业的需要相一致。我校与奔驰、宝马等企业具有良好的合作关系,尤其是其下属的4S店、区域培训中心等接触频繁,因此,我们必须将4S店对于汽车维修岗位的技术技能操作要求转化为我们的人才培养目标,进而能够保证学生好就业。(A1-1)

在课程内容上,在"就业导向"认识误区下,高职院校追求与企业的"无缝对接",强调高职院校的课程内容和教学过程分别与产业对接、与职业标准对接、与生产过程对接,专注于岗位能力与操作能力的培养,秉持"企业需要什么,我们就向学生传授什么"的原则,进而使得职业教育退化为企业的"培训"机构。

传统的按照学科知识逻辑来安排课程体系的"学科导向"模式,使得职业教育与现实的职业环境产生了脱节,而在"就业导向"理念下有利于实现课程组织从传统的学科系统化向工作过程系统化转变①,增强职业教育与现实工作的联系。然而,职业教育的课程内容如果一味强调用人单位岗位的知识技能需求,忽视学习者职业生涯能力形成的内在规律,则会使得学习者过早地实现职业定向,不利于其职业生涯发展,而职业教育也会退化为功利性的"职业培训"。

---

① 孟景舟:《就业导向的职业教育改革》,《教育发展研究》2005年第1期。

我校以航天专业为特色，主动对接产业需求开展订单班培养，比如"飞机涂装班"，从人才培养目标、课程体系建设、师资队伍建设、人才评价等方面来全方面开展合作。同时，在合作过程中，以用人单位为主导，学校主要提供教学场地和部分师资。（A2-2）

我们学校的课程体系的构建主要是根据校企合作来进行的，校企合作包括学校层面和学院层面两种，所有专业都依据社会岗位来进行课程体系的方向课和专业课的设置，其专业的定位是专业培养首先满足社会需求，其次再考虑教育教学的完整性。（B1-2）

二 "产业—专业—就业"的逻辑偏差

在调研中发现，专业群已成为高职院校的专业组织形式或者人才培养模式改革的方向，并秉持"产业—专业—就业"的线性逻辑，即坚持"产业决定论"下的专业群设置和"就业决定论"下的人才培养理念，以期提高人才培养的针对性，提升毕业生的就业率和对口率。由此，使得高职院校专业群的专业设置重复现象严重、高职教育培训化倾向明显。

在专业设置上，坚持"产业决定论"下的专业群设置，即按照当地产业布局或者产业规划，一味地追求热门专业、新兴专业，再加上高职院校专业申报自主权的下放，以及管理部门对于申报专业的"备案制"管理，使得高职院校专业设置重复现象严重。由此，职业院校一味地热衷申报新兴专业、热门专业，忽视自身的办学特色，不仅会增加专业开设的重合率，使得紧缺专业存在变成过剩专业的风险，而且会打乱学校正常的教学秩序，影响其人才培养质量。因此，应科学分析劳动力市场需求的变化和产业发展的趋势，并在结合院校自身办学特色的基础上，动态合理地确定专业和专业群，才能保证专业设置的稳定性与灵活性的统一。

汽车产业是成都市未来发展的支柱产业，再加上成都市汽车保有量大，因此各高职院校热衷于一味地迎合市场需求来盲目地进行专业设置，而不顾高职院校自身的发展特色和专业优势。以汽车检测与维修专业为例,学校曾经于 2015 年做过一个调研,这个专业在四川高职院校中开设比例高达 60%,由此导致专业人才培养质量参差不齐、就业市场恶性竞争加剧,与此同时,伴随着新能源汽车的兴起,与新能源汽车相关的专业申报又掀起了新一轮专业申报的热潮。(A1-1)

专业群的建设应该充分发挥学校的专业与人才优势来组建,追求特色化发展,专业群的调整主要是设置专业方向,在调整设置专业时,既要考虑到专业的生存周期,也要考虑到省内外同行的办学情况,进而才能传递社会需求,同时也要关注社会需求,也好考虑自身学校的办学资源。但在现实竞争中也发现,在现实发展与高职院校内竞争日益激烈的情况下,每个学院都希望建设热门专业,例如工业机器人专业的设立,主要是通过对于企业和学校的调研,以及机械工程学会的相关行业发展信息,然而,许多高职院校不管自身特色,对于热门专业一哄而上,一些以文科类专业为特色的高职院校也在积极申报机器人专业。(B1-2)

教育厅每年负责审核学校的新办专业,而老专业的撤销属于学校自身调整的范围。新办专业每所学校有 3 个指标,通过宏观统筹专业就业率与专业布点率来对其进行审核,一般情况下,学校的新专业申报都会允许,这是专业自主权的部分。关注专业的重复率或者布点率的审核,主要是对学校在申报新专业时的认证材料里所提供的前置审核材料进行审核,前置审核材料主要是行业部门的论证等,目前专业的审核与调整主要是由学校在负责,教育厅没有形成与人力资源部门、企业或行业间协调机制。(D1-1)

在人才培养上,坚持"就业决定论"下的人才培养理念,即完全按照岗位能力需求,强调"人才培养"与"岗位需求"的零距离对接,来设定人才培养目标、设计教学方案、组织教学内容、实施教学方法,甚至直接采用用人单位岗位培训的师资与课程来进行高职院校的日常教学,由此导致"高职教育培训化"倾向明显。

我校在汽车检测与维修技术专业开展了现代学徒制的试点，比如与某著名汽车公司合作开展了现代学徒制试点，实行了"五双"的合作，包括培养方案、学徒选拔、课程体系（企业培训课程融入）、资格认证等，专业课程体系为1.5（专业群大平台）+1（分岗位、分品牌，双向选择）+0.5（顶岗实习），尤其是引入了公司培训学院的企业培训课程，以至于在某些课程我们直接使用的是培训学院的教材，并聘用培训学院的教师来上课，或者培训我们的专业课教师，通过课程内容与教学设施的全面对接，可以实现我们学生就业与企业需求的"零距离"对接，提升学生毕业的专业对口率。（A1-2）

三 高职院校"单打独斗"的静态路径

根据实践调研可知，当前高职院校专业群建设既与高职院校内部的招生与就业部门工作存在一定隔离，又与高职院校外部的政府、企业和行业工作有一定脱节。由此，专业群建设处于高职院校"单打独斗"的尴尬境地，使得其无法及时反映产业需求和就业市场的变化，进而影响人才培养质量和岗位适应性。由此，高职院校专业群建设在实践运行中举步维艰，逐渐步入流于形式的现实境遇。

首先高职院校以专业群为核心的招生、就业、培养三者的校内联动尚未形成。招生工作是高职院校的"生命工程"，而就业工作早已成为全社会关注的高压性的政治工作，也是高职院校的"面子工程"，由此，作为以专业群建设为核心的人才培养工作处于服务于招生与就业的"从属地位"。而在就业反馈上，高职院校通常重视就业率与就业质量的统计和上报工作，而忽略就业率与就业质量对于教育教学的反馈。就业率作为一项传统政治任务早已成为高职院校的核心工作，而就业质量作为一项新的统计指标也逐渐成为高职院校的工作重心。然而，就业率统计的灵活性致使数据出现一定程度的"失真"、就业质量统计的第三方统计使得其真实性和可靠性备受质疑，而且就业统计与上报工作都是由招生就业部门和辅导员在具体负责，与具体的教学系部关联程度不大。由此，就业率与就业质量已经成为学校的"形象工程"和招生工作的"指挥棒"，而对于具体的教学实施并没有形成实质的促进作用。

就业率由教育部的就业追踪管理系统负责，就业质量主要是委托第三方机构在做。本校从2003—2004年就开始做，第三方统计的优势就是公信力比较强、社会认可度高，并且是专门的机构在负责，而且它的样本量基本可以达到50%。同时，学校自身在做一些调研工作，但是非正式的，包括对长期合作的大企业的回访与走访，同时希望能够邀请毕业生返校，就其目前的工作情况、专业对口情况、专业技术能力等方面进行了解。对于就业质量，主要应体现为学校教育对于就业的影响程度，包括专业教育、知识、技能等方面，其指标应主要体现在专业是否对口、薪酬待遇如何、就业后的职业发展等方面。对于高职来讲，就业率不是问题。同时就业质量也不好做，一是专业之间的区别较大，二是工作转换也比较频繁。对于专业设置与招生计划、就业质量的关系，在招生前，每年下半年都会做专业认证，主要是针对无招聘单位或者对口率低的专业进行调整，是各个部门协商来解决的。其实，第三方就业数据主要是官方和科研机构在统计和关注，对于新生和家长，他们不关注麦克思调研的就业质量数据，主要还是靠学校的无形的专业和品牌的力量来口口相传，进而影响学校的招生。（A1－3）

提升就业率曾经是一个高压性的工作，与政府、企业、社会密切相关，而非凭学校一己之力就可以解决的。就业率应该一分为二，如果社会和政府重视，学校的重视程度就会提高，就会把它当成自己的任务来看待，进而能够最终惠及学生的发展。同时，由于过于注重数量进而忽略了质量，从而导致在就业率统计过程中的一些偏差。而就业质量的提出实现对就业的评价由量到质的转变。就业质量的统计指标一般表现为稳定率、对口率、满意度等。如同就业率一样，就业质量也逐渐成为官方的统计指标，而选择第三方机构也成为就业质量测评的重要途径。学校从2013年开始分别与成都麦克思和重庆市教育评估院合作测量学校的就业质量，初衷是希望能够从就业来反观和改进人才培养模式，但是实际过程中会逐渐流于形式，其数据并不能完全代表其培养质量。由于数据调研样本量偏小，进而导致数据分析意义不大，在重庆市，一般问卷率在30%左右，而我们学校只有8%—20%。因此，数据并不能充分说明问题。目前职业追踪都是由第三方在做，自身也在做，包括顶岗实习期间由带队老师对学生的实习情况指导进行跟踪，包括走访企业教师和学生，但是第三方的数据比较粗，而一般学生工作比较辛苦，对于这种调查也比较反感。谈到职业追踪，最关键的还是职业态度，我们国家没有一个完善的职业成长经历追踪系统，这就导致企业在招聘员工的时候无法看到应聘人员的整个工作履历，不清楚他离职的原因是什么。（C2-2）

其次，高职院校专业群建设与学校外的企业、行业协会、政府的外部联动也尚未完成形。从企业的角度来讲，企业是一个以盈利为目的的社会组织，在参与学徒制的过程中，其目的是通过最小的投入来换取最大的收益，因此，其参与积极性并没有预想得高。同时，企业参与的好处是提高自身的影响以及社会信誉度，但是政府和主管部门在税收、配套政策上跟不上，进而更加降低了企业参与的积极性。而政府在制定地方人才发展规划的时候并没有与产业和行业部门相互协调，以教育部门的专业审批来看，目前专业的审核与调整主要是由学校在负责，教育厅并没有形成与人力资源部门、企业或行业协会间的协调机制。由此，高职院校专业群建设并不能得到教育管理部门的有效指导，也无法和产业部门与行业部门展开有效合作，实质上处于自身"单打独斗"的尴尬状态。

  我校与企业合作开展现代学徒制试点时发现，企业参与积极性没有预想的高，企业参与的目的主要是提高自身的影响以及社会信誉度，但是政府和主管部门在税收、配套政策上还是欠缺，而毕业生岗位流动率较高也在一定程度上降低了企业参与的积极性。（A1-2）
  招就处、教务处与院系协同完成招生目录的调整与确定，先是院校进行专业调研，教务处进行院系统筹，最后交由招就处进行统一调整备案。专业调整每年都有，既要保证学校的报到率与入学率，也要维持专业结构的均衡。在新专业的申报上，目前新专业申报采用备案制，原则上教育厅都会同意，但是会鼓励能够服务于产业转型和地方转型发展的专业，但是新增专业还需要对专业需求、师资配备和硬件条件进行审核。由于教委对新专业审核时，并没有与行业企业、人力资源部门进行沟通和协调，所以仍然会出现热门专业和新兴专业重复性设置普遍的现象。（C2-1）

我们学校的人才培养方案至少3年一调，理念是"与临床零距离对接"。与德国传统双元制不同的是，我们与医院合作密切。与其他专业不同的是，医学类专业的校院合作开展更不不容易，尤其是在1998年以前，而1998年后，随着三甲医院复评与教授职称评审中增加了教学任务的指标，合作才开始逐步好转。（C3-1）

第四节　高职院校专业群建设的困境消解

一　价值取向演进：从就业导向到职业生涯导向

近年来，我国高等职业教育奉行社会本位下的就业导向理念，即围绕"就业"工作为核心，确定人才培养目标、调整专业结构、改革人才培养结构、构建质量评估体系。然而，在高职院校专业群建设的具体实践中，高职教育被简单等同于"就业教育"，过分夸大了高职教育"就业"的经济功能，并将单向度的"技术人"或"工具人"作为培养目标，追求课程内容与企业的"无缝对接"，由此，忽视了学习者职业生涯能力形成的内在规律，使得职业教育面临着退化为功利性"职业培训"的风险。

由此，本书通过梳理职业教育价值取向的历史演变，认为职业教育已经进入服务于学习者职业生涯的发展阶段，而当前就业导向认识误区的根源在于对社会本位下职业教育观的误读。本书通过梳理社会学、教育学视角下职业教育本质属性的现实之争，分析了职业教育从"训练性"到"教育性"的历史演变，认为在知识社会下职业教育本质属性应是职业生涯导向性。同时，研究借鉴杰勒德·德兰迪的知识社会理论，基于大学体系内部"技术公民身份"和"文化公民身份"的二维分类，在知识社会背景下，高职院校主要提供的是专业训练的知识，其角色主要是作为大学中"知识应用者"的角色，其培养目标是技术技能型人才，具有鲜明的"职业生涯导向性"，其根本目标应是促进高职院校学习者的职业生涯发展。因此，职业生涯导向性应是高职院校专业群建设的价值取向。尽管专业群培养是面向包含关键岗位和相关岗位的职业岗位群，但更应注重培养学习者的职业生涯能力和岗位迁移能力，并为其职业生涯发展奠定基础①。因此，高职院校专业群建设是一个系统的育人工程，应秉持以人为本的"职业生涯导向"理念，以满足高职院校学习者的价值诉求和经济社会发展需求为核心目标，通过高职院校专业群的多方协同的动态建设，促进学习者职业生涯能力和岗位迁移能力的培养。职业生涯导向下的高职院校专业群建设，秉持以人为本的培养理念，以培养大学生的职业生涯能力为目标，通过专业群的动态建设来为高职院校学习者的职业生涯发展服务。

二 行动逻辑转换：从线性逻辑到双联动逻辑

专业群建设在"就业导向"的理解误区下，遵循着"产业—专业—就业"这一单向的、线性的逻辑，即坚持"产业决定论"下的专业群的设置和"就业决定论"下的人才培养理念，以期提高人才培养的针对性，提升毕业生的就业率和对口率，进而使得高职院校专业群的专业设置重复现象严重、高职教育培训化倾向明显。

由此，本书分析了高职院校专业群建设实践的"产业—专业—就业"的线性逻辑偏差，认为其产生根源在于忽视了劳动力市场的复杂性，是对职业教育适应论的机械解读。为了更好地理解高职教育与社会发展的关系，引入了卢曼的功能结构主义理论，将高等职业教育视为一个自创生系统，其内部有着自身的"代谢生产网络"——以"专业群"为特色的人才培养模式，通过"专业群"的"代谢生产网络"，生产出符合社会需求的高素质的技术技能人才，并以"职业生涯导向"作为"纲要"、以"职业人/非职业人"作为"二元符码"的自我指涉机制运行。而高等职业教育的"自我指涉"机制背后就是高等职业教育内部与外部的双联动发展逻辑，在双联动逻辑下，高等职业教育内部与外在环境的耦合关系的本质是以"专业群"为特色的高职人才培养组织的复杂性来化约经济社会发展对技术技能人才的人才需求的复杂性。技术技能人才需求的复杂性是由高职教育的"外部联动"决定的，即高职院校与教育部门、用人单位、人社部门等的联动，从而能够整合高职院校专业结构、人才市场就业结构和社会经济产业结构三者间的人才供需

---

① 吴翠娟、李冬：《高职教育专业群的内涵分析和建设思考》，《教育与职业》2014 年第 23 期。

信息，而技术技能人才需求信息通过以"促进人的职业生涯发展"这一"纲要"促进"职业人/非职业人"的"符码化"，从而形成技术技能人才的培养目标；技术技能人才培养的复杂性是由高职教育的"内部联动"决定的，即高职院校内部招生部门、教务部门、就业部门的联动，从而整合各方面力量于高职院校人才培养的专业群建设的复杂性，进而服务于高职院校大学生的职业生涯发展。

三 实施路径衍变：从单打独斗到多方协同的动态建设

当前高职院校专业群建设既与高职院校内部的招生与就业部门工作存在一定隔离，又与高职院校外部的政府、企业和行业工作有一定脱节。由此，专业群建设处于高职院校"单打独斗"的静态建设境遇，使得其无法及时反映产业需求和就业市场的变化，进而影响人才培养质量和岗位适应性。

本章尝试在职业生涯导向、"双联动"逻辑下进行高职院校专业群建设，即将高职院校专业群建设与学生的职业生涯发展相结合，其实质就是促进技术技能人才的"人才供需信息"与"个人生涯信息"的全面对接。然而，双联动机制在现实运行中存在一定程度的脱节与失轨，可以表征为"外部联动"的"时滞效应"与"内部联动"的"孤岛现象"。高等职业教育双联动机制面临"时滞效应"与"孤岛现象"的根源在于高等职业教育外部人才供需信息与内部人才培养信息间传递与反馈的联动机制尚未形成。构建基于高职学生职业生涯追踪平台的外部人才供需信息和内部人才培养信息的传递与反馈机制，成为减少"时滞效应"、消除"孤岛现象"、促进高等职业教育双联动发展的切入点和突破口。由此，本书基于"互联网+"开发的高职学生职业生涯追踪平台，通过促进高职教育内部与外部的双联动机制，形成学生、高职院校、政府部门、人社部门、行业企业协同参与、互惠共赢的运作机制，并服务于学生职业生涯发展的全过程。基于职业生涯追踪平台，通过云计算技术和大数据技术的分类、聚类、关联、预测等分析功能，从而能够为高职院校的专业群建设提供最可靠、最直接、最及时的职业生涯发展信息，并基于共享信息、共建资源和决策支持，从前期的"动态化"专业结构布局调整、中期的"智慧化"人才培养模式改革和后期的"终身化"职业生涯发展服务等三个方面来引领高职院校专业群建设，以期能够提升高职院校的人才培养质量，并服务于高职院校毕业生的职业生涯发展。

第四章

高职院校专业群建设的价值取向

所谓价值取向,是指对事物价值问题的倾向性认识,而高职院校专业群建设的价值取向即为高职院校专业群建设的价值理念,它既是高职院校专业群建设的起点,也是高职教育价值取向的具体体现。本章通过梳理职业教育价值取向的历史演变,来对当前就业导向认识误区的根源进行解读。由此,通过分析社会学、教育学视角下职业教育本质属性的现实之争,进而对知识社会下职业教育本质属性进行探讨。同时,借鉴杰勒德·德兰迪的知识社会理论,引用其关于大学"技术公民身份"和"文化公民身份"的相关理论,分析知识社会背景下高等职业教育的角色和定位,认为高职院校作为"知识应用者",宗旨是促进高职院校学习者的职业生涯发展。因此,职业生涯导向性应是高职教育的本质属性,也是高职院校专业群建设的价值取向。职业生涯导向下高职院校专业群建设,秉持以人为本的培养理念,以培养学生职业生涯能力为目标,通过专业群的动态建设来为高职学生的职业生涯发展服务。

第一节 职业教育价值取向的历史演变

在教育发展历史上存在个人本位论和社会本位论两种不同的教育价值观,分别强调从个人发展、社会发展出发,基于个体的内在需要、社会的外在需要来确定教育目的进而开展教育活动。而职业教育作为教育的一种类型,同样存在个人本位与社会本位两种价值取向,个人本位主张职业教育人才培养的目标应以个人价值为中心,主张教育者应以个性化发展和完善自身的需要来建构培养活动;社会本位强调职业教育人才培养目标应以社会价值为中心,主张教育者应根据技术升级、产业发展和社会职业岗位动态发展的需要来建构培养活动。本节首先通过对农业社会、工业社会和知识社会时代下职业教育价值取向的历史演变进行梳理，进而对我国职业教育就业导向理念的认识误区进行具体解读。

职业教育的历史即人类努力学习如何劳动的历史，因此，职业教育的历史可以看作人类生产劳动过程的发展历史，而职业教育价值取向则伴随人类生产劳动历史的发展而不断演进。依据当前较为公认的社会变迁理论，人类社会可以被划分为三大阶段：农业社会、工业社会和知识社会。由此，通过分析梳理历史演变可以看出，职业教育的价值取向经历了促进个人生存与阶层流动、满足国家产业发展需求并最终回归到服务于个体职业生涯发展的演变。

一　农业社会——促进个人生存与阶层流动

伴随农业社会生产力水平的日益提高以及社会分工水平的专业化发展，职业教育形式经历了从技艺传授到学徒制的演变，其与普通教育的关系也经历了从融合到分开的阶段。

在农业社会早期，职业教育的目的主要是由年长者向年轻人传授各种生存知识和技能这个时候职业教育与普通教育是融合在一起的，既包括技能学习，又包括人格的培养。此时，职业教育的教育性和目的性逐渐增强，主要是通过共同参与劳动过程来实现知识和技能的传授，进而能够促进个人更好地生存和生活。比如在我国古代，主要通过"劝课农桑"的教育活动来推动农业科技的发展，并成为历代社会教化的重要内容。随着社会经济的发展，在农业继续发展的同时，手工业作坊也开始出现并且规模逐步扩大，单纯依靠子承父业的形式难以满足生产的需求，由此产生了西方的学徒制度和我国的艺徒训练制度，此时职业教育与普通教育开始逐渐分开。在西方，加强技术传播的非正规教育主要是学徒制度，先是出现招收养子的私人化的契约式学徒制，随着商会和手工业协会的创建，行业学徒制开始出现，即根据一种规定有学徒关系、训练年限和条件的合法契约进行的技艺、职业或手艺训练。而在我国历史上，主要通过形成于唐朝与手工业发展相适应的艺徒训练制度来培养手工业工人，并广泛分布于宫廷作坊和官营作坊中[①]。

[①] 米靖、周志刚：《论社会发展视野中的职业教育》，《教育与职业》2007年第36期。

古代农业社会的职业教育有着鲜明的个人本位价值取向，即促进个人生存与阶层流动导向。农业社会职业教育的生计价值突出，成为个人谋生立命的手段，其主要通过共同参与劳动过程来实现知识和技能的传授，进而能够促进个人更好地生存和生活。而到学徒制出现的时候，职业教育已然成为社会分层的一种手段，比如《管子·小匡》中所叙述的"是故士之子常为士，农之子常为农，工之子常为工，商之子常为商"[1]，体现出鲜明的阶级性和等级性。而随着学徒制社会地位的提高并成为改变命运、提高行业地位的重要途径，学徒制已经成为上至商人和绅士家庭，下至农民子弟的首选。由此，职业教育在承担解决底层人民求生问题的同时，成为社会阶层流动的阶梯。

二 工业社会——满足国家产业发展需求

伴随科技进步以及工业革命的进行，一大批新兴产业出现并促使社会分工进一步发展，进而对于从业人员的数量和质量提出了更高的要求。由此，世界各国政府纷纷接管了职业教育，并通过成立专门机构、颁布相关法律来支持职业教育的发展，正规的职业教育学校开始出现并逐渐形成了系统的职业教育体系。

随着文艺复兴与宗教改革的进行和商品经济的发展，手工业技术分化的加剧和手工业产品多样化催生了资本主义性质的手工工厂，经济生活开始由农本经济向重商经济转变。由此，行会维持生计的原则逐渐被追逐利润的原则替代，师徒间的关系由互相尊重的人格关系逐渐变为雇佣关系，学徒制只是便利了工厂主对大量廉价劳动力的需求，师徒间的矛盾增加。此时，国家对学徒制的干预和世俗学校力量的增强，为正规职业学校的出现奠定了基础，如英国的《济贫法》开启了国家普遍征税设学的先例，这时候职业教育形式主要有行会或私人举办的行会学校、教会举办的职业技术训练机构与星期日学校等，教授内容开始由手工操作逐步向计算、绘图、机械、测量、管理等以一定科学知识为基础的技术训练。而到了18世纪以后，伴随三次工业革命的进行，人类社会的生产组织方式发生了根本性的变革，进而使得职业教育的办学主体、办学

---

[1] 国家教委职业技术教育中心研究所：《职业技术教育原理》，经济出版社1998年版，第10—11页。

内容和办学形式上发生了重大转变。第一次工业革命中蒸汽机的发明和应用使得传统手工业操作的职业不再适应社会发展的要求，职业教育开始培养面向纺织业、采煤业、制造业等行业的产业工人；第二次工业革命中电力技术的推广应用极大地提升了劳动生产效率，并造就了一大批新兴的产业工人；第三次工业革命以信息技术和生物技术等现代技术的广泛应用为标志，促进生物工程、电子信息产业等新兴产业及一大批新兴产业的发展。

  工业革命的进行对于职业教育的发展产生了革命性的促进作用。在办学主体上，由于新兴产业发展对于大批量产业技术工人的需求，国家开始接管并负责职业教育，使得职业教育逐步纳入了公共教育体系，成为服务于国家经济社会发展、提升工业竞争力的重要途径。例如英国于1889年颁布了《技术教育法》并成立了技术教育协会，正式将职业教育纳入学制；法国于1863年成立技术教育委员会并开始建立国立性质的徒工训练学校，并于1880年颁布《徒工训练学校法》；美国于1905年设立促进工业教育协会，并由各州建立、由独立职业教育管理机构监督的工业或职业学校。在办学内容上，由于工业化大生产对于技术工人的数量和技术技能水平提出了新的要求，大量的技术工人不仅需要掌握机器设备的具体操作，还需掌握其背后的科学原理。与此同时，随着技术进步和科学发展，以工业生产的基本原理和操作技能为研究对象的现代工艺学开始创立，进而为职业教育进行高素质的技术工人培训奠定了基础。由此，当工业化大生产成为社会生产模式的主流之后，由政府主办的、以讲授科学原理为基础的、旨在培养满足国家产业发展需求的职业学校开始产生，职业教育被纳入国家公共教育体系[①]。

  工业社会阶段的职业教育有着鲜明的服务国家意志的特征，一方面，政府开始通过立法和拨款来支持职业教育的发展，职业教育开始被纳入国家的公共教育体系；另一方面，职业教育被视为促进工业社会发展的

---

① 贺国庆、朱文富：《外国职业教育通史》，人民教育出版社2014年版，第100—110、120—125、315—320页。

工具而存在，表现为紧密围绕产业发展来进行专业设置和内容调整①。由于职业教育对世界经济发展和各国工业化进程的促进及推动作用十分明显，而职业教育也成了服务于国家经济社会发展、提供工业竞争力的工具，政府开始接管职业教育并成为其办学主体，通过拨款和制定法律来支持职业教育的发展，逐步建立了正规的现代职业教育制度。

三 知识社会——服务个体职业生涯发展

进入现代社会，从职业教育的理论观点和政策制定上可以看出，职业教育价值关注点开始从社会效益向关注个体发展演进②。

以美国为例，在工业社会，职业教育被视为用来传授技能与手艺的教育，进而能够为国家的工业化提供大量产业工人。由此，这个阶段的职业教育研究是基于社会效益的角度来审视职业教育的社会功能，其中以史奈登为代表，认为职业教育的宗旨在于通过培养合格的产业工人来推动社会的发展。基于社会效益理念的职业教育观在很长一段时间成为美国职业教育的指导思想，并促成了《史密斯·休斯法》的生成。随着科学技术的进步、生产模式的改进以及职业结构的演进，对新兴产业从业人员的数量和质量都产生了新的要求，与此同时，教育民主化和终身教育运动愈演愈烈，职业教育逐渐由优先服务于国家战略目标的实现转到了服务个人就业和继续学习目标的新方向。杜威认为"有一种危险，把职业教育在理论和实践方面解释为工艺教育，作为获得将来专门职业的技术效率的手段"。③ 杜威认为，社会效益观下的职业教育仅仅是针对特定的工作岗位来进行的技术培训，忽略了人自身的发展，是一种反民主的教育理念。而伴随职业结构向流动化、高级化、综合化演变，知识社会中的工作岗位对于从业者的技术技能要求正在逐步减少，而对于自我学习能力、团队协作能力等提出了更高的要求。由此，"职业教育计划应该人文化和宽基础化，以提高适应性、拓宽就业机会、提高教育和职

---

① 马君、周志刚：《发生学视野下职业教育价值观的历史演进》，《职业技术教育》2008年第22期。
② 米靖、周志刚：《论社会发展视野中的职业教育》，《教育与职业》2007年第36期。
③ [美]约翰·杜威：《民主主义与教育》，王承绪译，人民教育出版社2001年版，第334—335页。

业的能动性"。① 在过于强调经济效益的职业教育社会效益观逐渐受到质疑后,职业教育的内在价值开始受到人们的普遍关注,并突出反映在职业教育政策的演进上。1963年的《职业教育法》使美国参与职业教育的人群进一步扩大,弱势群体的职业教育权得到了更多的尊重,职业教育成为促进社会平等的工具之一。同时,为工作做准备、维持生计并促进个体适应整个生活环境的生计教育运行开始实施,旨在推动普通教育与职业教育联合,开创以职业能力发展为核心的新型教育体系。而1998年颁布的《帕金斯生涯与技术教育法案》更是将职业技术教育改为生涯技术教育,为个体提供连续的知识、学术和技能,明确地将职业教育中学生的学术和技能进步放在同等重要的位置。随着人类进入知识社会,知识经济正在创造新的以知识为本的职业和工作群,并且需要知识从业者,他们工作的核心特征在于对知识的创造和控制,并非简单的物质生产或普通服务,而是运用知识去设计、创新并高效地生产和改造产品。由此,2012年,美国政府出台了《为美国未来投资:生涯技术教育转型的蓝图》,认为职业教育应在促进培养学生技术技能的基础上,还应加大学术技能和就业技能的培养,以促进其职业生涯的成功。

由此,"现代职业教育的价值取向是,从工作定向的单一技术培训到塑造全面发展的职业人"。② 职业是人的存在方式,因此,人的发展与其职业生涯密切相关。在知识社会,伴随着技术进步和生产方式的变革,职业组织结构开始由科层制到扁平化的变革,进而从知识和技能操作水平的综合化和复合型上对从业者提出了更高的要求,职业岗位结构向流动化、高级化、综合化转变,进而对从业者的一般性知识和技能以及面向具体岗位的知识和技能都提出了更高的要求。由此,技术的进步与全球化趋势的结合使得从业者的职业生涯出现了越来越多的不确定性,并要求从业者不断地学习来提升和拓展自身的职业能力。由此,职业教育开始逐渐转向为学习者的职业生涯发展服务,并被纳入终身职业教育体系之中。

---

① 曼萨·W. 阿马斯瑞:《21世纪变化着的需求:技术职业教育面临的挑战》,载刘来泉《世界技术与职业教育纵览——来自联合国教科文组织的报告》,高等教育出版社2002年版,第124页。

② 米靖:《论现代职业教育的内涵》,《职业技术教育》2004年第19期。

通过对职业教育价值取向的历史演变进行梳理可以看出,当前对"就业导向"认识误区的根源在于对"社会本位"下的职业教育观的误读,认为"职业教育"就是"就业教育",职业教育只应以劳动力的市场需求为目标,进而专业设置、教学内容和教学评价都紧密围绕着"就业"来进行。其实,从就业教育与职业教育的关系来看,就业本就是职业教育的功能之一,但是就业却不是职业教育的唯一功能,因此,就业教育只是职业教育的一部分,而非全部。高职教育就业导向在实质上即高职教育的经济功能,然而,现实认识却将这一经济功能视为高职教育的唯一功能,并且过分夸大地认为高职教育的就业功能可以解决"结构性就业难"的问题。高等职业教育具有多方面的功能,从经济功能的角度来说,职业教育可以培养高素质的技术技能人才来满足经济社会发展的需求。然而,职业教育本质上是一种培养人的活动,当前职业教育已经进入为学习者的职业生涯发展服务的阶段,因此,过度关注职业教育的经济功能,把功利性的"就业"当作职业教育的核心任务,继而忽视了"育人"这一根本目的。高职教育兼具"高等性"和"职业性",在"就业导向"下,"职业性"被过度强调继而成为高职院校发展的指挥棒,并以培养"技术人"提升"就业率"作为办学的核心任务,"高等性"则逐渐丧失。技术本身仅仅是一种工具,是促进人全面发展的手段,不应被演绎成高职教育的全部目标①。

第二节 价值取向的理论溯源:职业教育本质属性探讨

专业群建设的价值取向集中体现了职业教育的人才培养理念,其理论渊源在于对职业教育本质属性的理解。因此,唯有深刻认识职业教育本质属性,才能正确把握高职院校专业群建设的价值取向。"职业教育属性是指职业教育的特性、特征,职业教育本质属性是指它必然具有并与其他各类教育区别开来的属性"。② 由此,本节在梳理已有从社会学、教育学两个视角探讨的职业教育本质属性的基础上,通过分析职业教育从

---

① 李雪梅:《高等职业教育就业导向的异化与矫正》,《高等教育研究》2013 年第 10 期。
② 元三:《职业教育概说》,湖南教育出版社 1988 年版,第 28 页。

"训练性"到"教育性"的历史演变,认为在知识社会中职业教育已经进入了服务于学习者职业生涯的发展阶段,因此,职业教育的本质属性应是职业生涯导向性。职业生涯导向下的职业教育应面向学习者的职业生涯,以形成职业生涯能力为目标来进行技术技能人才的培养活动。职业教育的职业生涯导向能够有效融合"个人本位"与"社会本位"的价值取向,进而统一服务于学生的职业生涯发展。

一 职业教育本质属性论之争

当前对于职业教育本质属性的认识主要基于社会学、教育学两个视角来进行论述。

（一）社会学视角下职业教育本质属性论

部分学者是基于社会学中的"职业"概念出发,基于社会学的功能主义理论,通过分析职业教育对于社会的功能来探讨职业教育的本质。功能主义理论将社会系统适应外部环境所表现的功能视为其存在的意义①,而作为社会系统的子系统,职业教育在与外部社会环境进行交互的过程中,必然呈现出一定的功能。"功能主义"视角下职业教育本质属性的主要观点有"老三论""新三论""初始职业化"等。

"老三论"是指职业教育的本质属性包括社会性、生产性和职业性三种认识。② 职业教育的社会性是指职业教育"从其本质来说,就是社会性,从其作用来说就是社会化"③,即职业教育必须按照社会需要来培养人才,其实质就是教育要适应社会发展的需要,并促进个体的社会化。职业教育的生产性包含两个方面的含义：在办学宗旨上,职业教育可以培养社会所需要的技术技能人才；在办学模式上,职业教育利用产教融合来提高人才培养质量,提升社会服务能力④。职业教育的职业性是指在人才培养目标上职业教育是具有"职业定向性"或"职业针对性"的教育,旨在传授面向具体职业岗位所需的专门知识和技能。

"新三论"认为,"老三论"已经伴随教育内涵的扩大而成为整个教

---

① [美]鲁思·华莱士、[英]艾莉森·沃尔夫：《当代社会学理论》,刘少杰等译,中国人民大学出版社2008年版,第15页。
② 叶立群：《职业技术教育学》,福建教育出版社1995年版,第68页。
③ 黄炎培：《职业教育机关唯一的生命是什么》,《教育与职业》1930年第113期。
④ 纪之信：《职业技术教育学》,福建教育出版社1995年版,第68—69页。

育的一般属性,并由此提出在新的历史时期,职业教育的本质属性应为"适应性、中介性和产业性"①。职业教育的适应性是指职业教育制度及其办学模式应与社会生产力水平相适应来促进自身的发展;职业教育的中介性是指职业教育处于教育和职业间、人与社会的发展间的中介位置,旨在通过衔接教育与职业进而促进人的个性发展和社会进步;职业教育的产业性是指职业教育旨在平衡协调产业的人才供需关系,其运行机制和管理模式要面向市场。

除了"老三论"和"新三论"外,还有学者认为职业教育的本质是"初始职业化",即以培养成为基本合格的岗位人员为逻辑起点来定义职业教育,其本质属性是完成个体的初始职业化,即个体通过一系列的教育和岗位实践,把已获得的知识和技能内化为能基本胜任职业岗位工作的职业能力,并在职业生涯环境中正确进行职业社会角色定位与扮演的过程②。

总体看来,社会学视角的职业教育本质论从基于社会学、面向全体的"职业"的概念出发,将职业教育视为一种社会现象,并侧重从职业教育的社会功能出发来探讨职业教育的本质。然而在职业教育的现实实践中,不论是"新三论"还是"老三论",都已成为普通教育和职业教育共同的性质。因此,基于社会学视角的职业教育本质论并不能成为职业教育与其他教育类型的根本区别。

(二)教育学视角下职业教育本质属性论

教育学视角下职业教育本质属性论探讨的是在将职业教育视作一种教育类型的前提下,寻找其有别于其他教育类型的本质属性。基于教育学视角,目前较为流行的职业教育本质属性的观点包括一般职业导向性、技术技能职业性、职业导向性和工作体系等观点。

一般职业导向性和技术技能职业性是基于职业教育中职业类型的认识来探讨职业教育的本质属性。一般职业导向性是指职业教育应面向一般职业来设定培养目标、教学内容和教学情境,进而将职业教育与其他

---

① 周明星:《现代职业教育本质属性探析》,《教育与职业》2003年第1期。
② 申家龙:《职业教育的本质属性——初始职业化》,《河南职业技术师范学院学报》2003年第6期。

教育类型区分开来。① 一般职业导向性的观点认为，职业教育中的职业不是专门职业，而是一般职业。以对职业内涵的掌握时间和教育背景的要求为依据，将职业分为非熟练、半熟练、熟练、半专门和专门五种，将第五种称为专门职业，将前四种称为一般职业，专门职业是需要专门知识和长期而广泛的学术储备的职业，而一般职业则不需要。技术技能职业性的观点认为，职业教育中的职业并不是面向全部知识，而仅是面向职业结构中的技术技能型职业，因而传授技术技能是职业教育有别于其他教育类型的本质属性②。

职业导向性的观点认为，职业教育中的职业并不应区分到底是一般职业还是专门职业，职业教育与其他教育类型有别的本质属性就是职业导向性③，即以职业能力形成为目标、以典型职业活动来开发课程、以工作过程中的技术知识为教学内容、强调行动导向和真实情境的教学手段来进行职业教育的人才培养活动。

工作体系视野的观点认为职业教育的对应概念是学术教育，将职业教育倚赖的工作体系与支持普通教育的学术体系进行比较，认为职业教育存在的逻辑前提是包括职业、工作与技术三个基本要素的工作体系的存在，其中，职业是载体，工作是过程，技术是手段，三者有着密切的内在逻辑关系。职业视野中的职业教育本质是面向特定职业培养人才的教育，这种特定职业即直接从事物品生产、交换或服务的职业；工作视野中的职业教育本质遵循工作任务逻辑，将工作视为利用脑力和体力来制作实物或从事服务的过程；技术视野认为对现在职业教育进行深刻认识的前提是理解现代技术，而且技术知识应成为职业教育课程的主要内容。④

（三）两种不同视角的区别

通过对上述社会学、教育学两种视角下职业教育本质属性的分析可以看出，两种观点本质上是对"职业"的不同理解，且出发点不同。

从对"职业"概念的不同理解上，存在"有限职业"还是"无限职

---

① 刘育锋：《论职业教育的本质属性》，《职教论坛》2004年第4期。
② 欧阳河：《职业教育基本问题初探》，《中国职业技术教育》2005年第12期。
③ 徐涵：《论职业教育的本质属性》，《职业技术教育》（理论版）2007年第28期。
④ 徐国庆：《工作体系视野中的职业教育本质》，《职业技术教育》（理论版）2007年第28期。

业"的争论，社会学职业教育本质属性论基于"无限职业"的观点，认为职业教育是面向所有职业的教育类型；而教育学职业教育本质属性论正好相反，基于"学术性"与"技术技能性"的职业划分，职业教育应面向的职业是"技术技能职业"，与面向"学术性职业"的普通教育是具有严格区别的。从出发点不同的角度，存在从"概念"出发还是从"事实"出发两种倾向，社会学视角的职业教育本质属性论是从社会学中的"职业"概念出发，基于社会学的功能主义理论，通过分析职业教育对于社会的功能来探讨职业教育的本质属性；而教育学视角的职业教育本质属性论是从职业教育的实践出发，基于职业教育与普通教育类型的差异来探讨职业教育的本质属性[①]。

总体而言，社会学视角的职业教育本质属性观忽视了"职业"的分类，进而混淆了职业教育与普通教育的区别；教育学视角的职业教育本质属性观忽视了"职业"的发展演变，进而形成"功利主义"与"工具主义"的倾向。

二 职业教育本质属性——职业生涯导向性

职业教育本质属性的探讨是一个动态发展的历史过程，并伴随社会进步和职业教育发展而不断深化，是合乎规律性与合乎目的性的统一[②]。因此，本书基于职业的分类，通过分析职业教育的历史演变，来对职业教育的属性进行探讨。

（一）职业教育的起点——职业

职业源于社会分工，职业的载体是人，职业决定着职业教育，职业教育应以职业为核心，其目标是能够让学习者进入工作体系中的相应职业[③]。在职业的组成体系结构中，与职业教育联系最为密切的是技术技能类职业。伴随技术进步和产业结构转型，技术技能类职业结构也开始升级，进而成为职业教育在整体教育体系中上移的动力，同时在很大程度上决定了职业教育的专业设置和内容设定。

[①] 孟景舟：《社会学与教育学：职业教育本质论的两种不同视野》，《职业技术教育》2008年第25期。

[②] 周志刚、马君：《对职业教育本质问题研究的审视》，《中国职业技术教育》2009年第9期。

[③] 徐国庆：《工作体系视野中的职业教育本质》，《职业技术教育》（理论版）2007年第28期。

关于职业的概念，主要有经济学、社会学、心理学三种视角。

在经济学中，职业被视为获得物质财富的手段，例如美国学者舒尔茨认为，职业是一个人为了不断取得个人收入而连续从事的、具有市场价值的特殊活动①，日本劳动问题专家保谷六郎认为：职业是有劳动能力的人为了生活所得而发挥个人能力，向社会做贡献而连续从事的活动②。《中华人民共和国职业分类大典》（2015年）中认为，职业是指从业人员为获取主要生活来源所从事的社会工作类别③。

在社会学中，职业被视为社会组织中的地位，例如美国学者泰勒将职业解释为一套成为模式的与特殊工作经验有关的人群关系继而促进职业结构的发展和职业意识形态的显现④，日本学者尾高帮雄认为，职业是某种社会分工或社会角色的持续出现，由此，职业是由场所和地位两部分内容构成的⑤。

在心理学上，倾向于从个体的角度，将职业视为个人的生命历程、工作任务和经历，即"跨越个人一生的相关工作经历模式"，例如心理学家亚瑟把职业定义为"一个人的工作经历进展过程"，而心理学家阿诺德将职业定义为"一系列与雇佣相关的职业、任务、活动和经验"⑥。

已有研究分别从经济学、社会学、心理学等视角来认识职业的概念，进而有助于更深刻地理解职业的内涵。首先，职业可以为从业者带来合理的劳动报酬，进而可以满足其物质生活需求。其次，职业可以为从业者赋予一定的社会角色，继而可以形成其社会组织地位，而且职业可以为从业者提供自我价值实现的平台，从而可以满足其自我实现的需要。

---

① 姚裕群、刘家珉、张项民：《职业生涯规划与管理》，首都经济贸易出版社2009年版，第3页。
② 王荣发主编：《职业发展导论——从起步走向成功》，华东理工大学出版社2004年版，第7页。
③ 国家职业分类大典修订工作委员会：《中华人民共和国职业分类大典》，中国劳动社会保障出版社2015年版，第4页。
④ 姚裕群、刘家珉、张项民：《职业生涯规划与管理》，首都经济贸易出版社2009年版，第3页。
⑤ 王荣发主编：《职业发展导论——从起步走向成功》，华东理工大学出版社2004年版，第5页。
⑥ ［英］耶胡迪·巴鲁：《职业生涯管理教程》，陈涛、孙涛译，经济管理出版社2005年版，第3页。

由此可以看出，在现代社会的前提下，职业意味着谋生手段、社会角色和自我实现之路①。

职业源于社会分工，职业的载体是人，职业决定着职业教育，职业教育应以职业为核心，其目标是能够让学习者进入工作体系中的相应职业②。首先，从人类发展的历史来看，其不同发展阶段的社会分工水平也不尽相同，由此导致了职业教育形式的差异。其次，从职业本身的结构上来看，职业本身是分类型和层次的，而基于教育科学视野下的职业教育，其培养的人才不是面向所有职业，而是主要面向能够直接从事生产、交换或服务的人才。在职业的组成体系结构中，与职业教育联系最为密切的是技术技能类职业。伴随技术进步和产业结构转型，技术技能类职业结构也开始升级，严密的职业体系、清晰的职业标准、复杂的职业联系等开始成为技术技能类职业的显著特征，同时成为职业教育在整个教育体系中上移的动力。

（二）从"训练性"到"教育性"——职业教育本质属性的历史演进

职业教育应以职业为核心，而职业结构的分化和升级的动力则是生产技术的进步以及社会分工的发展，并促进职业教育从"职业训练"到"职业教育"的转变。

在农业社会，由于社会生产力低下，社会生产形式主要以农耕、狩猎和家庭手工业为主，此时的职业教育形式主要是父子继承的家庭学徒制，学习的内容主要是生存知识和技能，技能传授的目的性和教育性不强，并且主要以在劳动过程中通过共同的劳动来实现的，这时候的职业教育形式还只是一种个人习惯。而随着手工业的出现及其规模的不断扩大，父子继承的形式已经无法满足生产的需求，此时技能传授的对象便超越家庭对象，通过招收养子的形式来维持，并发展为形式化的契约关系，通过契约来约束师徒双方的权利与义务，例如古希腊的工匠训练、古罗马的学徒契约、古埃及的学徒合同，这个时候传授的技艺包括纺织、打铁、速记、立法、雕刻、玻璃制造等内容，基本上覆盖了当时社会上

---

① 王荣发主编：《职业发展导论——从起步走向成功》，华东理工大学出版社2004年版，第8页。

② 徐国庆：《工作体系视野中的职业教育本质》，《职业技术教育》（理论版）2007年第28期。

所有出现的手工技艺。随着贸易与市场的扩大,以及手工行业的分化,形成了由商业行会和手工业行会保护其成员训练的行会学徒制。

伴随三次工业革命的进行,人类社会的生产组织方式发生了根本性的变革,进而使得职业教育的办学主体、办学内容和办学形式上发生了重大转变。第一次工业革命中蒸汽机的发明和应用使得传统手工业操作的职业不再适应社会发展的要求,职业教育开始培养面向纺织业、采煤业、制造业等行业的产业工人;第二次工业革命中电力技术的推广应用极大地提升了劳动生产效率,并造就了一大批新兴的产业工人;第三次工业革命以信息技术和生物技术等现代技术的广泛应用为标志,并促进生物工程、电子信息产业等一大批新兴产业的发展。工业革命的进行对于职业教育的发展产生了革命性的作用。从办学主体上,由于新兴产业发展对于大批量的产业技术工人的需求,国家开始接管并负责职业教育。由此,当工业化大生产成为社会生产模式的主流之后,由政府主办的、以讲授科学原理为基础的、旨在培养满足国家产业发展需求的职业学校开始产生,职业教育被纳入国家的公共教育体系。

由上述分析可以看出,在农业社会,职业教育可以视为家庭内部的"劳动训练"或者学徒制下的"技艺传授";而在工业社会,职业教育可以视为培训"单向度的人"的企业训练,其主要目的是为产业发展提供技术培训、培养满足生产需要的技术工人。由此可以看出,在农业社会和工业社会,"训练性"成为职业教育的鲜明特征。

伴随人类发展进入知识社会,社会生产力水平和劳动组织方式正在发生重大变革,并深刻影响了职业教育的发展理念。在知识社会,技术发展的复杂性和精确度日益提高,科学化和理论化成为其显著特征,其应用范围也开始由传统的生产制造领域向管理服务等领域拓展,并由此推动职业结构由劳动密集型向技术密集型和知识密集型转变。与此同时,全球化趋势的发展使得社会劳动分工开始向国际化分工发展,社会生产组织变革进一步深化。由此,技术的进步与全球化趋势的结合使得从业者的职业生涯出现了越来越多的不确定性,并要求从业者不断地学习来提升和拓展自身的职业能力。

因此,在知识社会背景下,职业成为人的个性化的存在方式,而面对技术进步和社会分工的演变,职业教育不仅应为学习者的初次就业服务,更应培养其综合职业能力来应对职业流动和转岗的需要,即不断适应职业的发展——获取职业生涯发展的能力①。由此，职业教育开始逐渐转向为学习者的职业生涯发展服务，并被纳入终身职业教育体系之中。"教育是人的灵魂的教育"②，而职业教育也不再是"技术人"和"职业人"的训练场，部分学生选择职业教育的目的是为了自身的职业生涯发展做"教育"准备，而非为进某个企业做"训练"准备。这样，就把传统的"'训练性'职业教育"变成了真正意义上的"'教育性'职业教育"③。

因此，在当前知识社会，职业教育已经进入了服务于个人职业生涯的"'教育性'职业教育"发展阶段。当前职业教育是为技术技能人才培养提供职业生涯服务的教育类型，其本质内涵有以下特点：从类型上看，职业教育是教育的一种类型；从层次上看，职业教育包括初等职业教育、中等职业教育和高等职业教育；从培养目标上看，职业教育是以培养技术技能人才为宗旨；从服务内容上看，作为一种服务业，职业教育为技术技能人才提供职前准备和职后培训两方面服务。④

（三）职业生涯导向性——知识社会下职业教育的本质属性

1. 知识社会的内涵与特征

自近代以来，知识的内涵伴随着科学发展和技术进步在不断演化，并推动现代经济快速发展、促进了现实社会的进步，并形成以知识作为首要生产要素驱动发展的知识社会的生成与发展。在第一阶段的 100 年中，职业学校和百科全书的问世将人类的生产经验转化为生产知识，并被应用于工具、生产过程和产品上，进而促进工业革命的进行；第二阶段开始于 1880 年前后，随着泰勒利用知识对工作进行研究、分析和工程化进而促进了流水线的生产组织变革，知识以新的意义被应用于改进工作，促进了生产率革命的发展；第三个阶段开始于第二次世界大战以后，知识被应用于知识本身，这就是管理革命，知识正快速地成为生产的一个要素，压倒了资本和劳动，人类进入了知识社会。⑤

---

① 刘育锋：《论职业教育的本质属性》，《职教论坛》2004 年第 4 期。
② ［德］雅斯贝尔斯：《什么是教育》，邹进译，生活·读书·新知三联书店 1991 年版。
③ 徐平利：《教育性还是训练性：职业教育的哲学思考》，《教育发展研究》2007 年第 9 期。
④ 欧阳河：《职业教育基本问题初探》，《中国职业技术教育》2005 年第 12 期。
⑤ 天林：《知识社会的兴起》，《世界教育信息》1995 年第 2 期。

知识社会是一种全新的社会形态，其建立在对知识价值的重新审视和深度应用的基础上，并以知识型的人力资源为社会构成主体，以学习、传递、利用、创造和共享知识的运作机制，来对社会知识资源进行合理化地配置、对社会知识效能进行最大程度的开发，进而推动社会经济和文化的加快发展①。知识作为知识社会中的"一种基本资源"，将成为"社会的中心"以及"经济和社会行为的基础"②，并成为推动社会进步的核心力量，表现为知识经济一体化、知识学习终身化、知识阶层主导化的特征，其价值已经取代经济生活中的资本、资源和劳动力而成为核心要素，知识的占有、配置、传播、生产、分配和消费成为经济的基本活动方式，并构成了新型的知识经济形态。伴随知识经济带来的职业数量和结构的快速变化，知识的学习不再是某一阶段的生活和生存需要，而是已经演变为终身需要。在知识社会，其"社会阶层的轴心是以知识为基础的"③，其社会阶层主导者由工业社会掌握生产资源和资本的资本家向创造知识和应用知识的科学家、技术人员等知识阶层转变，"他们的知识、经验和感觉成了最重要的生产手段，并且这些手段与劳动力本身已经不可分割地一体化了"④。

2. 知识社会中职业的演变特点

从工业社会步入知识社会，社会职业也在不断演化。第一次工业革命使得以蒸汽机为动力的大型工厂逐渐代替了传统的手工工厂，能源的变革与新兴的工程科学结合起来时，促进了实用科学的职业化和工程师的诞生，而工作也愈加专业化、细分化、等级化。在第二次工业革命中，工程师对生产过程重新进行了设计，将员工融入生产线，这使工人丧失了自主权，变得和他们创造的零部件一样可以被替代。而在知识社会中，看到的是相反的趋势，从等级结构、相互替代性和一般技能，到横向协

---

① 庞跃辉：《知识社会的本质特征、生成环境与创建途径》，《河北学刊》2002年第9期。
② ［加］尼科·斯科尔：《知识社会》，阴晓蓉译，上海译文出版社1998年版，第8页。
③ ［美］丹尼尔·贝尔：《后工业社会的来临》，魏章玲等译，新华出版社1997年版，第380页。
④ ［日］堺屋太一：《知识价值革命》，黄晓勇等译，生活·读书·新知三联书店1987年版，第51页。

作和更为专业的技能的复原。① 在知识社会的工作世界中，工业组织模式从根本上发生了改变，工作自身，应被视为自我发展的一种方式，而不仅仅是一种谋生的手段②，其社会职业的演变具体表现为职业组织结构的变革、职业人员心理契约的转变、职业岗位结构和性质的变动③。

职业组织结构由科层制到扁平化的变革。为应对全球市场的高度竞争，很多组织已经进行了内部结构的重大变革，自20世纪下半叶一直实行的强调稳定性和可预见性的科层制（等级制）组织结构更加扁平化和分权化。随着工业管理由科层制模式向柔性化管理模式转变，在具体的生产方式上，由单一功能的流水线式生产作业逐渐演变为多种技术集成的综合车间或生产线。由此，从知识水平和技能操作水平的综合化和复合性上对从业者提出了更高的要求。

职业人员心理契约由关系型契约到交易型契约的改变。在雇佣关系范畴里，心理契约是一种心照不宣的契约，具体指雇员应该为组织做出哪些贡献，雇主应该相应给予雇员多少酬劳作为回报。在直至20世纪80年代的传统的关系型契约中，员工要实现令人满意的绩效并对组织忠诚，由此获得工作保障，通常是对有关雇员和雇主角色高度承诺的长期契约。随着工作环境灵活性的增强，很多组织采用期限更短的、按绩效付酬的交易型契约，雇员期望接受新的工作任务并愿意学习新的技术适应组织需要，而组织只需给员工提供课程以提高其专业能力。

职业岗位结构向流动化、高级化、综合化转变。新的高新技术岗位被创造出来，技术含量低的工作岗位逐渐消失，形成了人们所说的"工作搅拌器"。工作搅拌器作为一种技术驱动过程，会带来新的但无法预测的各种选择，由此使职业生涯向着灵活性和适应性转变。同时，知识经济社会，职业层次也在不断提高。在从工业社会向知识社会过渡的过程中，产业结构开始由从劳动密集型、技术密集型向知识密集型转变，并

---

① ［英］琳达·格拉顿：《转变——未来社会工作岗位需求变化及应对策略》，高采平等译，电子工业出版社2012年版，第130—132页。
② ［英］理查德·唐金：《工作的历史》，谢仲伟译，电子工业出版社2011年版，第316页。
③ ［美］杰弗里·H.格林豪斯、杰勒德·A.卡拉南、维罗妮卡·M.戈德谢克：《职业生涯管理》，王伟译，清华大学出版社2014年版，第4—7页。

促使经济结构呈现从"工业型经济"向"服务型经济"转型的总趋势[①]，使得职业结构中出现了体力劳动职业减少和脑力劳动职业增加、岗位内容和范围逐渐综合化的总趋势。

3. 知识社会中的职业教育——职业生涯导向性

职业生涯是由美国20世纪中叶的职业辅导运动发展而来的。最早提出职业生涯概念的是学者沙特列，他认为职业生涯是指一个人在工作生活中所经历的职业或职位的总称。美国著名职业问题专家萨帕认为，职业生涯是指一个人终身经历的所有职位的整体历程[②]。因此，可以看出，职业生涯的本质就是一个人的职业历程。关于职业生涯的发展阶段，学者金兹伯格认为青年职业性成熟程度分为空想期、尝试期和现实期三个阶段，而学者萨帕从时间、领域和投入程度三个层面来认识职业生涯，包括成长、探索、确立、维持和衰退五个阶段，儿童、学生、公民、赋闲在家者、工作者或家庭主妇等六种不同角色，并按照其投入的深度形成人生发展的三层面[③]。本研究所涉及的大学生职业生涯包括职业准备、职业选择和职业发展三个阶段，而职业教育的"职业生涯导向性"，其职业是技术技能职业，而不是面向所有职业，其具体含义是指职业教育应面向学生的整个职业生涯、以形成职业生涯能力为目标来培养技术技能人才。

知识社会事实上就是以知识经济产生为前提的学习型社会，也要求传统的学校教育向终身教育转变，因此，作为学校教育的一部分，职业教育也必将成为终身教育体系的一部分。职业是人的存在方式，因为人的职业生涯与其自身发展密切相关。因此，职业教育应当关注人的全面、可持续发展[④]。伴随知识社会下社会分工和职业结构的不稳定性，人的职业生涯中职业流动将会成为常态，因而职业教育应为学习者一生中变换专业以及应对经济和社会转变的职业生涯服务，促使职业教育的培养目

[①] 曹晔：《社会职业演变的六大趋势及其理论依据》，《中国职业技术教育》2010年第21期。

[②] 邱美华、董华欣：《生涯发展与辅导》，心理出版社1997年版，第11页。

[③] 姚裕群、刘家珉、张项民编：《职业生涯规划与管理》，首都经济贸易大学出版社2009年版，第58—61页。

[④] 翁伟斌：《知识社会职业技术教育地位的哲学思考》，《中国职业技术教育》2012年第3期。

标、办学层次、教学手段和教学管理方式等在传统的农业社会和工业社会基础上发生重要转变，并应呈现出鲜明的"职业生涯导向性"。

职业生涯能力观也经历了从行为主义导向的任务技能观、整合主义导向的关键能力观到建构主义导向的整合能力观的演变。在工业社会中期，福特式流水线生产模式的日益普及对于产业工人技术技能的熟练程度提出较高要求，由此，职业教育为了满足社会对产业工人的技术技能需要，在行为主义心理学的指导下将原有的面向岗位的综合能力细化为一系列具体的任务技能来进行培训，进行形成了以具体、孤立的操作技能为核心的行为主义导向的任务技能观。在工业社会后期，伴随精细生产管理模式的兴起，具体的生产方式上开始由单一功能的流水线式生产作业逐渐演变为多种技术集成的综合车间或生产线，进而对于企业岗位人员提出了知识与技能综合的要求，于是职业教育专家提出了整合主义导向的关键能力观。整合主义导向的关键能力观是在将个体能力视为整体性结构的基本理念下，不对能力做面向具体岗位和详细任务的分析，而是注重多数岗位背后的一般性、关键性的素质和能力的培养。行为主义导向的任务技能观单纯强调任务技能的可操作性，只注重鼓励技能的培训；整体主义导向的关键能力观因过分强调整体性而忽视了特定岗位所需的任务技能的实训。建构主义导向的整合能力观，是在融合整体主义导向的关键能力观和行为主义导向的任务技能观的基础上，以具体的工作情境为基点和能力构造了一个立体式的空间结构框架[①]。职业生涯能力包括技术技能、学术技能和就业技能三个部分，分别作为职业技能的外在表现、内在动力和保障。技术技能是指运用所掌握的专业知识和专业技能来解决实际问题、完成工作任务的能力；学术技能是指能随着科学进步和技术发展而不断获取新信息、更新自身知识与技能的能力；就业技能又被称为可雇佣技能，是指工作中所具有的人际交往、团队协作等能力。

在我国职业教育的现实发展中，一直存在着"个人本位"与"社会本位"两种价值取向的矛盾。"个人本位"观主张职业教育人才培养的目标应以个人价值为中心，认为职业教育应以个性化发展和完善自身的需

[①] 陈鹏：《职业能力观演变的历史逻辑及其理论述评》，《中国职业技术教育》2010年第6期。

要来建构培养活动;"社会本位"观强调职业教育人才培养目标应以社会价值为中心,主张职业教育应根据技术升级、产业发展以及社会职业岗位动态发展的需要来建构培养活动。单纯强调社会本位观会忽视学生的个性化发展及职业生涯能力的培养;过于注重个人本位观会忽视社会的共同规范以及个人的社会使命。历史上出现过教育在社会与个人之间单向抉择的尝试,已证明为一种教训。① 而职业生涯导向下的职业教育,秉持以人为本的培养理念,以培养建构主义导向的整合能力观下的职业生涯能力为目标,进而在注重个人发展的同时最大限度地对社会需要进行回应。因此,职业生涯导向能够有效融合个人本位与社会本位的价值取向,进而统一于学生的职业生涯发展。

第三节 职业生涯导向:高职院校专业群建设的应然诉求

伴随知识社会中知识生产模式的变革,大学正面临着来自文化转型和技术转化两方面的挑战。由此,本书通过分析知识生产由模式1向模式2的变革过程,认为知识社会中大学是塑造文化公民身份和技术公民身份的关键机构,而高职院校主要提供的是与专业训练相关的知识,并以技术技能型人才作为培养目标,其角色主要是作为大学中"知识应用者",具有鲜明的"职业生涯导向性"。职业生涯导向下的高职院校的专业群建设,秉持以人为本的培养理念,以培养大学生的职业生涯能力为目标,通过专业群的动态建设,来为高职学生的职业生涯发展服务,其实质就是促进技术技能人才的"人才供需信息"与"个人生涯信息"的全面对接。

一 知识社会背景下高职院校的角色定位

(一)知识生产模式变革与大学定位

知识社会就是指一种用知识生产知识的环境。当代社会知识生产正在发生变化,其生产模式已经由传统的知识生产模式1拓展为知识生产

---

① [美]约翰·杜威:《民主主义与教育》,王承绪译,人民教育出版社1990年版,第102页。

模式1和知识生产模式2并存的境况。知识生产模式1中知识以等级制和同质性为特征,其生产是在单一学科的认知语境中进行的;知识生产模式2中知识以异质性和反思性为特征,其生产是在跨学科的社会经济情景中进行的。① 知识生产模式1是以单一学科为基础的知识生产,是基于大的学术背景来形成和解决问题,创新被视为基于学科的科学规范下的新的标准化的知识生产,知识生产模式2是跨学科的知识生产;是基于现实社会应用的背景来形成和解决问题,创新不仅仅意味着新的知识生产,也包括现存知识的新的应用,强调知识与应用的整合。知识生产模式1对应基础研究的特征,而知识生产模式2对应应用研究的特征,基础研究强调知识创新,应用研究强调知识应用和转化。对于经济社会发展来讲,两种知识生产模式都有各自的作用,需要在一定程度上均衡发展。

在知识生产模式1向知识生产模式2演变的过程中,尽管大学依然是知识的重要生产者之一,却不是知识的主要使用者。在知识社会,大学越来越像公司,而公司越来越像大学。但是,大学承受的来自政府的压力不断增强,并要求大学把课程和社会、就业联系起来。由此,大学与产业界建立了新型的合作关系,其自身定位由强调知识的创造向注重知识应用转变,进而促进了后现代大学的转变。按照知识使用者的要求生产知识是新知识生产的重要特征,知识正日益适用于运用而不再是以知识为目的,这是因为高级知识和技术部门在应用知识的过程中又产生了新的知识。知识生产模式的演变表明自17世纪后半期以后知识与国家之间的历史契约终结,即由国家控制知识生产,知识生产在新的知识中心如大学和皇家学院被制度化。在知识社会,随着全球化和后福特主义生产经济促进政府从管理到治理的取向,国家从知识提供者的角色退居到管理者的角色,国家将不再是知识的唯一资助者②。作为具有特权的知识场所的大学面临危机,要应对新的知识生产者的竞争,随着大学逐渐融入大众社会的公共领域,其正面临新的有关其责任的争论。

(二) 知识社会中大学的角色演变

在知识社会,知识超越"劳动力、原料、资本",成为社会生产的关

---

① [英]迈克尔·吉本斯等:《知识生产的新模式:当代社会科学与研究的动力学》,陈洪捷、沈雯钦译,北京大学出版社2011年版,第1—3页。
② [英]杰勒德·德兰迪:《知识社会中的大学》,黄建如译,北京大学出版社2010年版,第126页。

键要素。与此同时,作为创造知识和知识转化的关键机构,大学以其自身功能的扩展来反应并回应广泛的社会需求,进而成为知识社会中的主导力量,强化自己在知识社会中的公民身份。公民身份给予了大学参与政治事务的权利,其已经不再是知识权利和义务的关系,还包括了个性的参与与创造。伴随时代的演变,大学的社会角色历经了从工业社会里塑造社会公民身份的机构到塑造文化公民身份和技术公民身份机构的演变。通过全球范围内高等教育的发展历史可以看出,大学是通过重新界定其自身功能和创新人才培养模式来推动社会的转型发展。1088 年成立的意大利博洛尼亚大学成为中世纪大学的象征,其职能主要是以传授已有知识;德国柏林大学作为现代大学的代表,其职能在传授已有知识之外,将科学研究和知识生产作为自身的使命;而美国威斯康星大学进一步拓展了大学的职能,并将社会服务作为大学的新使命。在工业社会强大需求的驱动下,大学从社会的边缘不断地走向社会的中心,并成为社会发展的主导力量。而在向知识社会转型的过程中,大学同样需要重新审视自身的功能定位和创新人才培养模式来回应社会需求,进而强化其知识社会中的公民身份[①]。

古典的或者自由的大学模式以教师向学生传授已被接收到的知识为基础,倡导自由教育与博雅教育,以"自由人"为培养目标,反映了当时的地主、贵族等"有闲阶级"对于知识和人性的思考、追求和向往,是当时农业经济社会的时代精神的具体体现。工业时代是一个专门化、职业化的时代,科技发展推动了工业革命的进行和社会的进步,大学可以被看作社会公民身份发展的一部分,并为不断扩大、不断变化的职业系统提供受过训练的劳动力。而这正是科技型经济所必需的,因而大学对社会公民身份的贡献已经相当可观。因此,面向工业社会的时代需求,大学推崇科学教育和专业教育,并以工程师、科学家等"专业人"作为其主要培养目标。[②]

在知识社会中,大学正面临着来自文化转型和技术转化两方面的挑战。今日大学面临的一个挑战就是在文化模式中应具有批判和解释的作

---

① 刘志文:《知识社会转型中的知识与大学》,《高教探索》2005 年第 3 期。
② [英] 杰勒德·德兰迪:《知识社会中的大学》,黄建如译,北京大学出版社 2010 年版,第 58—59 页。

用。随着民族文化力量的减弱,最终给大学提供了一种承担文化导向的意识,大学必须能够引领社会的文化方向,并将文化转型视为大学最重要的任务之一。由此,大学的作用已经从知识扩展到广泛参与文化生产与文化创造之中,因而具有了文化公民身份。同时,在当代,技术正根据资本主义和全球市场的要求在塑造世界,由于全球力量并不与公民身份相联系,因此大学在使技术与公民身份发生联系的过程中扮演了重要的角色,并将促进技术的研发、转化与应用。在一个以资本流动、劳动力流动等为特征的时代,技术公民身份关注一种由媒体、因特网、信息技术等所释放的技术理性力量的新的权利领域,而这些权利将越来越以技术为中心来组织,而不是国家和民族,进而会导致新的权利话语形成。在工业社会,大学是社会上最能把工业需求、技术和市场力量与公民需求相联系的机构。① 而在知识社会转型发展时期,大学应该成为知识社会发展的主导力量,并培养符合时代要求的以"知识人"为代表的社会精英为目标。"知识人"就是具备获得知识、更新知识、应用知识和创新知识的学习能力的人。

由此可以看出,今日大学面临的挑战就是将文化再生产与技术再生产联系起来。一方面是关于文化认同的争论,另一方面是市场驱动把大学塑造成为一种技术科学的形象。在某种程度上,这种冲突是生活世界与体系之间、文化与权力之间更大范围的现代性的冲突的概括。大学有能力在对立的技术领域与文化领域之间建立相互联系。从这个意义上说,大学的中心使命是包括文化公民和技术公民身份在内的世界主义的身份认同。"大学是塑造文化公民身份和技术公民身份的关键机构"。②

(三) 知识社会中高职院校的角色定位

在知识社会时代,有四种不同的知识③,如图4—1所示。大学提供的知识包括与研究有关的知识、与教育有关的知识、与专业训练有关的知识、与智力探究有关的知识四种。第一种知识和基础研究与信息的积累相关,第二种知识和人的经验与个性的形成相关,第三种知识和职业

---

① [英] 杰勒德·德兰迪:《知识社会中的大学》,黄建如译,北京大学出版社2010年版,第157—158页。
② 同上书,第190页。
③ 同上书,第10—11页。

训练的任务操作与职业许可证的取得相关,第四种知识与解决社会问题与社会的知识有关。与研究有关的知识和与智力探究有关的知识主要与文化公民身份相关,与教育有关的知识和与专业训练有关的知识主要与技术公民身份相关。对这两种公民身份的满足就是大学的社会责任。

与研究有关的知识	与智力探究有关的知识
与教育有关的知识	与专业训练有关的知识

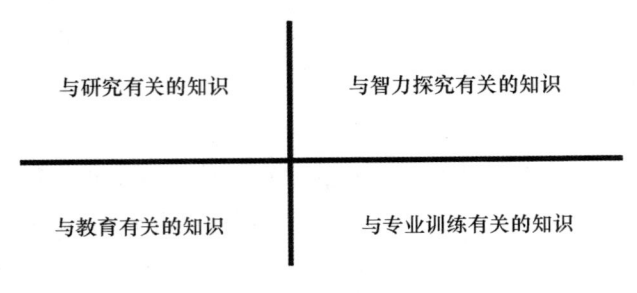

图4—1　知识社会中的知识分类

在知识社会,大学生兼具技术公民身份和文化公民身份。而在大学体系内部,根据对于技术公民身份和文化公民身份的不同倾向,可以分为研究型大学、应用型大学和高职院校[①]。研究型大学主要提供的是与研究有关和与智力探究有关的知识,其角色主要是知识生产模式1下的"知识生产者",其培养目标是学术型人才,即从事发现和研究自然科学和社会科学客观规律的人才;应用型大学提供的是解决现实问题的知识,主要扮演是知识生产模式2下"知识生产者"的角色,其培养目标是工程型人才,即将把上述人才所发现的科学规律或原理转化为图纸或方案进而直接应用于设计与决策实践的人才;高职院校主要提供的是与专业训练相关的知识,其主要是作为大学中"知识应用者"的角色,并以技术技能型人才作为培养目标,这些人才的主要职责是将工程师设计出来的图纸和方案进行转化,使之成为直接应用于现实实践的社会成果(如图4—2所示)。

由上述分析可以看出,高职教育主要培养的是知识社会下的一线劳动者,即"知识工人"。伴随知识社会一线劳动者由"产业工人"向"知识工人"转变,劳动者既需要具备过硬的职业技术技能,也要掌握较高的科学文化基础知识。因此,"知识工人"的培养应在接受常规的技术

---

① 袁广林:《对高等职业教育本质属性的再认识》,《教育探索》2010年第5期。

```
           技术公民身份
              ↑
              |
              |    高职院校
              |
              |        应用型大学
              |
              |              研究型大学
              |
              |_____→ 文化公民身份
```

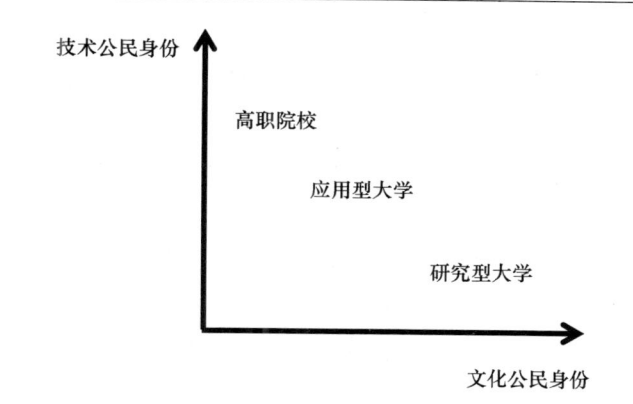

图 4—2　大学类型的二维解读

技能教育基础上，培养运用理论分析问题、解决问题的能力，形成以不断学习来提升知识和技能水平的意识和习惯①。作为高等教育的一种类型，高等职业教育应在技术人才成长规律上进行探索以保证"类型"特征，在"高等"上做文章保证层次特征，在"职业"上求特色突出实践特征，在"教育"上下功夫强化育人特征。② 在知识社会，知识工人在高等职业教育中习得的是"客观性知识""推入性""开放性知识"和"速变性知识"，其学习呈现出"技术性"特征、"功利性"特征、"个体性"特征和"全程性"特征。③

知识社会是以科学知识向一切社会领域的渗透为基础的④，由于科技知识是客观性知识，因此，知识社会是以客观性知识为基础的。与此同时，职业教育中知识的学习中的"专业"意识、"能力"意识会越来越强，"技术性"特征会越来越明显。由于科学知识渗透的全面性，因此，唯有掌握特定的知识与技能标准，才能从事特定社会领域和层次的工作，并获得升迁及其相关待遇。因此，知识社会的知识也是一种"准入性知识"。与此同时，劳动者不得不出于生存策略而主动学习知识，由此使得职业教育的知识呈现出"功利性"特征。伴随信息技术的发展，知识社

---

① ［美］彼德·F.得拉克尔：《知识社会、知识工人和教育》，李森、郭天奎编译，《比较教育研究》1996 年第 6 期。
② 张社字：《我国职业教育面临的六大问题》，《教育发展研究》2009 年第 23 期。
③ 吴康宁：《知识社会中"工作成人"学习的基本特征》，《教育科学》2002 年第 6 期。
④ ［加］尼科·斯科尔：《知识社会》，阴晓蓉译，上海译文出版社 2000 年版，第 13 页。

会对于知识的存在状态提出了开放性、公开化的要求,而信息技术则为其提供了技术保障。因此,知识社会中的知识是一种"开放性知识"。与此同时,职业教育中的学习方式具有越来越明显的"个体性"特征,职业院校逐渐从以组织教育活动为主的机构转变为以提供学习指导与服务为主的机构转型。在知识社会,知识更新与迭代的速度加快,知识社会中的知识是"速变性"知识。与此同时,"速度性"知识意味着知识社会中职业教育的学习不再是一次性行为,而是多次性行为甚至可能是连续性行为,职业教育的学习是伴随整个职业生涯的"全程性"学习。

二 职业生涯导向下高职专业群建设的具体内涵

(一) 高职教育的职业生涯导向性

在高职院校的教学实践中,从 2003 年"就业导向"正式提出开始,十几年来,我国高职教育就业导向的相关政策经历了从"以就业为导向"转向"以促进就业为导向",从强调"就业率"转向注重"就业质量",从关注"就业数据"转向重视"人才培养"。我国高职教育"就业导向"政策的演进反映了我国高职教育价值观正在逐步由"社会本位"转向"个人本位",从"功利性"向"人本性"转变。

然而,在实践中存在将"高职教育"简单等同于"就业教育"的误区。高职教育兼具"高等性"和"职业性",在就业导向下,高职院校过度夸大了其"职业性",把就业率当成其发展的指挥棒,并以培养"技术人"、提升"就业率"作为办学的核心任务,而"高等性"逐渐丧失。技术本身仅仅是一种工具,是促进人全面发展的手段,但是高职教育领域却渐渐被演绎成了全部的目标①。在专业设置上,"就业导向"下高职院校严格按照经济社会的发展需求和产业需求来盲目设置专业,热衷于申报新兴专业、热门专业;在培养目标上,"就业导向"下学校将单向度"技术人"或"工具人"作为培养目标,把初次岗位的就业能力作为职业教育的核心任务,强调培养学生胜任某一工作岗位所需要的专业知识、专业技能等,把培养目标的关注点放在学生的初次就业上;在质量评价上,"就业导向"的评价观经历了由就业率到就业质量的转变,在功利性的就业率评价阶段,单纯按照初次就业率作为评价学校教育质量的核心

---

① 李雪梅:《高等职业教育就业导向的异化与矫正》,《高等教育研究》2013 年第 10 期。

目标，进而片面追求就业率，在就业质量阶段，通过委托第三方来进行就业质量的统计。然而，第三方统计时由于统计样本量过小、统计信度不高等，导致其数据不为高职院校所接受，进而使得就业质量统计沦为呈报政府部门的"面子工程"。

在知识社会，尽管大学兼具技术公民身份和文化公民身份，然而作为大学的一种类型，高职院校主要提供的是与专业训练有关的知识，其主要是作为大学中"知识应用者"的角色，培养目标是技术技能型人才，即"知识工人"，"知识工人"的主要职责是将工程师设计出来的图纸和方案进行转化，使之成为可以直接应用于现实实践的社会成果[①]。知识社会事实上就是以知识经济产生为前提的学习型社会，也要求传统的学校教育向终身教育转变，因此，作为学校教育的一部分，职业教育也必将成为终身教育体系的一部分。职业是人的存在方式，因为人的职业生涯与其自身发展密切相关，职业教育应当关注人的全面和可持续发展。[②] 因此，在知识社会，职业生涯导向性应是高职教育的本质属性。

相对于由就业方式快速变化而被迫不断发生改变的就业阶段，教育是人一生中更不固定的阶段。大众化阶段的高等教育教导人们应对就业方式变化做好应变的准备，而不应局限于关注一种职业或掌握一套技术。因此，高等职业教育的培养目标、办学层次、教学手段和教学管理方式等在传统的农业社会和工业社会基础上发生了重要转变，并应呈现出鲜明的"职业生涯导向性"。高等职业教育的"职业生涯导向性"，其职业是技术技能职业，而不是面向所有职业。"职业生涯导向性"是指高等职业教育应面向学生的整个职业生涯，以形成职业生涯能力为目标，来指导其人才培养活动。与传统"产业工人"不同的是，高等职业教育培养的"知识工人"需要具备包括技术技能、学术技能和就业技能三个部分在内的职业生涯能力，分别作为职业技能的外在表现、内在动力和保障。技术技能是指运用所掌握的专业知识和专业技能来解决实际问题、完成工作任务的能力；学术技能是指能随着科学进步和技术发展而不断获取新信息、更新自身知识与技能的能力；就业技能又被称为可雇佣技能，

---

① 袁广林：《对高等职业教育本质属性的再认识》，《教育探索》2010年第5期。
② 翁伟斌：《知识社会职业技术教育地位的哲学思考》，《中国职业技术教育》2012年第3期。

是指工作中所具有的人际交往、团队协作等能力。而职业生涯导向下的高等职业教育，秉持以人为本的培养理念，以培养大学生的职业生涯能力为目标，进而在注重个人发展的同时最大限度地对社会需要进行回应。因此，职业生涯导向能够有效融合"个人本位"与"社会本位"的价值取向，进而统一服务于学生的职业生涯发展。

(二) 高职院校专业群建设的具体内涵

职业生涯导向下的高职院校专业群建设秉持以人为本的培养理念，以培养大学生的职业生涯能力为目标，通过专业群的动态建设来为高职学生的职业生涯发展服务。

专业群常态建设的要素包括专业结构布局、课程体系建设、实训体系建设、培养模式改革、师资队伍组建和组织机制设计等，其中，专业结构布局是前提，课程体系建设和实训体系建设是基础，培养模式改革与师资队伍组建是关键，组织机制设计是保障。大学生的职业生涯发展包括职业准备、职业选择和职业发展等三个阶段，具体包括志愿报考、学业监测、生涯指导、就业跟踪、失业预警、资历认证等生涯发展的全过程。因此，职业生涯导向下的高职院校专业群建设，就是如何将高职专业群建设与大学生的职业生涯发展相结合。

高职学生的职业生涯发展，包括志愿报考、学业监测、生涯指导、就业跟踪、失业预警、资历认证等生涯发展的全过程，其本质包含招生信息、培养信息、就业信息等"个人生涯信息"。而高职院校专业群建设包括专业结构布局、课程体系建设、实训体系建设、培养模式改革、师资队伍组建、组织机制设计等要素，其实质是高等教育专业结构、人才市场就业结构和社会经济产业结构三者间"人才供需信息"在高职院校的反映。因此，职业生涯导向下的高职院校专业群建设的实质就是促进技术技能人才的"人才供需信息"与"个人生涯信息"的全面对接。

要想实现"人才供需信息"与"个人生涯信息"的全面对接，就要涉及两方面的问题，一是"人才供需信息"与"个人生涯信息"的获取机制，即职业生涯导向下专业群建设的参与主体及行动逻辑；二是"人才供需信息"与"个人生涯信息"的应用策略，即职业生涯导向下促进专业群建设的实施路径。

如何畅通"人才供需信息"与"个人生涯信息"的获取机制，是职业生涯导向下专业群建设需要解决的首要问题。而高职院校专业群建设是经济社会人才需求与高职院校内在发展相结合的产物，是高职教育服务于经济社会和个人发展的必由之路。因此，职业生涯导向下专业群建设参与主体的行动逻辑，需要考虑高职院校与教育部门、用人单位、人社部门以及高职院校招生部门、教育部门、就业部门的联动关系，以期实现"人才供需信息"与"个人生涯信息"的共建共享与传递反馈，进而为专业群的动态建设提供决策依据与调整依据，并最终服务于高职学生的职业生涯发展。

　　如何建构"人才供需信息"与"个人生涯信息"的应用策略，是职业生涯导向下专业群建设需要解决的关键问题。在生涯导向的理念下，高职学生的职业生涯发展的变化应当成为专业群建设的重要起点。在现实实践中高职院校没有精力和时间去追踪毕业生的职业发展，而单纯依靠第三方机构则会使得数据的真实性和可靠性欠佳。由此，在校方主导和第三方主导都效果欠佳的情况下，尝试构建以学生为主导，覆盖志愿报考、学业监测、生涯指导、就业跟踪、失业预警、资历认证等生涯发展全过程的职业生涯追踪平台，通过云计算技术、大数据技术的应用，进而为高职院校专业群建设提供最可靠、最直接、最迅速的动态调整依据。

第五章

高职院校专业群建设的行动逻辑

　　逻辑一词具有多义，在本书中意指客观规律性，而专业群建设的行动逻辑是指专业群建设实践中所存在或者遵循的规律。笔者通过对川渝地区八所高职院校的实地调研发现，专业群建设在就业导向理念的认识误区下，存在着"产业—专业—就业"的线性行动逻辑。由此，本书分析了线性逻辑偏差的根源是对职业教育适应论的机械解读，其实质是忽视了劳动力市场的复杂性。为了更好地理解高职教育与社会发展的关系，本书引入了卢曼的功能结构主义理论，认为高等职业教育作为社会系统的一个子系统，是以"自我指涉"机制运行的自创生系统，其与外界环境是一种主动适应的关系。高等职业教育"自我指涉"机制的背后是高等职业教育内部与外部的"双联动"行动逻辑，其与外在环境耦合关系的实质是以专业群为特色的高职院校人才生产网络的复杂性"化约"经济社会发展对技术技能人才需求的复杂性。

第一节　专业群建设的现实逻辑解析

　　专业群建设的现实逻辑是高职院校在专业群建设实践中的行动规律。笔者通过对川渝的八所高职院校的实地调研发现，专业群已成为高职院校的专业教学组织或者人才培养模式改革的方向，并秉持"产业—专业—就业"的线性逻辑。此线性逻辑的理论根源是对职业教育适应论的机械解读。对职业教育适应论的机械解读忽略了劳动力市场的复杂性，致使高职院校专业群建设无法及时反映就业市场的人才需求变化，进而影响其人才培养质量。因此，重新审视职业教育与社会发展的单向的、线性的适应关系，成为当前高职院校专业群建设所亟待解决的问题。

一　理论根源：职业教育适应论的机械解读

高职院校在进行专业群建设时，在就业导向理念的认识误区下，秉持"产业—专业—就业"的线性逻辑，即完全按照产业集群的发展来确定专业群的专业设置、培养目标、教学内容，以期提高人才培养质量和针对性，提升毕业生的就业率和对口率。"产业—专业—就业"的线性逻辑是对职业教育适应论的机械解读，在面对知识社会中劳动力市场的不确定性和复杂性日益凸显的时代，专业群建设的线性行动逻辑在提高毕业生就业率和对口率的同时，为"高就业率"和"低就业质量"埋下了伏笔和风险。

对于教育与社会的关系的讨论由来已久，最初表现为教育与社会的"适应论"，如潘懋元在1980年提出"两个规律"理论，即教育的内部规律与外部规律，并认为教育作为社会的子系统，既受到社会系统及其子系统的制约，又要为其服务。1992年，吴光普提出"教育的适应性是其发展的动力，并以其作指导来深化教育改革"[①]。随后，有学者分析了教育适应社会经济的必然性、特点、层次与内容，认为"教育与社会适应存在主动适应、全面适应、有保留地适应、接轨说等四种方式"[②]，并认为适应不等于照搬市场经济的运作机制，各级教育在适应市场经济的需要上不应"一刀切"，适应绝不意味着需要改变教育的基本属性[③]。1996年，鲁洁教授正式提出了教育的"超越论"，并认为"人是一种超越性的存在，超越是人的存在方式"[④]，"教育作为一种培养人的实践活动，它必然具有超越的特征"[⑤]。教育的超越性是指能够培养出具有实践意识和能够改造现实世界的人。鲁洁从教育哲学观上实现"从适应论到超越论的根本转变"[⑥]。还有学者认为，"适应"与

---

① 吴光普：《论教育的适应性》，《教育研究》1992年第12期。
② 范国春：《"教育适应市场经济"理论研究述评》，《教育研究》1995年第8期。
③ 张人杰：《对"教育应适应市场经济需要"之再思考》，《高等教育研究》1994年第3期。
④ 鲁洁：《超越性的存在——兼析病态适应的教育》，《华东师范大学学报》（教育科学版）2007年第12期。
⑤ 鲁洁：《论教育之适应与超越》，《教育研究》1996年第2期。
⑥ 同上。

"超越"相互依存的关系,从教育和人的本质,以及教育与社会和个人的关系两者来看,教育总是表现出"适应"与"超越"两种追求,并处于对立统一的矛盾中,"适应"是"超越"的基础,并制约其内容和水平,"超越"引导着"适应",并赋予其意义和价值①,因此,教育兼具"适应"与"超越"的二重性②。

在普通教育领域,教育与社会的关系存在"适应性"还是"超越性"的讨论,本质上就是教育的"社会本位"与"个人本位"的哲学观的对话。然而,职业教育作为教育的一种类型,因其产生、发展与社会经济密切相关,从其诞生伊始,职业教育应适应经济社会发展的职业教育适应论,便是职业教育与社会关系的主流。社会经济包括社会分工、经济结构和技术进步三要素,其与职业教育的关系表现为以下三个方面。

(一)"社会分工是指社会经济活动中的劳动分工,是对社会经济活动中的不同部门,以及生产中的不同工序配置不同的劳动力,实行分工协作,提高劳动生产率"。③ 社会分工包括主体分工与客体分工两个部分,主体分工是对劳动者以一定程度稳定在劳动活动中的分工,客体分工是对劳动过程进行分解的分工。"一切社会分工都是主体与客体两个方面的统一体"。④ 在人类社会的发展历史上,经历了农业与畜牧业、手工业与商业、工厂手工业、机械大工业和生产自动化分工等几大阶段,由此,社会分工出现了日益精细化和专业化的发展趋势。与社会分工的趋势相一致,社会中的职业也在不断发展。职业的结构总是与社会生产力结构和技术结构相协调,职业也不断存在着老职业退出和新职业出现的更新迭代。职业结构的演变是对社会发展中新技术、新产业、新生产关系的反映,其实质是反映了社会分工的变化。由此,伴随社会分工的演变趋势,职业也逐渐具有了独立的专业化的特征。与社会分工和职业结构发展的规律类似,职业教育也逐渐走向制度化并进入了正规学

---

① 尹艳秋:《论教育理想生成的基础:适应与超越》,《苏州大学学报》(哲学社会科学版)2004年第6期。
② 冯向东:《走出高等教育"适应论"意味着什么——对教育"适应论"讨论的反思》,《北京大学教育评论》2012年第4期。
③ 米靖:《现代职业教育论》,天津大学出版社2010年版,第103—105页。
④ 解战原:《当代社会分工论》,中国政法大学出版社1991年版,第35页。

校教育体系之中，同时根据社会分工、职业结构和技术结构，形成了系统的专业设置和课程内容体系。因此，社会分工和职业结构发展推动了职业教育的产生、发展和制度化的形成。

（二）经济结构是指经济的构成要素及其相互联系，根据不同的分类标准可以将其分为生产结构、就业结构、教育结构等，教育结构包括职业教育自身都是经济结构的要素和重要组成部分。从经济结构的发展过程来看，人类历史不同阶段的经济结构的复杂性与成熟程度会影响职业教育的一些根本性的特征。早期的人类社会主要是以狩猎、采集等简单劳动为基础，并未形成系统的经济结构，因此，职业教育还处于萌芽时期，并未与家庭教育独立开来。从奴隶社会到封建社会，伴随人类社会经济结构由农业逐渐分化出手工业、商业等生产部门，职业教育也开始出现由父子相传逐渐过渡到学徒制的形式。步入工业社会后，伴随社会化大生产的进行，经济结构中产业结构、技术结构的变迁催生了正规化的职业教育学校，其专业设置和课程内容也与经济结构相适应和协调，并推动职业教育在层次结构中的复杂化和高级化发展。当代社会中新兴产业结构的兴起，都对职业教育的规模、结构、专业、课程等产生深远的影响。因此，可以看出，社会的经济决定了包含专业设置、课程设置和层次结构在内的职业教育的结构。

（三）技术进步伴随人类社会的进步而不断地发展。在人类社会的近代发展史上，发生了四次技术革命，第一次是以蒸汽机的发明和应用为标志，机械生产代替手工劳动，使人类社会进入了工业社会；第二次是以电的发明和电力的广泛应用为标志，使人类社会进入了电气化社会；第三次是以计算机的发明为标志，使人类社会进入了信息社会；第四次是以人工智能技术为标志。技术进步使得社会产业结构从农业转向工业，从工业转向服务业，进而对从业人员的知识结构和技能结构的要求也发生了较大的变化。由此，技术进步制约了职业教育的专业设置与教学内容，而职业教育也通过自身人才培养组织形式和内容的变革来培养能够适应技术进步的技术技能人才。

因此，可以看出，在社会经济的三要素中，"社会分工推动了职业教育的发展，经济结构决定职业教育结构，技术进步制约了职业教育内容"[①]，同

---

① 米靖：《现代职业教育论》，天津大学出版社 2010 年版，第 103—112 页。

时，职业教育通过技术技能人才的培养来回应社会技术进步和经济结构的转变。因此，职业教育适应论具有一定的合理性。然而，高职院校在进行专业群建设时，在就业导向理念的认识误区下，按照"产业—专业—就业"的线性逻辑，完全按照产业集群的发展来确定专业群的专业设置、培养目标、教学内容，强调专业设置、课程内容、教学过程分别与产业需求、职业标准、生产过程的无缝对接，以期能够提高人才培养质量和针对性，提升毕业生的就业率和对口率。"产业—专业—就业"的线性逻辑仅强调了职业教育单方面适应社会经济发展，而未关注到职业教育对社会经济发展的促进作用。因此，"产业—专业—就业"的线性逻辑在本质上是对职业教育适应论的机械解读。

二 实质反思：劳动力市场复杂性的忽略

高职院校在进行专业群建设时，在就业导向理念的认识误区下，秉持"产业—专业—就业"的线性逻辑，通过提升职业教育与岗位需求的针对性，进而提高职业教育毕业生的就业率与就业质量。然而，在线性逻辑的背后，忽略了一个不争的事实，那就是劳动力市场的复杂性。

劳动力市场是配置劳动力并且协调就业决策的市场。通过劳动力市场，形成了对劳动力资源进行配置和调节的一种机制，进而将其配置到相应的行业及岗位。作为培养劳动力的机构，高职院校必须能够及时了解劳动力市场的最新动态，才能够培养能够满足社会需求的技术技能人才。然而，劳动力市场的复杂性决定了职业教育自身难以快速、准确地反映劳动力的需求类型、层次和数量。

科学技术的发展以及由此带来的社会分工的复杂性决定了劳动力市场的复杂性。技术进步使得产业技术结构发生变化，从业者必须具备相当的知识和技能水平才能适应工作的要求。与此同时，技术进步也不断导致以高新技术为支撑的新兴产业部门涌现，从而导致社会产业结构发生巨大变化。而社会产业结构的变化在本质上反映的是社会分工的变化。当前，产业结构转型升级已经成为各区域经济发展的核心战略并由此带来区域经济内部产业的专业化分工，而专业化分工所带来的生产技术和方法的复杂性则对劳动力需求的数量、类型和层次提出了更高的要求。"劳动力市场上的雇主需求是复杂的，他们处于高度竞争的全球化市场之中，需要应对各种不断变化的经济趋势"①,"而企业的劳动力需求又分为短期劳动需求和长期劳动需求,而由于受到工资价格、生产要素成本等因素的影响,短期劳动需求和长期劳动需求的调整幅度也不相同"②。由此,产业内部不同行业的劳动力需求是无法仅仅依靠单个用人企业用工需求的简单相加来得出的,这就使得整个劳动力市场人才供求关系变得异常复杂。

知识社会中知识经济的快速发展,正在创造新的以知识为本的职业和岗位群。这些职业需要从业者持续地学习和提升,他们不仅需要具备该工作的特定知识和技能,而且需要具备高度有序的思维水平、解决问题的能力、人际沟通能力、自我学习能力等。因此,以提供某种特性知识和技能为未来工作做准备的理念和实践模式的职业教育必须打破,进而提供适应工作动态发展的知识和技能体系。由此,职业教育必须关注个体的终身发展,强调培养学生个体的可持续发展能力,并应认识到未来的从业者必须同时具备扎实的基础文化知识和专门的职业技能,具备终身学习和转变职业生涯的能力,而不再终生从事于某一固定和单一的技术工作部门。

面对复杂多变的劳动力市场以及知识社会对于劳动力需求的变化,作为培养专业化劳动力的教育类型,职业教育自身难以快速、准确地反映劳动力的需求类型、层次和数量。高职院校专业群建设如果仅仅遵循"产业—专业—就业"线性逻辑,就会使得专业群建设无法及时反映就业市场的人才需求变化,进而影响其人才培养质量。因此,重新审视职业教育与社会发展的单向的、线性的适应关系,成为当前高职院校专业群建设所亟待解决的问题。

第二节 高职教育与社会关系的再审视
——基于卢曼的社会系统理论

为了更好地理解高职教育与社会发展的关系,笔者引入了卢曼的社会系统理论。卢曼社会系统理论的形成是以系统论和复杂性被引入社会

---

① [英]耶胡迪·巴鲁:《职业生涯管理教程》,陈涛、孙涛译,经济管理出版社2005年版,第7页。

② 曾湘泉:《劳动经济学》,复旦大学出版社2003年版,第47—48页。

理论为背景,以对帕森斯结构功能主义的批判与修正作为自身理论的起点,提出了功能结构主义理论。功能结构主义理论以"系统/环境"作为自身的概念框架,社会系统被看作以"自我指涉"机制运行的自创生系统,具有结构开放和组织闭合、结构决定和结构耦合特征。而高等职业教育作为社会系统的一个子系统,也可视为以"自我指涉"机制运行的自创生系统,其与外界环境是一种主动适应的关系。

一 社会理论中系统论与复杂性的引入背景

从知识体系形成的社会背景来分析,作为重要的社会学家,卢曼的社会系统理论却是受到了近代自然科学理论的启发。自然科学从近代文艺复兴和启蒙运动以来,日益受到国家和社会的重视,尤其是以牛顿物理学为代表的一系列自然科学知识逐渐取代了传统哲学和神学在知识领域的统治地位。近代自然科学不仅创造了一种新的理论体系,更是对于研究方法和价值观念的革新,其秉持机械唯物论的思维模式,认为一切事物是由原子构成的,一切实体都可以最终分解为相互独立的各个部分,并以可重复性的科学实验为方法来探寻事物背后隐藏的规律与准则。这种归纳或者演绎的科学探究方式,基本上是在一种线性因果观的逻辑下探究事物的普遍规律。

然而,这种线性因果观的思维逻辑在20世纪的生物学领域却受到了挑战。近代生物学家发现,其所研究的对象——生物体,事实上从来不能被完全地分割成单一的个体现象。由此,生物学研究领域产生了从个别现象走向系统研究的典范转移,其研究范式开始从研究个体开始转向关注相关性的系统论转变。系统,就是相互作用与相互制约的各个要素与整体构成所形成的统一体,而"系统论则是以系统为研究对象解释适用于一般系统或子系统的模式、原则和规律,并进行数学描述来构成的学科"[①]。20世纪50年代,一般系统论的开创者动物生理学家贝塔朗菲(Bertalanffy)从生物学研究中总结出了一般的系统观。他认为,系统是一个相互关联的整体性网络,在系统和环境之间存在一条明确的界限,同时,对于生命系统而言,其具有"组织化的复杂性",即生命系统在面对与环境相互作用的复杂性和不可预测性时,其内部会进行高度自律的

---

① 姜秀乐主编:《系统科学词典》,陕西人民教育出版社1991年版,第4页。

参照活动①。伴随系统科学的进展，以"非线性""不确定性""自组织性""涌现性"为特征的复杂性科学开始兴起。而哲学家埃德加·莫兰则首先提出了复杂性思维理论，他认为"复杂性就是同一性与多样性之间的联系"②，在认识由不同要素构成的一个整体时，这个整体与其背景间以及整体和部分间所存在的相互作用与反馈即为复杂性的表现。复杂性实现了对机械"还原论"和"整体论"的超越，注重系统的相关性、偶然性、多样化与整体性的联系，进而深化了系统科学的研究。

随着系统论和复杂性的提出，科学研究开始从传统的线性因果观的思维方式，朝向一种复杂、多重因果观的思维方式转变。在此基础上，基于系统的复杂性和自组织性，生物学家马图拉纳和瓦雷拉于1974年提出了一个解释生命本性的理论——自创生理论③。自创生理论从系统生物学出发，基于生命机体自身的视角，尝试探讨最小的生命系统细胞是如何工作的，并描述了细胞如何自治地维持其生存所必需的组织形式和操作过程。细胞作为自创生系统，有三个特征：存在一个半渗透性的边界即细胞膜将自身与外部环境相区分，细胞膜是选择性的，它能够允许一些化学成分进入细胞内部，也可以阻挡大多数化学成分进入细胞内部，即细胞膜可以根据细胞自身的需要来选择性地决定外部环境中化学成分的进入；细胞的边界即细胞膜是由细胞自身生产出来的，细胞内部可以看作一个闭合的化学成分生产网络，而其代谢网络生产的成分维持了细胞的构成，包括细胞膜，进而可以将细胞自身与外界环境区分开来；细胞内部代谢的生产成分也同时参与细胞自身的代谢网络，进而维系了整个细胞的延续④⑤。马图拉纳和瓦雷拉用图5—1展示出了细胞的自创生过程。

---

① ［奥］贝塔兰菲：《一般系统论》，秋同、袁嘉新译，社会科学文献出版社1987年版，第10—15页。

② ［法］埃德加·莫兰：《复杂性理论与教育问题》，陈一壮译，北京大学出版社2004年版，第27页。

③ Maturana, H. R. & Varela, F. J., *Autopoiesis and Cognition: The Realization of the Living*, Boston: D. Reidel Publishing Company, 1980, pp. 27 – 35.

④ Maturana, H., "The Biological Foundations of Self-conscious-ness and the Physical Domain of Existence", in Caianiello, E. (ed.), *Physics of Cognitive Processes*, Singapore, World Scientific, 1987, pp. 324 – 379.

⑤ Luisi, P. L., "Autopoiesis: A Review and Reappraisal", *Naturwissenschaften*, No. 9, 2003, pp. 49 – 59.

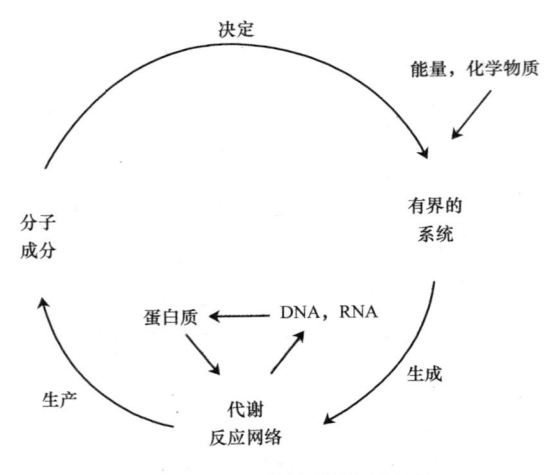

图 5—1 细胞的自创生过程

自创生系统具有结构开放和组织闭合、结构决定和结构耦合两组特征。组织是指系统各成分之间的关系，并决定系统的性质；结构则是系统内某一组织的成分与关系的全部集合。"具有相同组织的统一体可以有不同的结构，而一个特定实体的结构可以在其组织不变的情况下发生变化，组织是抽象的，而结构是具体的。"[①] 系统结构的具体成分及其关系是不断变化的（称为结构开放），而结构开放特征则使得自创生系统在面对外在环境的刺激和干扰时能够通过自身结构的重组来应对。而系统的具体成分和结构的改变不会导致组织的变化称为组织闭合，其可以保证一个自创生系统自治的同一性[②]。结构决定是指外在环境只能对自创生系统产生刺激，但具体接受何种刺激以及做出何种反应是由自创生系统内部结构决定的。这也从另外一个角度说明了自创生系统是一个自治并且自持的系统。结构耦合是指自创生系统在外在环境的刺激下，秉持组织闭合和结构开放的原则，通过其内部结构的变化来形成与外部环境的动态相应性。因此，结构耦合特性表明了自创生系统与环境"在某种程度上是相互催生的，并在结构耦合的相互催生过程中共同涌

---

① Mingers, J., "Can Social Systems Be Autopoietic Assessing Luhmann's Social Theory", *The Editorial Board of the Sociological Review*, Blackwell Publishers, 2002, pp. 278 – 299.

② 李恒威、徐怡：《从生物自创生到社会自创生》，《自然辩证法研究》2014 年第 4 期。

现出来"①。

伴随系统科学和复杂性科学在生物学领域的发展，以帕森斯为代表的社会学家将系统理论引入社会系统理论之中，并发展了描述社会运行规律的结构功能主义学派。

二　卢曼对帕森斯结构功能主义的批判与修正

（一）帕森斯结构功能主义的核心观点

对科学理论的发展过程来讲，其核心论题是科学的概念架构是否能如实地说明实际的具体现象，即科学的规律或准则与实际现象间的关联性。对于社会理论的建构也是如此，其面临的难题是如何描述社会的实际运行机制。在经历了实证主义、人文主义、批判主义等不同理论传统之后，帕森斯试图从系统的关联性来说明社会个体行动间的相互关联性，并发展为结构功能主义的理论流派。帕森斯是较早将系统论引入社会学的研究领域。他的理论起点是社会行动和社会秩序如何运作。他分析了社会行动的组成要素及其次级结构，并认为结构及其功能是维系社会发展的动因，认为共同的价值取向是维系社会秩序、促进社会变迁的动力。

社会是一个复杂的系统。社会的因果关系是复杂的，因为所有的机制，包括政治、经济、文化等都是相互影响的。因此，社会可以看作由相互联系的各部分组成的一个系统。而社会学的研究对象基本不是个体的社会行动，而是这些社会行动在各自的社会系统背景中所呈现的结构与功能②。社会行动包括行动主体（包括个人、群体或组织）、情境（指环绕行动主体的对象或脉络，包括物理对象与社会对象）、主观意义（行动主体对于特定情境所感受到的一种回应与诠释）、规范准则与价值（行动主体必须依社会价值去抉择行动目的，并依社会规范去引导自己的行动）。③

社会行动体系结构包括行为有机体、人格体系、社会体系以及文化

---

① Thompson, E., *Mind in Life: Biology, Phenomenology, and the Sciences of Mind*, Harvard University Press, 2007, p.60.
② ［美］兰德尔·柯林斯、迈克尔·马科夫斯基：《发现社会——西方社会学思想述评》，李霞译，商务印书馆2014年版，第332—342页。
③ 陈秉璋：《社会学理论》，中国台湾三民书局1985年版，第286—287页。

体系等次级体系①，其中行为有机体是最基本的单位，而人格体系、社会体系以及文化体系等是用来应付及适应行为有机体的。行为有机体指的是由包括神经系统在内的人的生理体系；人格体系是由动机或需求所组成的，本质上是社会的，亦即在社会化过程中习得的，在行动体系里是行动者；社会体系是由社会角色所组成的，这个角色是指个人亦即别人所期望他做的事情，即角色期望；文化体系是指行动者由学习而得的部分，包括价值、规范、知识、信念等。

社会结构的发展动因存在于和其他结构的关系中，社会的各个部分都可以当作其他机制的功能，它们之间进行着功能交换、相互支持。他认为，任何社会组织都必须满足四项功能，即维持基本的文化模式（由教育和家庭社会化来完成）、使社会成员整合进和谐的行为体系中（由宗教和法律体系来完成）、达到共同体的目标（由政治来完成），以及适应环境（由经济来实现）。

表5-1　　　　　　　　　　帕森斯 AGIL 分析框架

	手段	目的
外部	A（适应）	G（目标达成）
内部	L（潜在维持模式）	I（整合）

任何社会组织都必须具有适应、潜在维持模式、目标达成和整合四项功能。② 适应功能是指借助建立社会行动体系与环境间的适应关系，进而社会系统可以从外在环境汲取资源并进行转换来满足社会行动体系的内部需求；潜在维持模式功能是指社会行动体系在社会规范与价值支配下活动；目标达成功能是指所有社会行动体系都能够界定其目标，并通过所拥有的资源和能力来实现其界定的目标；整合功能是指社会组织通过协调内部各部分间的合作关系来维持其行动体系的稳定性。任何行动体系，为了发挥外部功能，需要以适应的手段来达成目标；为了发挥内部功能，需以维持模式的手段来达成内部整合的目的。

---

① 谭光鼎、王丽云：《教育社会学：人物与思想》，华东师范大学出版社2013年版，第122页。

② 陈秉璋：《社会学理论》，中国台湾三民书局1985年版，第291—292页。

社会系统是通过分化或者去分化而发生变迁的。这意味着劳动分工程度的提高，各结构在功能上日趋专门化，或者劳动分工程度降低，而结构则承担更多的功能。帕森斯认为社会秩序是由"价值体系"决定的，因此，价值观变化是社会变迁的首要动力①。社会变迁包括分化、适应力提升、涵摄和价值概括化四个进化的过程②。分化是指任何社会都是由一系列的次体系所组成，当社会演进时，分化出两个或两个以上新的次体系；适应力提升是指分化的结果使得社会单位的资源增加，束缚减少，其适应能力提升；涵摄是指在分化与适应力提升后，系统通过涵摄新的单位与结构，进而整合各式各样的人群；价值概括化是指社会对新分化出来的单位予以合法化。

（二）卢曼对结构功能主义的批判与修正

作为帕森斯的学生，卢曼的社会理论明显受到了老师的影响，其社会理论的形成是在对帕森斯的批判中发展起来的。

1. 从结构功能主义到功能结构主义

帕森斯的结构功能主义理论深刻地解释了社会事物之间的相互关联性，社会的结构就是指社会成员之间具有一定格式的社会关系系统，社会的功能是指社会结构的过程、结构之间的相互作用以及结构与整体之间的相互作用和过程，强调分析整体内部组成结构间的功能结合关系和整体与部分间的功能关系③。结构功能主义理论将社会系统视为一个各部分相互联系、相互作用的具有均衡结构的整体，其探讨的是如何维持系统结构所需的功能条件。

帕森斯的结构功能主义系统论是在社会结构中以各要素形成一定的均衡状态为前提条件来探讨社会维持的功能条件，注重社会结构的均衡与稳定而忽略了其变化，因此，对于社会变迁来讲解释力不够。为此，卢曼尝试将社会系统的结构作为问题，通过对系统为了应对外在环境的复杂性问题而分化出来、满足一定功能的子系统的认识来探究系统的结

---

① ［美］兰德尔·柯林斯、迈克尔·马科夫斯基：《发现社会——西方社会学思想述评》，李霞译，商务印书馆2014年版，第332—342页。
② 谭光鼎、王丽云：《教育社会学：人物与思想》，华东师范大学出版社2013年版，第123—124页。
③ 陈秀萍：《功能、结构和社会系统——简介卢曼的功能结构系统理论》，《社会》1985年第4期。

构，强调功能不是一个对现有结构的解释模式，而是一个起调节作用的意向模式，结构是通过意向选择而形成的意向草图[①]。与帕森斯认为社会系统是先有结构再有功能不同的是，卢曼认为社会系统应是功能预设在先进而形成与之相对应的结构。鉴于卢曼与帕森斯社会系统论间的内在联系，人们将卢曼的社会系统理论称为"功能结构主义"。与结构功能主义强调通过分析功能来维持结构的稳定性不同，功能结构主义强调如何通过自身的活动而实现与环境的区分与互动。

2. 从价值共识到自我参照

结构功能主义系统论强调社会的稳定性，对于社会系统之间是如何通过互动来实现社会整合的，帕森斯提出通过"共享的象征系统"，即价值共识的文化方案来促进社会系统间的整合。在社会互动结构中，一方行动者的行动选择具有高度的不确定性，其高度依赖另一方行动者选择的可能性来做出选择，帕森斯将这种双重的不确定性和依赖性称为"双重偶联性"[②]。为了实现社会互动，可以通过"共享的象征系统"来实现社会互动的沟通。

帕森斯的结构功能主义理论将社会互动的双方理解为具体的个人，进而可以尝试构建共享的价值系统来实现沟通。然而现实中社会互动的主体可能是两个人、两个集体甚至是两个系统，由于互动双方都具有多种选择的可能性，以及现代社会的复杂性与不确定性，因此，双方都视对方为"黑匣子"，双方都是按照被自身化约的对方的形象与假设来自我参照地决定自己的行为。因此，卢曼提出了两个层次的自我参照来解决双重偶联性结构的困境。第一个层次的自我参照是交互主体将对方看作另一个"我"，即通过参照自己来观察对方；第二层次的自我参照即系统根据对于交互主体的期待与选择来设置条件，加强某些选择的可能性，并且限制其他选择，进而做出选择来实现交互主体的沟通。在系统理论视角下，双重偶联结构中的自我和他我如同社会系统与环境的关系，而

---

① 陈秀萍：《功能、结构和社会系统——简介卢曼的功能结构系统理论》，《社会》1985年第4期。

② 泮伟江：《双重偶联性问题与法律系统的生成——卢曼法社会学的问题结构及其启示》，《中外法学》2014年第2期。

自我与他我选择的多种可能性与互为条件,意味着环境的复杂性①。因此,在卢曼的功能结构主义思想中,社会系统互动是通过"二阶"的自我参照以"自身的复杂性来化约外部的复杂性"进而塑造自身的边界,并将社会系统与外界的环境区分开来。

(三)卢曼功能结构主义理论解析

卢曼认为,在系统论的发展历史上,发生了两个范式的变化:一个是以系统和环境的区分代替整体与部分的区分,一个是环境开放性概念向自我参照与自我指涉的概念转变。因此,卢曼的功能结构主义理论认为,社会系统被视为一个基于组成要素和相关关系并与周围环境构成多层次结构体的动态调整体系,在这一多层次结构体内部,社会系统借助与环境的互动进而将环境中的可能性转化为自身系统的组成部分,而社会系统的产物也可称为外在环境选择的结果,继而扩大社会系统自身的活动场域和运作的可能性参照②。

1. 概念框架:从整体/部分到系统/环境

帕森斯认为社会系统是由多个要素组成的均衡状态,然而,这种观点的基本假设是系统是以封闭状态运行的,与外界环境不存在信息和能量的交换,系统的结构是稳定的,系统内部的组成部分是同质的,因此,可以用整体与部门的关系来分析系统自身与其子系统的结构和功能,进而探究系统的运行机制。然而,帕森斯所预设的系统结构仅仅是一种抽象的概念,在现实当中,不受环境影响的、孤立运行的系统是不存在的。卢曼认为系统是基于要素和关系的开放的动态体系,其结构也是在与环境不断进行信息和能量的互动中不断发生变化,进而来维持系统的运作。因此,卢曼更加强调的是系统/环境的区分,探究系统如何通过结构的变迁来实现其同一性运作。

卢曼认为,系统是开放性的,其结构是不稳定的,系统一直处于与外界环境的能量和信息的交换当中,主动调整自身的结构进而对环境的刺激进行反馈。因此,研究系统不可能脱离环境而单纯谈系统的内部运行,而应将系统与环境视为一个整体来探究系统的运行。系统是系统和

---

① 泮伟江:《双重偶联性问题与法律系统的生成——卢曼法社会学的问题结构及其启示》,《中外法学》2014年第2期。

② 丁东红:《卢曼和他的社会系统理论》,《世界哲学》2005年第5期。

环境的差异的统一体①，也就是说，系统与环境构成了一组区别，没有环境就没有系统，没有系统就没有环境，两者是互为定义的关系。"一个系统的结构和过程只有在与环境的关联中才能存在，而且只有在这样的关联中加以考虑才有可能被理解……我们甚至可以说系统就是它与环境之间的关联，或者说系统就是系统与环境之间的关联。"② 卢曼认为，系统与环境的划分是系统论的一个核心范式。首先，系统与环境是相对的关系，环境不仅可以为系统提供能力和信息，也是系统相关的情境，还是系统形成的要素，而且不同系统间可以互为环境。同时，与整体和部分的区分强调系统的同质性不同，系统与环境的区分强调异质性，卢曼认为，更好的理论架构方式应是始于差异而终于一个更好的差异。

卢曼是在"系统/环境"的概念框架中解释社会分化与进化。在卢曼看来，社会系统是具有复杂性的，包括人的主观旨意的不确定性、社会结构的多层次性和异质性与功能分化导致的复杂性③。然而，环境总是比系统本身更为复杂，其承载了大量的复杂的系统，因此，在面对包含大量复杂系统的环境时，社会系统的复杂性会由此产生各式各样的不平衡现象。此时，社会系统作为以自我指涉机制运行的自创生系统，会不断地利用自身的复杂性和自我的区分化来化约外在环境的复杂性，并在这个过程中使自身得到演化和进化④。系统的分化无非是重复系统与环境的区分，总系统因此可把自己当作自身子系统的环境，而分化的系统不再仅仅由部分以及部分之间的关系组成，而是由相对较多的可操作利用的系统环境区分组成。系统与环境的区分对分化的社会能提供更好的分析，它不但有利于更准确地理解同一性，而且有利于理解同时在子系统的区分中运用不同观点的可能性。因此系统理论明确地使用自己的主导差别，即系统与环境之间的差别⑤。

---

① 葛星：《卢曼社会系统理论视野下的传播、媒介概念和大众媒体》，《新闻大学》2012 年第 3 期。
② 汤志杰：《社会如何可能：卢曼的观点》，《思与言》1994 年第 32（2）期。
③ 秦明瑞：《复杂性与社会系统——卢曼思想研究》，《系统辩证学学报》2003 年第 1 期。
④ 焦瑶光、吕寿伟：《复杂性与社会分化——卢曼社会系统理论研究》，《自然辩证法》2007 年第 12 期。
⑤ 罗文波：《卢曼的自我创生法律系统论研究——法律自治性追寻》，山东大学博士学位论文，2008 年，第 17 页。

2. 核心理论：基于自我创生理论的自我指涉机制

卢曼认为社会系统作为开放的系统，在系统/环境的概念框架下自组织地运行，那么系统具体的运行机制是什么呢？为此，卢曼引入了生物学上的自我创生理论，认为社会系统是按照自我指涉的方式运行的。

如前文所述，自创生理论描述了细胞如何自治地维持其生存所必需的组织形式和操作过程，受其启发，卢曼对自创生的内涵进行了改造，从生物学上的物质成分的生产转化为社会化的意义生产，将自创生理论引入社会系统中来。卢曼认为，社会系统也是一个自我创生的系统。社会系统具有明确的边界，即社会系统是由系统自身与外在环境组成的统一体。系统自身与外在环境具有明确的边界，系统内部的构成要素及其关系是不断变化的，进而应对外界环境的刺激，呈现出结构开放的特征。同时，社会系统的要素及要素间关系的变化不会影响组织功能的变化，呈现出组织闭合的特征；社会系统是以自我参照的方式运行的，并根据自身生产网络来生产组成要素，其实质是外在环境只能对自创生系统产生刺激，但具体接受何种刺激以及做出何种反应是由自创生内部结构决定的，呈现出自治、自持的结构决定的特征和与外部环境的动态相应性的结构耦合特征。

作为自创生的社会系统，卢曼认为其是以"自我指涉"的运作机制、通过社会结构变迁来保持其同一性的。指涉就是做出一个区分并标识出区分两个侧面中的一个侧面，区分即差异，由差异所构建的情境就被称为差异的统一，指涉运作过程就是事物通过否定对方的方式被选择和确定，设定差异与标记差异是两次不同但几乎同时的操作，两者组合为一个操作单位。而系统的自我指涉是指系统通过自我观察进而在自己与他者的关联中指陈出自己的一种运作，在此过程中，系统不断地通过观察自己与环境的差异，再度确认自己的状态并对所面临的问题做出反应，同时所做出的反应反映出它与环境间的差异。换句话说，系统在这种自我指涉的过程中，会不断将它与环境间的差异带入系统中，同时借由这种自我指涉的方式，进一步在系统内部产生系统分化，进而来因应环境变迁，但其分化的主要依据仍是根据系统本身的内部条件进行调节的。因此，就系统本身对于自己/环境的差异而言，系统是开放的，对于系统本身对这种差异的自我调节而言，系统确实是封闭的。因此，自我指涉的系统是既封闭又开放的系统①。

卢曼将"沟通"看作社会系统的基本要素，社会系统就是一种在一个封闭循环的过程中不断地由沟通制造出沟通的自我指涉的系统，相对于外部环境，其具有开放性的特点，而在具体操作上，其又具有封闭性的特点②。自我指涉是一种可以实现系统与外在环境沟通的功能，其可以通过增加社会系统自身的复杂性来化约外在环境的复杂性，进而能够维持系统的存在。社会系统自我指涉的发生需要"功能的特定化"与"符码化的实现"两个条件③。"功能的特定化"是指社会系统得以存在的基础在于其子系统的功能的确定，但是其子系统功能的特定化并不代表子系统的功能是一成不变的，而且子系统的功能是由社会系统本体功能的变体或衍生。同时，自我指涉的沟通功能实现还有待于沟通过程的符码化。沟通由讯息、告知和理解等三个选择过程所组成，其过程是以二元符码（相当于媒介）的形式运作的。二元符码是在指涉的运作中，每个被指陈的事物必须通过否定对方的方式才能被确定下来，其本质是由一对差异构成，基本形式为正值/负值。通过对沟通的三个选择过程预设符码，告知的过程必须将讯息再复制，一方面将讯息放在系统外边，另一方面却又为了告知而将讯息以适当的方式表述一次。在这个过程中，事件会按照系统的区分标准（也就是纲要）被区分为"符码化"和"未符码化"，而符码化的事件，则会被引入系统中，进而促进系统的理解。因此，符码化本质上是系统对外界刺激的识别与筛选机制。

三 作为自创生系统的高职教育内涵认识

与卢曼将社会系统视为自创生系统的观点相一致，笔者认为，高职教育自身也是一个自创生系统。生物学家马图拉纳和瓦雷拉通过对细胞的现象学考察，给出了自创生标准的定义，即系统存在一个半渗透性的边界将其自身与外部环境相区分，此边界是由系统内部的生产成分制造

---

① 谭光鼎、王丽云：《教育社会学：人物与思想》，华东师范大学出版社2013年版，第337—339页。

② 周志家：《社会系统与社会和谐——卢曼社会系统理论的整合观探析》，《第四期中国现代化研究论坛论文集》，2006年8月，第116—120页。

③ 王红雨、闫广芬：《大学与社会关系新探——以卢曼的社会系统理论为中心》，《高教探索》2016年第5期。

出来的，而且系统内部存在代谢网络来生产系统的组成成分。同时，自创生系统具有组织闭合和结构开放、结构决定和结构耦合两组特征，即系统结构的具体成分及其关系是不断变化的，使得自创生系统通过结构的重组和变化应对来自环境的干扰，而系统的具体成分和结构的改变不会导致组织的变化，进而保证一个自创生系统的自治的同一性。同时，外在环境只能对自创生系统产生刺激，但具体接受何种刺激以及做出何种反应是由自创生内部结构决定的，进而通过其内部结构的变化来形成与外部环境的动态相应性。通过与马图拉纳和瓦雷拉所阐述的细胞的自创生过程相类比，高职教育自创生过程如图5—2所示，其与外界环境是一种动态、主动的适应关系。

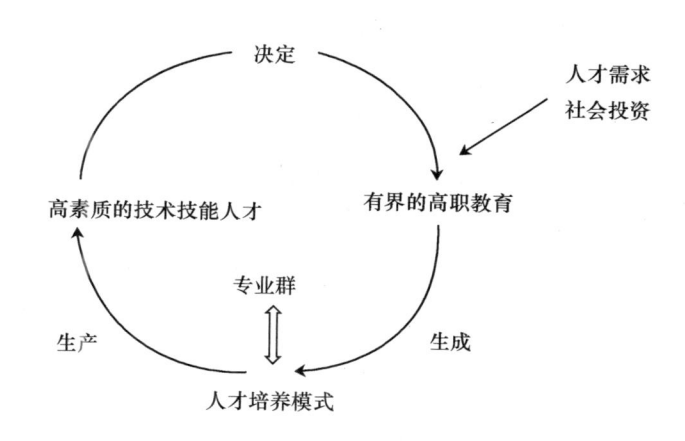

图5—2 高等职业教育自创生过程

高职教育作为一个自创生系统，与外面的社会环境是互为定义的，并存在鲜明的边界，这个边界就是高职教育作为培养高素质技术技能人才的教育类型。高职教育作为教育的一种类型和层次，其目标是培养能够服务经济社会发展需要、面向经济社会发展和生产服务一线的高素质劳动者和技术技能人才，并促进他们的职业生涯发展的教育类型，其作为技术技能人才的供给方与外部环境的技术技能人才的需求方的定位成为高职教育与社会发展的鲜明界限。同时，高职教育内部有着自身的"代谢生产网络"——以"专业群"为特色的人才培养模式，其通过变革传统的专业发展方式和教学组织、实现教育资源的共享以及增强专业设置的灵活性和适应性来提升技术技能人才的质量，通过"专业群"的"代谢生产网络"，生产出符合社会需求的高素质的技术技能人才，进而以人才培养类型的"特性"不断地强化与维持高等职业教育与外部的边界。

同时，高职教育作为一个自创生系统，同样具有组织闭合和结构开放、结构决定和结构耦合两组特征。高职教育人才培养的组织形式是专业群，专业群是高职院校优化专业布局和资源配置的教学组织手段，也是高职专业建设机制和管理模式创新，因此，专业群是高职院校提升专业建设水平的必由之路，具有相对稳定的组织闭合的特点。而专业群的结构内容即常态建设要素包括专业结构布局、课程体系建设、实训体系建设、培养模式改革、师资队伍组建、组织机制设计等要素，其具体内容是可以根据外在的社会需求来不断地调整、重组和改进的，进而使得人才培养的规格能够更好地满足社会发展对于技术技能人才在规模和质量上的需求，具有结构开放的特点。同时，外在的社会需求只能对高职教育这一自创生系统产生刺激，但是如何根据社会需求来调整高职院校人才培养的目标、课程组织、教学方法、评价体系等具体结构，则是由高职教育内部按照其"专业群"的组成结构来进行相应的调整，而不是一味地迎合社会的需求而不顾技术技能人才的成长规律。也就是说，高职教育的人才培养模式是以"专业群"为组织形式，但"专业群"内部的专业构成关系及专业建设要素会随着外部社会发展的需求而变化的，而在面对外部社会的人才需求的时候，高职教育会根据自身的教育规律来调整人才培养模式以期适应外部社会的变化，呈现出自治、自持的结构决定的特征和与外部环境的动态相应性的结构决定和结构耦合的特征。

第三节 高职教育自我指涉机制下"双联动"逻辑解析

高等职业教育作为社会系统的一个子系统，可被视作以"专业群"作为"代谢生产网络"、职业生涯导向作为纲要、"职业人/非职业人"作为"二元符码"的以"自我指涉"机制运行的自创生系统，其与外界环境是一种动态、主动的适应关系。职业生涯导向理念下"自我指涉"机制的实质则是高职教育系统内部与外部的"双联动"行动逻辑。在"双联动"逻辑下，高等职业教育与外在环境耦合关系的实质，是以专业群为特色的高职院校人才生产网络的复杂性来化约经济社会发展对技术技能人才需求的复杂性。

一 高职教育自我指涉的运作机制分析

卢曼将生物学上的自我创生理论引入社会学理论，认为社会系统也是一个自我创生的系统。社会系统是由系统自身与外在环境组成的统一体，系统自身与外在环境具有明确的边界，具有结构开放和组织闭合的特征，并呈现出自治、自持的结构决定的特征和与外部环境的动态相应性的结构耦合特性。作为自创生的社会系统，卢曼认为其是以"自我指涉"的运作机制通过社会结构变迁来保持同一性的，相对于外在环境，其具有开放性的特点，而在内部操作上，又具有封闭性的特点[①]。"自我指涉"是一种可以实现系统与外在环境沟通的功能，其可以通过增加社会系统自身的复杂性来化约外在环境的复杂性，进而能够维持系统的存在。社会系统自我指涉的发生需要"功能的特定化"与"符码化的实现"两个条件[②]。功能特定化指社会系统的功能是相对稳定的，但可以在一定的范围内发生变化；符码化的本质是社会系统对外界刺激的识别与筛选机制，通过符码化可以实现基于系统自身的"纲要"对外界刺激进行选择性反应。

高职教育作为一个自创生系统，其内部有着自身的"代谢生产网络"——以专业群为特色的人才培养模式，通过"专业群"的"代谢生产网络"生产出符合社会需要的高素质的技术技能人才，进而以人才培养类型的"特性"不断地强化与维持高等职业教育与外部的边界。专业群作为高职院校提升专业建设水平和提高人才培养质量的必由之路，具有相对稳定的组织闭合的特点，而其具体结构和内容是可以根据外在的社会需求来不断地调整、重组和改进的，进而使得人才培养的规格能够更好地满足社会发展对技术技能人才在规模和质量上的需求，具有结构

[①] 周志家：《社会系统与社会和谐——卢曼社会系统理论的整合观探析》，《第四期中国现代化研究论坛论文集》，2006年8月，第116—120页。

[②] 王红雨、闫广芬：《大学与社会关系新探——以卢曼的社会系统理论为中心》，《高教探索》2016年第5期。

开放的特点；同时在面对外部社会的人才需求的时候，高职教育会根据自身的教育规律来调整专业群内部的专业构成关系及专业建设要素，进而呈现出自治、自持的结构决定的特征和与外部环境的动态相应性的结构耦合的特征。

作为一个自创生系统，高职教育的运行机制也是以"自我指涉"的方式运行的，同样需要满足"功能的特定化"与"符码化的实现"两个条件。

在功能的特定化上，根据前面对于职业教育本质属性的探讨，高等职业教育具有职业生涯导向性特征。高等职业教育的职业生涯导向性是指在知识社会，高等职业教育的培养目标、办学层次、教学手段和教学管理方式等在传统的农业社会和工业社会基础上发生重要转变，应面向学生的整个职业生涯，以形成包括技术技能、学术技能和就业技能三个部分在内的职业生涯能力为目标，来指导职业教育人才培养活动。在"职业生涯导向"这一"特定功能"指导下的高等职业教育，应秉持以人为本的培养理念，以培养大学生的职业生涯能力为目标，进而在注重个人发展的同时最大限度地对社会需要进行回应。因此，职业生涯导向能够有效融合"个人本位"与"社会本位"的价值取向，进而统一于学生的职业生涯发展。

高职教育的二元符码是什么呢？"高等教育的二元符码是'人/非人'，这是由高等教育的立场决定的，即高等教育的逻辑起点与最终归宿都是人，认识人、培养人、发展人是大学的根本任务，因此，大学的原点在于育人"①。而高等职业教育与普通高等教育都是高等教育的组成部分，其根本任务都是人才培养，普通高等教育培养的是"普适的社会人"，而以"职业生涯导向"为特定功能的高等职业教育，其培养的则是"完满的职业人"。因此，笔者认为高等职业教育的二元符码是"职业人/非职业人"。高等职业教育的二元符码是由高等职业教育的学科立场所决定的。高等职业教育的学科立场体现在对职业教育与人的关系的理解上，即人需要凭借某种技术技能、从事某类职业在社会中生存和发展，而职

---

① 王红雨、闫广芬：《大学与社会关系新探——以卢曼的社会系统理论为中心》，《高教探索》2016年第5期。

业教育的功能是把人导向以职业为载体的工作体系①。"教育就是使人成为人，教育学乃成人之学"②，依此类推，职业教育学是一门是在"成人之学"基础上的"成才之学"。由此，根据职业教育的功能可以看出，高等职业教育是面向"职业"的教育，是以"培养全面发展的完满职业人"为价值追求的教育类型。职业人应具备综合的职业能力，进而才能完全参与职业世界，并积极适应工作岗位的流动和变迁。职业教育不是单纯的就业教育，不能只把培养初次岗位的技术能力作为唯一目标，更应从教育的总体目标和复杂的职业环境出发，以实现学习者的全面发展、促进学习者自我实现作为终极目标。因此，"高等职业教育的最终目的就是培养具有完满职业人格的职业人，即完满的职业人"③。既然高等职业教育的符码是"职业人/非职业人"，因此，"促进人的职业生涯发展"便是高等职业教育的"纲要"，凡是满足这一标准的才是高职教育的范畴。据此，高等职业教育系统可以选择性地理解、接受外在社会环境的人才需求信息，进而主动地、自主地调整自身的人才培养模式及结构。

二 自我指涉机制背后的双联动逻辑解读

据上所述，高等职业教育"自我指涉"机制是在"职业生涯导向"的"功能特定化"的背景下，秉持"职业人/非职业人"的二元符码和"促进人的职业生涯发展"的"纲要"来运行的。凡是满足"促进人的职业生涯发展"这一标准的才是高职教育的范畴，据此，高等职业教育系统可以选择性地理解、接受外在社会环境的人才需求信息，进而主动地、自主地调整自身的人才培养模式及结构。高等职业教育的"自我指涉"机制是在坚持高等职业教育系统与外部社会环境的主导性区分下，面对新时期生产方式和社会发展变化对于技术技能人才需求的复杂性日益突出的现实境遇，高等职业教育通过专业群建设的复杂性变革，通过变革传统的专业发展方式和教学组织，实现教育资源的共享与增强专业设置的灵活性和适应性来提升技术技能人才的社会适应性，进而以具有

---

① 徐国庆：《职业教育原理》，上海教育出版社2007年版，第34页。
② 项贤明：《泛教育论——广义教育学的初步研究》，山西教育出版社2000年版，第521页。
③ 陈鹏、庞学光：《培养完满的职业人——关于现代职业教育的理论构思》，《教育研究》2013年第1期。

专业群"特色的高职人才培养组织的复杂性来化约经济社会发展对技术技能人才需求的复杂性。因此，高等职业教育的"自我指涉"机制背后就是高等职业教育内部与外部的"双联动"发展逻辑，并服务于学生的职业生涯发展。

"联动"是指若干个相关联的事物，有一个运动或变化时，其他的也跟着运动或变化①，即联合行动。"联动逻辑"是指高等职业教育与外部社会作用的相互关联的规律，包括高职教育的内部联动以及高职教育与外部的"外部联动"。由此可见，高职院校的"自我指涉"过程在本质上遵循的是高职教育与社会环境的"双联动"逻辑。高等职业教育"双联动"逻辑，即通过高职院校与教育部门、用人单位、人社部门等的"外部联动"以及高职院校自身的招生部门、教务部门、就业部门的"内部联动"，实现人才需求信息与人才供给信息的共建共享与传递反馈，进而服务于大学生的职业生涯发展。其运行如图5—3所示。

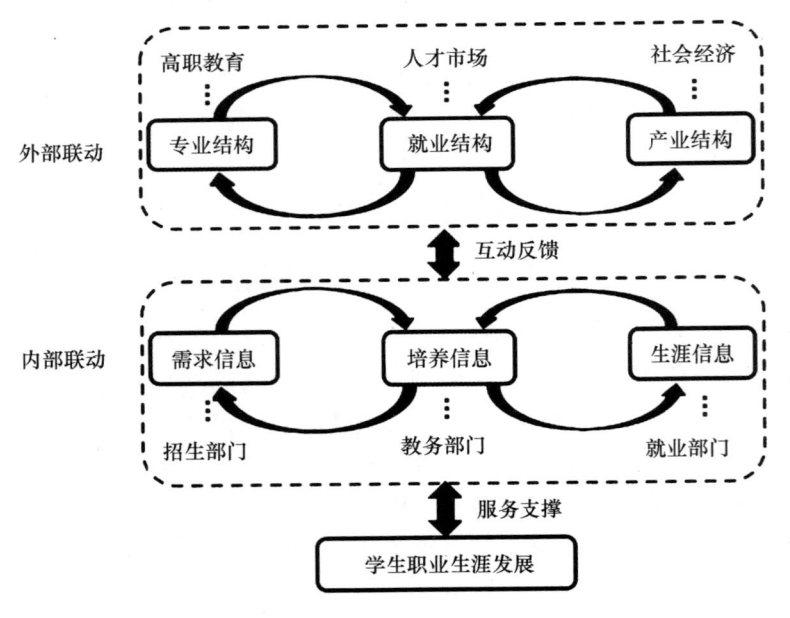

图5—3 高职教育与社会的作用的"双联动"逻辑运行

---

① 中国社会科学院语言研究所词典编辑室编：《现代汉语词典》（第7版），商务印书馆2016年版，第860页。

在理想状态下，高等职业教育"双联动"机制能够有效处理社会需求与个人发展的关系，从而利于解决人才培养和社会发展的结构性矛盾。"外部联动"的内涵是高职院校专业结构、人才市场就业结构和社会经济产业结构三者间人才供需信息的传递与反馈，旨在协调高等职业教育与社会需求的关系。"专业结构通过人力资本供给对产业结构产生促进作用，而产业结构会通过社会经济各部门对各类人才的需求，引发专业结构的变革与调整"[①]，就业结构则会将人才供需的匹配状况反馈给高等院校和用人单位，进而通过专业结构、就业结构和产业结构三者间的"外部联动"实现人才需求与人才供给的动态优化调整。高等职业教育的"内部联动"机制的内涵是招生信息、培养信息、就业信息等个人生涯信息的共建与共享，旨在协调社会需求与个人发展的关系。"外部联动"将社会人才供需信息反馈到高校内部的招生部门、教务部门和就业部门，并通过部门间的"内部联动"实现招录信息、培养信息和就业信息的共建共享，促进社会需求导向下的招生决策、人才培养、就业指导与个人发展的志愿报考、个性成长、职业生涯的内在关联与全过程对接，进而形成招生、培养、就业全过程联动的运行机制[②]。

在"双联动"运行机制下，高职教育实现了"适应论"与"超越论"的统一，适应性植根于社会需要，是其存在的合法性基础，超越性源于人性需要，是其本体价值的体现，通过合规律与合目的实现适应社会与超越社会的辩证统一[③]。由此，高等职业教育通过内部与外部的"双联动"机制服务于大学生的职业生涯发展，提升人才培养质量和社会服务水平，进而实现内部关系规律与外部关系规律的协调统一。通过高等职业教育的"双联动"逻辑，形成社会人才供需信息与个人培养信息的联动反馈机制，进而服务支撑大学生的职业生涯发展，并最终达成社会经济发展与个人成就实现的双赢。

---

① 胡德鑫、王漫：《高等教育学科结构与产业结构的协调性研究》，《高教探索》2016年第8期。

② 吕慈仙、郑孟状：《服务型教育体系下高校招生就业联动模式的构建》，《教育发展研究》2011年第23期。

③ 张俊超、陈琼英：《论高等教育对社会的适应与超越》，《中国高教研究》2015年第12期。

三 "双联动"逻辑下高职专业群建设内涵解析

卢曼认识社会系统时是以复杂性作为基础的观察视角开展的。社会系统是具有复杂性的，包括人的主观旨意的不确定性、社会结构的多层次性和异质性以及功能分化导致的复杂性，然而环境总是比系统本身更为复杂，其承载了大量复杂的系统。因此，在面对包含大量复杂系统的环境时，社会系统的复杂性会产生各式各样的不平衡现象。此时，社会系统作为以自我指涉机制运行的自创生系统，会不断地利用自身的复杂性和自我的区分化来化约外在环境的复杂性，并在这个过程中使自身得到的演化和进化。既然系统与环境自身都具有由多种选择的可能性而导致的复杂性与不确定性，因此，系统与环境在"沟通"时双方都视对方为"黑匣子"，双方都是按照被自身化约的对方的形象与假设来自我参照地决定自己的行为，并提出以参照自己来观察对方、以对方期待为条件来做出选择的两个层次的自我"二阶参照"来解决双重偶联性结构的困境。因此，在卢曼的功能结构主义思想中，社会系统互动是通过"二阶"的自我参照以"自身的复杂性来化约外部的复杂性"塑造自身的边界，进而将社会系统与外界的环境区分开来。在卢曼看来，系统与环境的区分对分化的社会能提供更好的分析，它不但有利于更准确地理解同一性，而且有利于理解同时在子系统的区分中运用不同观点的可能性。

以此类推，对于教育系统与社会系统而言，社会系统是作为外在环境而存在的，而作为教育系统中的高等职业教育系统，社会系统及其他类型的教育系统也都是作为外在环境而存在的。因此，高等职业教育系统存在两个方面的环境：一方面是内在的教育系统中对其人才供给的"高等性"和"职业性"的定位，另一方面是社会发展对于技术技能人才的质量和数量方面的需求。这两方面的定位可以从人才供给的标准和人才需求的规格来进行统一。当前我国高等职业教育发展处于重要的战略机遇期，一方面，以"互联网+"、人工智能、三维打印等为代表的第四次产业变革蓄势待发；另一方面，我国正处于经济社会转型发展、产业结构优化升级的关键期，"双创""中国制造2025""一带一路"等项目陆续开始实施，由此，走向2030年的高等职业教育现代化必须面对时代挑战，主动适应和引领社会发展。伴随《国家教育事业发

"十三五"规划》《教育现代化推进工程实施方案》《国家职业教育改革实施方案》等一系列重磅文件的出台,高等职业教育与经济社会紧密结合的发展思路日趋明确,既要加强内部招生、培养和就业联动,也要突出与产业发展、社会需求、科技前沿紧密衔接。因此,通过高等职业教育内部以及与外部社会的"双联动"机制来促进其人才培养质量的提升,已经成为我国高等职业教育现代化的理论共识、实践需要与未来路向。由此,如何基于高等职业教育与社会以及内部间的"双联动",形成多元参与的服务于大学生职业生涯发展的育人机制,已经成为高等职业教育现代化所亟待解决的问题。

随着以互联网产业化、工业智能化为代表的第四次产业革命蓬勃发展,社会知识生产方式也开始由基于学科的学术导向的生产模式1向跨学科的应用导向的生产模式2演进①,由此,大学逐步走入社会经济舞台的中心,其发展已不再局限在自身知识的演化逻辑中,社会需求开始成为其主导推动力。在高等职业教育体系外部,高职教育已经成为经济发展的支撑性和先导性力量②,通过提高人力资本水平、推动劳动生产率和科技的进步,从而促进区域经济的发展③,社会经济也通过提供办学资源和就业机会对高职教育发展产生影响,进而两者形成了良好的互动关系;在高等职业教育体系内部,伴随发展阶段向大众化教育转变,曾经嵌入科层制社会机构中以有序的、可预测的程序实现职业流动的职业发展模式开始解体,导致大学生的职业生涯充满了不确定性和多样性,并使得高等职业教育开始转向为大学生的职业生涯发展服务④。对于高职学生而言,在知识社会,伴随社会生产方式日趋高度的自动化、信息化、智能化和网络化,工作世界从文化到组织模式都发生了根本的改变,工作本

---

① [英]迈克尔·吉本斯等:《知识生产的新模式:当代社会科学与研究的动力学》,陈洪捷、沈文钦等译,北京大学出版社2011年版,第4—8页。
② 张苏、林光彬:《大学与经济:基于社会分工演进的分析》,《教育研究》2011年第4期。
③ 周异决、张丽敏:《高等教育与区域经济发展互动机制研究》,《国家教育行政学院学报》2011年第6期。
④ [英]安东尼·史密斯、弗兰克·韦伯斯特:《后现代大学来临?》,北京大学出版社2014年版,第144—146页。

身应被视为自我发展的一种方式，而不仅仅是一种谋生的手段[①]，个人的职业生涯路径也由科层制管理模式下的"关系型"契约向扁平化管理模式"交易型"契约转变，职业生涯不稳定性、不确定性增加。由此，面对新时期生产方式和社会发展的变化，劳动者既要具备一般性的科学文化素养以便在不同职业之间顺利流动，也要掌握与特定的工作岗位相对应的操作技能进而能够在特定时期高度胜任某一项工作。由此可以看出，社会发展对于技术技能人才需求的复杂性日益突出。

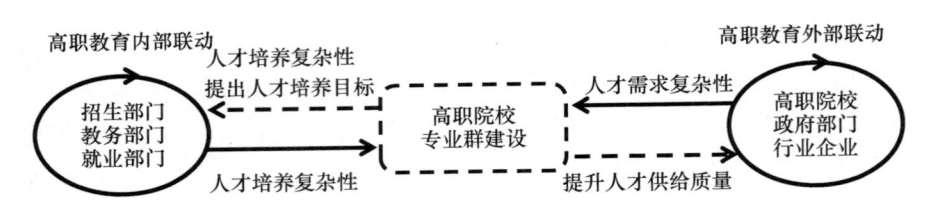

图5—4 "双联动"逻辑下高等职业教育专业群建设过程

"双联动"逻辑下高等职业教育专业群建设过程（如图5—4所示）。面对技术技能人才的"人才需求"的复杂性，高等职业教育通过以专业群为特色的人才模式改革，创新高职院校专业的发展方式和课程的教学组织，促进高职院校专业设置灵活性和适应性的提高，以及课程资源和实训资源的共建共享，进而提升技术技能人才的社会适应性，并服务于学生的职业生涯发展。专业群建设的复杂性要求高职教育秉持"职业生涯导向性"，面向学生的整个职业生涯，为学习者一生中变换专业和应对经济和社会转变的职业生涯服务，以形成职业生涯能力为目标来指导高职教育的人才培养活动。技术技能人才需求的复杂性是由高职系统的外部联动决定的，即高职院校与教育部门、用人单位、人社部门等的联动，从而能够整合高职院校专业结构、人才市场就业结构和社会经济产业结构三者间的人才供需信息，而技术技能人才需求信息通过以"促进人的职业生涯发展"这一"纲要"而进行的"职业人/非职业人"的"符码化"过程，从而形成技术技能人才的培养目标；技术技能人才培养的复

---

① [英]理查德·唐金：《工作的历史》，谢仲伟译，电子工业出版社2011年版，第316页。

杂性是由高职系统的内部联动决定的,即高职院校内部招生部门、教务部门、就业部门的联动,从而整合各方面力量以共同应对高职院校人才培养的专业群建设的复杂性,进而促进学生的职业生涯发展,提供技术技能人才的供给质量。因此,在"双联动"逻辑下,高等职业教育系统与外在环境的耦合关系的实质是如何以具有专业群特色的高职人才培养组织的复杂性来"化约"经济社会发展对技术技能人才需求的复杂性。

第六章

高职院校专业群建设的实施路径

专业群建设的实施路径即专业群建设实践中的具体操作方法。职业生涯导向、"双联动"逻辑下的高职院校专业群建设，就是通过高职院校内部联动与外部联动相结合，促进技术技能人才的"人才供需信息"与"个人生涯信息"的对接来为专业群动态建设提供决策依据。然而，职业生涯导向下高职院校专业群建设的"双联动"逻辑在现实运行中存在一定程度的脱节与失轨，表现为外部联动的"时滞效应"与内部联动的"孤岛现象"，其根源为高职院校内部和外部的"人才供需信息"和"个人生涯信息"的沟通渠道不畅、协同机制欠缺、决策科学性不足。由此，在"互联网+"背景下，基于云计算技术、大数据技术和泛在网络技术，建构高职院校学生职业生涯追踪平台，通过高职院校内部以及与教育部门、人社部门、用人单位、行业协会间的互联互通和数据的共建共享，形成多方协同参与高职院校学生职业生涯发展的信息传递与反馈机制，进而从前期的动态化专业结构布局调整、中期的智慧化人才培养模式改革、后期的终身化职业生涯发展服务等三个方面来引领高职院校专业群动态建设，以期提升高职院校的人才培养质量、服务于高职院校毕业生的职业生涯发展。

第一节 职业生涯导向下"双联动"
逻辑运行分析

职业生涯导向下高职院校专业群建设，就是如何将高职院校专业群建设与学生的职业生涯发展相结合，其实质即为通过技术技能人才的"人才供需信息"与"个人生涯信息"的对接来为专业群动态建设提供依据。高职院校专业群建设的"双联动"逻辑有助于实现技术技能人才供需与生涯信息的共建共享与传递反馈。然而,高职院校专业群建设的"双联动"逻辑在现实运行中存在一定程度的脱节与失轨,表现为"外部联动"的"时滞效应"与"内部联动"的"孤岛现象",其根源为高职院校内部和外部的"人才供需信息"和"个人生涯信息"的沟通渠道不畅、协同机制欠缺、决策科学性不足。而在"互联网+"背景下,职业教育呈现出以用户中心为特征、以万物互联为特性、以智慧化人才培养为特色、以大数据的深度应用为特点的新生态有助于形成基于职业生涯追踪平台、多方协同参与、大数据决策支持的职业生涯导向下高职院校专业群建设"双联动"实施路径,进而为高职院校专业群建设提供最可靠、最直接、最科学的动态建设依据。

一 专业群建设"双联动"逻辑运行困境分析

职业生涯导向下高职院校专业群建设,秉持以人为本的培养理念,以培养学生职业生涯能力为目标,通过专业群动态建设来为高职院校学生职业生涯发展服务,即职业生涯导向下的高职院校专业群建设,就是将高职院校专业群建设与学生职业生涯发展相结合。高职院校专业群建设包括专业结构布局、课程体系建设、实训体系建设、培养模式改革、师资队伍组建、组织机制设计等要素,其实质是高职教育专业结构、人才市场就业结构和社会经济产业结构三者间的"人才供需信息"在高职院校人才培养过程中的反映。学生职业生涯发展包括志愿报考、学业监测、生涯指导、就业跟踪、失业预警、资历认证等生涯发展的全过程,其本质是包含招生信息、培养信息、就业信息等在内的"个人生涯信息"。因此,职业生涯导向下高职院校专业群的实质即为通过技术技能人才的"人才供需信息"与"个人生涯信息"的对接来为专业群动态建设提供决策依据。

高职教育是以自我指涉机制运行的自创生系统,其与外部社会是一种主动适应的关系,并呈现出自治、自持的结构决定和与外部环境的动态相应性的结构耦合特征,其自我指涉运行机制的背后则是高职教育内部与外部"双联动"发展逻辑。高职院校专业群建设是经济社会人才需求与高职院校内在发展相结合的产物,是高职教育服务于经济社会和个人发展的必由之路。高职院校专业群建设的"双联动"逻辑的实质是以具有专业群特色的高职人才培养的复杂性来化约经济社会发展对技术技能人才需求的复杂性。技术技能人才需求的复杂性是由高职教育的外部联动决定的,即通过高职院校与教育部门、用人单位、人社部门等联动来整合高职院校专业结构、人才市场就业结构和社会经济产业结构三者间的"人才供需信息",而技术技能"人才供需信息"通过"促进人的职业生涯发展"这一"纲要",以"职业人/非职业人"的"符码化",从而形成技术技能人才的需求目标;技术技能人才培养的复杂性是由高职教育的内部联动决定的,即通过高职院校内部招生部门、教务部门、就业部门的联动来整合校内力量聚焦于高职院校人才培养的专业群建设,通过面向学生的整个职业生涯、以形成职业生涯能力为目标,来指导专业群建设的培养方案制订、课程体系设计等,进而促进学生的职业生涯发展,提高技术技能人才的供给质量。因此,职业生涯导向下高职专业群建设的"双联动"逻辑,即通过高职院校与教育部门、用人单位、人社部门等的外部联动和高职院校招生部门、教育部门、就业部门间的内部联动相结合,通过技术技能人才的"人才供需信息"与"个人生涯信息"的全面对接,进而为专业群的动态建设提供决策依据,并最终服务于学生的职业生涯发展。

然而,职业生涯导向下高职院校专业群建设"双联动"机制在现实运行中存在一定程度的脱节与失轨,具体表现在以人为本的发展理念尚未牢固确立,产教融合的协同培养机制尚未形成,高职院校专业结构和规模与产业发展适切性较弱,人才培养的类型和层次对市场需求的适应性较差等问题。职业生涯导向下高职院校专业群建设"双联动"机制的运行困境可以表征为"外部联动"的"时滞效应"与"内部联动"的"孤岛现象"。

在专业结构、就业结构、产业结构组成的"外部联动"中,"人才供需信息"传递存在一定程度的"时滞效应",一是就业结构与专业结构间信息传递所产生的时滞,包括高职院校调整专业结构的决策时滞、专业结构调整到新人才供给结构形成的时滞和劳动者再培训到新就业结构形成的时滞;二是产业结构与就业机构间信息传递所产生的时滞,包括产业结构自身调整时滞、产业结构向就业结构传递的时滞、劳动者对就业结构异动的获知与反应时滞等①。而在高校招生部门、教务部门、就业部门组成的"内部联动"中，学生生涯信息传递也存在一定程度的"孤岛现象"，由于受传统计划经济模式的影响，高校内部招生、培养与就业工作环节处于条块隔离、各自为战的状态，即招生部门只负责新生录取，较少考虑专业与学生的职业兴趣是否相关、专业教学资源调配是否合理；教务部门只负责按各专业教学大纲和教学计划实施培养，较少考虑如何适应社会需求和提升学生就业能力；就业部门只负责推销学生以提高就业率，较少考虑学生的培养过程、就业质量和专业吻合度②。正是由于"时滞效应"与"孤岛现象"的存在，使得社会发展中"人才供需信息"无法及时有效地反馈到高等职业教育内部的人才培养体系中，同时高等职业教育内部也尚未形成联动协同的育人机制来积极回应外部的人才需求，继而使得高等职业教育的人才培养与经济社会发展严重脱节、结构性矛盾凸显。

职业生涯导向下高职院校专业群建设"双联动"机制运行面临"时滞效应"与"孤岛现象"的根源在于高职院校内部和外部的"人才供需信息"和"个人生涯信息"的沟通渠道不畅、协同机制欠缺、决策科学性不足。由于我国教育管理体制局限和技术条件制约，高职院校与人社部门、教育部门间多头管理、信息分散、传递低效，高职院校内部招生、教务与就业部门间条块隔离、沟通不畅等问题突出，由此，在高等职业教育内部和外部，"人才供需信息"传递时滞严重、"个人生涯信息""孤岛现象"普遍、决策支持科学性欠缺、跨部门的协同育人机制尚未形成。因此，构建多方协同参与的信息沟通平台，成为减少"时滞效应"、消除"孤岛现象"、促进职业生涯导向下高职院校专业群建设"双联动"机制良性运行的关键。"互联网+"日益成熟而广泛的应用为解决上述问题提供了难得的机遇。在"互联网+"背景下，基于云计算技术、大数据技术和泛在网络技术，可以实现高职院校与教育部门、人社部门、用人单位间、行业协会的互联互通和数据的共建共享，进而形成多部门协

---

① 郭继强、郑程、姜俪：《论教育—就业结构与就业—产业结构的双联动》，《山东社会科学》2014年第2期。

② 吕慈仙、郑孟状：《服务型教育体系下高校招生就业联动模式的构建》，《教育发展研究》2011年第23期。

同参与学生职业生涯发展的信息传递与反馈机制,并为高职院校专业群动态建设提供科学的决策依据。

二 "互联网+"背景下"双联动"运行困境破解

"互联网+"概念首次提出于2012年,其行动计划被视为信息化与工业化融合的升级版,在不同行业与领域受到了愈加广泛的认可,并在2015年写入《政府工作报告》,进而上升为国家战略,旨在将互联网融入社会各个领域并重塑社会生产与生活方式的新常态。

"互联网+"是一场由信息革命引发的产业革命。在"互联网+"时代,"随着以去中心化、用户生产内容、平台化为核心特征的 Web 2.0 的出现,每个人都成为网络社会中的一个独立的信息源"①,由此导致信息传播方式开始由中心化传播模式向点对点模式转变。"互联网+"连接的不仅是单个的人,更是整个社会。国务院发布的《关于积极推进"互联网+"行动的指导意见》指出,将"互联网的创新成果与经济社会各领域深度融合,推动技术进步、效率提升和组织变革,提升实体经济创新力和生产力,形成更广泛的以互联网为基础设施和创新要素的经济社会发展新形态"②,因此,通过实体经济与互联网深度融合,进而引领传统产业进行自我变革和转型升级的时代革命。"互联网+"的本质内涵是创新驱动,通过倡导互联网与经济社会各要素全方位的跨界连接和深度融合,进而形成以创新驱动发展的社会新形态;"互联网+"的价值导向是以人为本,借助"互联网、云计算、大数据等正在从简单的工具快速成为整个社会的基础设施"③,促使生产和消费由供给导向到需求导向的转变,进而促进个人价值的凸显与中心地位的回归;"互联网+"的实现途径是开放协作,以互联网作为基础设施,融合云计算技术、大数据技术、泛在网络技术,从而能够"去中心化,降低信息不对称,重新解构了过去的组织结构、社会结构与关系结构,真正实现了分布式、零距离的关系建构和连接"④,通过经济与社会体系的开放协作,促进其效率提升和

---

① 张岩:《"互联网+教育"理念及模式探析》,《中国高教研究》2016年第2期。
② 《国务院关于积极推进"互联网+"行动的指导意见》(国发〔2015〕40号),http://news.xinhuanet.com/politics/2015-07/04/c_1115815944.html,2015年12月8日。
③ 阿里研究院:《互联网+:从IT到DT》,机械工业出版社2015年版,第2页。
④ 马化腾等:《互联网+——国家战略行动路线图》,中信出版社2015年版,第9页。

组织变革。

在"互联网＋"的时代背景下，教育将迎来人类历史上第四次教育大变革，"全面满足每个人的学习需求成为这次教育变革的核心要义"①，但在教育实践领域，"学校的教育实践和新技术的驱动之间极度不协调"②，表现在学习理念的"统一学习"与"用户化"，学习资源的"单一化"与"多样化"，学习环境的"封闭化"与"开放化"等。作为与经济社会联系最为紧密的教育类型，职业教育面临的挑战尤为突出。在"互联网＋"建构的社会新常态下，工业化与信息化加速融合，传统产业向"智能制造"转型升级，进而形成基于消费需求动态感知的生产模式和依赖互联网大众协作的由标准化生产向个性制造转变的生产组织形式。由此，在"互联网＋"时代，人类将从传统流水线上机械与重复的劳动中解放出来并更多地从事创新型工作，随着"机器换人"的快速推进，传统的职业岗位将受到较大的冲击，"综合素质和技能、创新精神将成为未来从业者的重要竞争基础"③。为了应对"互联网＋"时代对技术技能人才提出的新的挑战，面对信息时代成长起来的"数字土著"，如何能够将ICT技术融入职业教育人才培养体系来应对"两化融合"的全新挑战，创设个性化与交互性的学习环境、创新人才培养模式以及变革教育管理与评价方式，是目前职业教育发展亟待解决的重大现实问题，也是促进现代职业教育"供给侧"改革、提升技术技能人才培养质量的关键所在。

"互联网＋职业教育"即将互联网的创新成果深度融合于职业教育教学活动的全过程，形成以学生为中心，以互联网为基础设施和驱动要素，各个利益相关者协同参与招生决策、教学培养与职业发展的职业教育新常态，进而通过"技术与学校系统各要素的深度融合，将推动学校教育系统的结构性变革，帮助学校建设成为一个开放系统，形成创新人才培养的模式和适应信息时代的学校文化"④。在"互联网＋"视域

---

① 刘云生：《论"互联网＋"下的教育大变革》，《教育发展研究》2015年第20期。
② ［美］阿兰·柯林斯、理查德·哈尔弗森：《技术时代重新思考教育》，陈家刚、程佳铭译，华东师范大学出版社2015年版，第52页。
③ 车明朝：《互联网＋：职业教育面临的挑战与机遇》，《中国职业技术教育》2015年第22期。
④ 柯清超：《技术推动的教育变革与创新》，《中国电化教育》2012年第4期。

下，互联网不仅是职业教育的时代背景，更是引领职业教育以学生发展为本的全方位变革的推动力。"互联网＋职业教育"是以用户中心为特征，引领职业教育以学习者为中心的教育理念变革，形成招生、培养与就业一体化的观照学生个性化需求的人才培养体系；"互联网＋职业教育"是以万物互联为特性，引领职业教育产教深度融合、校企深入合作，构建多元主体参与职业教育招生决策、培养方案制订、资源建设、实习实训、创新创业的协同育人机制；"互联网＋职业教育"是以泛在网络和云计算技术为基础，通过响应学习者个性化的学习需求，构建泛在与开放的教育环境、基于慕课和翻转的互动交互的教学模式、在线教育体验和职业体验相结合的教育生态；"互联网＋职业教育"是以大数据的深度应用为特点，整合学校、企业等与学生相关的结构化与非结构化的职业生涯发展数据，进而支持系统化和综合化的学习评价及其应用。①

"互联网＋职业教育"是以互联网为基础设施和创新要素，通过以云计算、大数据和泛在网络为支撑技术搭建智慧化管理平台，促进信息通信技术深度融入职业教育招生决策、人才培养与生涯服务过程，形成以用户中心为特征、以万物互联为特性、以智慧化人才培养为特色、以大数据的深度应用为特点的职业教育新生态。职业生涯导向下高职院校专业群建设"双联动"机制运行所存在的"时滞效应"与"孤岛现象"的现实困境，其根源在于高职院校内部和外部的人才供需信息和个人生涯信息的沟通渠道不畅、协同机制欠缺、决策科学性不足。因此，在"互联网＋职业教育"体系下，通过实现高职院校内部与教育部门、人社部门、用人单位、行业协会间的互联互通和技术技能人才供需信息与学生个人生涯信息的共建共享，进而形成多方协同参与学生职业生涯发展的信息传递与反馈机制，破解专业群建设"双联动"机制的运行困境。

---

① 同广芬、张栋科：《"互联网＋职业教育"体系架构与创新应用》，《中国电化教育》2016 年第 8 期。

第二节 基于"互联网+"的职业生涯追踪平台构建

在"互联网+职业教育"背景下,职业生涯导向下高职院校专业群建设"双联动"运行机制的关键在于职业生涯追踪平台构建。由此,在"互联网+"背景下,从技术架构、数据结构、功能设计三方面开发高职院校学生职业生涯追踪平台,通过促进高职院校内部与教育部门、人社部门、用人单位、行业协会间的"双联动",建构多方协同参与、大数据决策支持的学生职业生涯的信息传递与反馈机制,进而实现技术技能人才供需信息与高职院校学生个人生涯信息的对接,并为高职院校专业群建设提供最可靠、最直接、最科学的动态建设依据。

一 职业生涯追踪平台的价值理念解析

价值追求的是人的实践活动的动机和目的,而高职教育实践则是人类活动的较高层次的存在形态,其价值导向更为重要。历史上新中国的高职教育经历了两次大的价值变迁,新中国成立初期的高职教育与社会经济保持紧密耦合关系,片面适应经济发展需求,教育的工具性价值极度膨胀,而在市场经济改革过程中,高职教育一度自我封闭,脱离社会经济现实发展,人才培养与社会需求间结构化矛盾突出[1]。高职教育必须尽快解决完全依附经济生活和完全脱离经济生活的矛盾和冲突,在引领社会进步和适应经济发展之间寻找平衡点[2]。当前高职教育现代化已成为支撑、推动和引领国家现代化发展的重要基础和引擎,走向2030年"双联动"发展观下的中国高职教育必须彰显"以人为本"的核心理念,突出促进人的全面发展的教育目标,树立以学习者为中心的现代教育观[3]。

"双联动"运行逻辑下高职教育"以人为本"理念的核心要义是服务于学生的职业生涯发展,包括从志愿报考、学业监测、生涯指导、就业

---

[1] 蒋直平、陈晚云:《高等教育在新型工业化进程中的价值选择》,《大学教育科学》2016年第3期。
[2] 冯建军:《教育转型:从适应社会到引导社会》,《大学教育科学》2011年第5期。
[3] 中国高等教育学会专题研究组:《走向2030:中国高等教育现代化建设之路》,《中国高教研究》2017年第5期。

跟踪、失业预警、资历认证等生涯发展的全过程，其出发点和根本目的是促进学生的全面和谐成长，从而适应和满足当前社会发展对人才的需求①。而学生的职业能力提升是一个系统工程，在互联网日益成为创新驱动发展的先导力量的今天，政府、社会、高校、企业和学生均需要强化互联网思维，以有效提高学生职业能力，达到人岗匹配、无缝对接的目的②。因此，如何推进生涯发展教育信息化建设，开发学生生涯管理与跟踪信息平台，打造多方协同联动的高职教育生态圈，成为当前"双联动"逻辑下高职教育落实"以人为本"理念所亟待解决的问题。

学生职业生涯追踪平台应该成为学生个人、高职院校、用人单位、政府部门共建共享共赢的决策平台。对于学生个人，通过积极填写个人的学业信息与就业信息，进而能够在国家资历框架内实现生涯经历与职称评审的有效衔接，同时有助于享受国家的各种失业救助、创业奖励、校方回炉等支持；对于高职院校，能够及时得到招生、教学、就业等人才培养全过程的支持信息，同时根据学生的职业发展情况，适当调整自身的发展规划、课程体系以及组织再就业培训等；对于用人单位，可以有效发布自身的用人需求、进行人才管理、获取国家相应补贴等；对于政府部门，可以发掘人才需求信息与人才培养信息及其相互间的关系，继而可以有效地整合并且调整相应的人才发展规划、招生规模及其结构，进而制定针对企业、高职院校、毕业生的配套与激励政策。

二 职业生涯追踪平台的体系架构设计

目前我国各行各业正在进入"互联网+"时代，"互联网+"的核心理念是"以人为本"和"开放协作"，而"互联网+高职教育"的本质即用互联网思维激发高职教育的活力，把互联网作为一种新的关键要素，深度融合于高职教育教学的各个环节，构建开放互动的办学体系③。因此，基于"互联网+"开发的学生职业生涯追踪平台，其宗旨是服务于高职院校学生的职业生涯发展，并通过促进高职教育内部与外部的"双

---

① 李世勇：《我国高校大学生生涯发展教育的现状分析与对策思考》，《思想理论教育导刊》2013年第8期。
② 岳瑞凤：《基于互联网思维的大学生职业发展研究》，《中州学刊》2015年第7期。
③ 曹培杰、尚俊杰：《未来大学的新图景——"互联网+高等教育"的变革路径探析》，《现代远距离教育》2016年第5期。

联动"，进而建构多元协同参与学生职业生涯发展的信息传递与反馈机制，形成基于大数据分析来进行决策支持，高职学生、高职院校、教育部门、人社部门、用人单位、行业企业协同参与、互惠共赢的运作机制。具体而言，学生职业生涯追踪平台是基于三项支撑技术，通过六个主体协同参与来实现九个数据库的共建共享，进而为学生职业生涯发展提供六项系统服务，其体系架构如图6—1所示。

（一）技术架构

在"互联网+"背景下，云计算、大数据和泛在网络是生涯追踪平台的关键支撑技术，通过三项技术的融合协作，形成"云"+"网"+"端"的技术架构，进而实现高职院校内外的互联互通、数据的共建共享和信息的深度应用。"云计算的本质是一种服务提供模型"[1]，作为一种高性价比的共享解决方案，将计算资源、存储资源、网络资源的模块化组合来实现"资源池化"，并采用分布式的网络分发服务方式，用户可以突破地理位置与硬件部署环境的限制，实现自助式、远程式访问云资源中心，其应用在职业教育教学活动中可以实现高职院校、用人企业、行业协会、政府部门间的信息沟通与资源共享，消除"信息孤岛"与"资源孤岛"；大数据技术超越了传统的对于数据关系的认识，更强调数据的整体性和混杂性，更追求数据间的相关关系，"建立在相关关系分析法基础上的预测是大数据的核心"[2]，作为一种前沿的数据分析技术，利用其分布式数据库、并行计算、数据挖掘等功能，对职业教育内部运行信息与外部需求信息进行整合、分析与预测，探索不同因素与变量间的相关关系，进而为职业教育管理和决策服务；泛在网络将通信网、互联网、物联网三网融合，进而使"信息空间与物理空间实现无缝的对接，在很大程度上打破了时空地域的界限，使得'时时能学、处处可学、人人皆学'成为现实"[3]，其融入职业教育教学活动中，可创设虚拟空间与现实空间相结合的网络学习空间，实现与台式机、笔记本、手机、手持电脑等终端的"多屏互连互通互动"，形成4A（Anyone，Anytime，Anywhere，

---

[1] 徐立冰：《云计算和大数据时代网络技术揭秘》，人民邮电出版社2013年版，第9页。
[2] ［英］维克托·迈尔－舍恩伯格、肯尼思·库克耶：《大数据时代：生活、工作与思维的大变革》，浙江人民出版社2015年版，第75页。
[3] 张平、苗杰、胡铮、田辉：《泛在网络研究综述》，《北京邮电大学学报》2010年第5期。

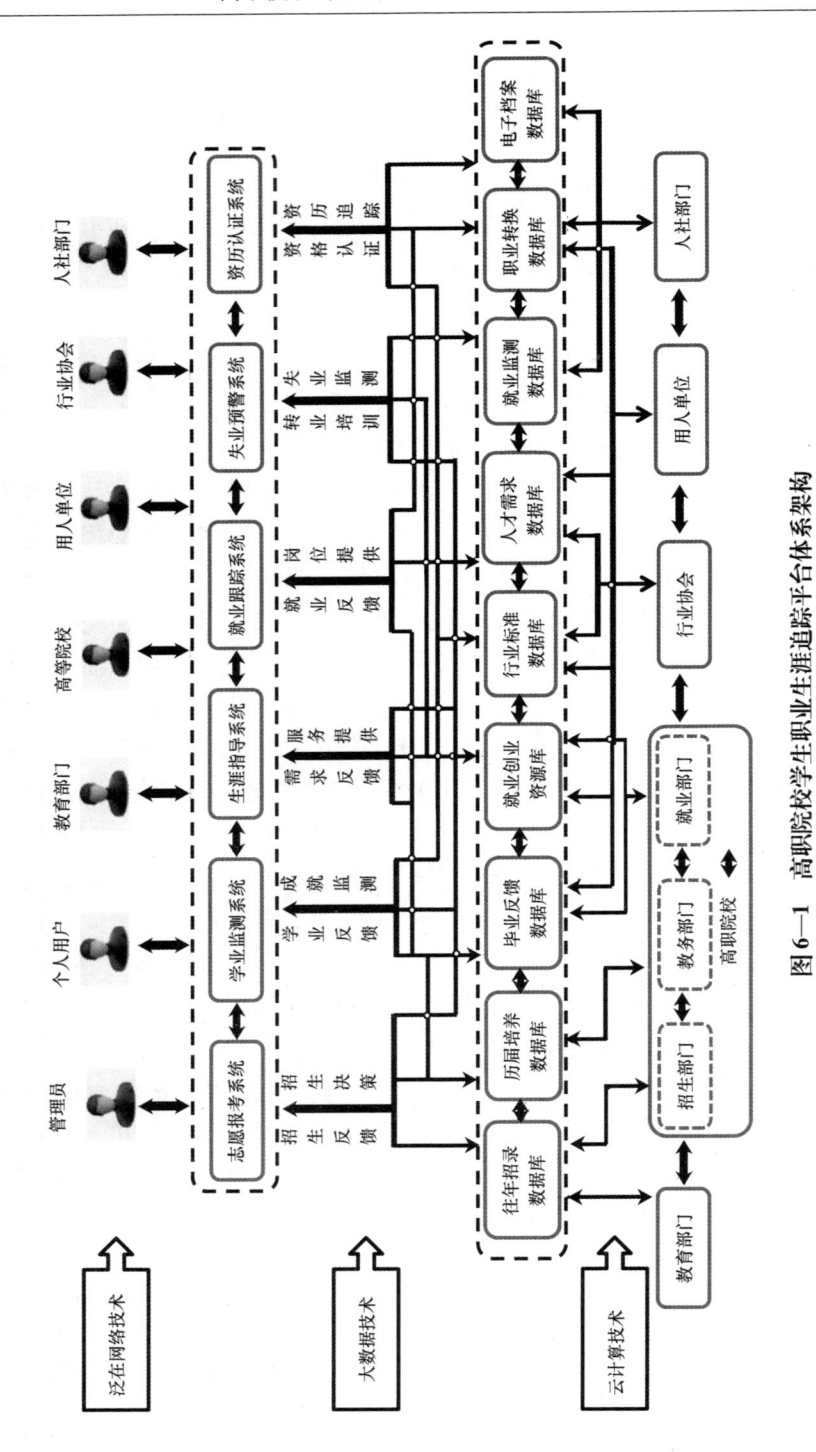

图 6—1 高职院校学生职业生涯追踪平台体系架构

Anything）的学习环境。

（二）数据结构

在云计算、大数据和泛在网络技术的支撑下，实现高职学生、高职院校、教育部门、人社部门、用人单位、行业协会六个参与主体的协同联动，进而促进"往年招录数据库""历届培养数据库""毕业反馈数据库""就业创业资源库""行业标准数据库""人才需求数据库""就业监测数据库""职业转换数据库""电子档案数据库"九个数据库的共建共享。"往年招录数据库"主要整合来自教育部门和高职院校招生部门的招生、录取和报到数据；"历届培养数据库"主要整合高职院校教务部门的学生学业成绩、社会实践、评优评奖等数据；"毕业反馈数据库"主要整合毕业生对在校期间的培养计划和用人单位对于毕业生就业状况的反馈数据；"就业创业资源库"主要整合高职院校与用人单位的就业能力提升课程资源和创业项目资源；"行业标准数据库"主要整合行业协会和用人单位对于相关行业具体岗位的技能要求、操作规范等标准数据；"人才需求数据库"主要整合行业协会的人才需求预测和用人单位的人才需求具体规划；"就业监测数据库"主要整合人社部门的区域或行业的就业形势监测与收入变化分析数据、劳动力市场价格监测数据等；"职业转换数据库"主要整合人社部门和用人单位对于毕业生初次就业信息、就业异动信息的追踪数据；"电子档案数据库"主要整合人社部门对于毕业生的人事档案的记录和转接、社会保险的转移接续等数据。

（三）功能设计

在"互联网+"背景下，通过将云计算、大数据和泛在网络技术深入融合职业教育人才培养的全过程，通过发挥连通、聚合、预测、协作与体验等五种服务功能，服务于学生职业生涯的"志愿报考""学业监测""生涯指导""就业跟踪""失业预警""资历认证"六项系统业务。

"互联网+职业教育"体系作为一种高性价比的共享解决方案，通过主体间的"互联互通"，在管理层面共享人才培养相关的数据与信息，消除"信息孤岛"；在教学层面校企协作共建共享教学资源并基于泛在终端发布，消除"资源孤岛"。该体系可以提供优质的信息聚合服务，通过大数据技术可以汇集来自用人企业的就业反馈信息、行业协会的产业与技术信息以及高职院校的人才培养状态信息，并对其进行分类与聚合分析，形成系统的分专业职业发展信息；该体系可以提供优质的需求预测与学业预警服务，利用大数据技术通对企业发布的岗位需求信息与行业预测信息进行决策，并对人才需求的规模、专业结构和能力结构进行分析与预测，同时利用大数据技术实时监测学生的学习进程，并适时提供学习状态预警；该体系更是一种高效的协作平台，通过构建主体间的交流协作平台，形成人才培养方案制订、优质资源共建共享、学习进程监控与学业成就评价、就业创业体系的协同参与机制；该体系可以提供优质的教学体验和职业体验服务，通过泛在网络技术创设网络学习空间，可以实现生产过程与教学过程相结合，仿真教学软件与仿真实训系统相结合、增强基于工作现场的教学体验，并通过互联网构建在线职业体验中心，创设虚拟的职业情境，整合高职院校的教学资源与企业的培训资源，为学生提供专业的职业体验服务，继而提高毕业生的就业适应性。

  基于九个数据库的共建共享，服务于学生"志愿报考""学业监测""生涯指导""就业跟踪""失业预警""资历认证"六项系统业务。志愿报考系统的数据支撑包括往年招录数据库、历届培养数据库、毕业反馈数据库、人才需求数据库，提供面向个人报考咨询与反馈和面向高职院校招生决策的服务平台；学业监测系统的数据支撑包括历届培养数据库、毕业反馈数据库、人才需求数据库和行业标准数据库，提供面向学生学业成就记录与反馈和面向高职院校学业监测与预警的服务平台；生涯指导系统的数据支撑包括毕业反馈数据库、就业创业资源库和人才需求数据库，提供面向学生生涯指导和面向高职院校需求反馈的服务平台；就业追踪系统的数据支撑包括毕业反馈数据库、人才需求数据库和职业转换数据库，提供面向学生就业选择、面向用人单位用人反馈和面向人社部门职业追踪的服务平台；失业预警系统的数据支撑包括就业创业资源库、人才需求数据库和就业监测数据库，提供面向人社部门的学生就业监测、失业预警与转业培训的服务平台；资历认证系统的数据支撑包括职业转换数据库、电子档案数据库、行业标准数据库，提供面向人社部门的学生资历追踪与资格认证的服务平台，畅通毕业生跨区域、跨不同单位主体就业的渠道。

三　职业生涯追踪平台的协同联动参与

  "互联网+"背景下学生职业生涯追踪平台可以实现高职学生、高职院校、教育部门、人社部门、用人单位、行业协会六个参与主体协同联动，进而打通从招生、培养到就业的职业生涯发展通道，通过数据、信息、资源的共建共享机制，进而以基于大数据分析的教育管理与决策支持服务于学生职业生涯发展。

（一）高职学生的参与机制

高职学生是职业生涯追踪平台的参与主体，也是受用主体。高职学生主要是参与到往年招录信息的统计、培养信息的跟踪、毕业数据的反馈、职业生涯追踪等数据库的建设，同时根据往年招录数据库、历届培养数据库、毕业反馈数据库、人才需求数据库来进行个人的报考决策。依托历届培养数据库、毕业反馈数据库等来记录自身的学业成就记录，通过毕业反馈数据库、就业创业资源库、人才需求数据库来接受个性化的生涯指导；依靠就业监测数据库、职业转换数据库、就业创业资源库、人才需求数据库等来获得失业预警、再就业培训等服务；通过职业转换数据库、电子档案数据库、行业标准数据库来实现毕业生的职业资历追踪与资格认证的服务。

（二）高职院校的参与机制

高职院校是平台建设的实施主体，通过共享招生与培养信息、分析用人单位与行业协会的人才需求、响应毕业生以及用人单位的就业反馈，进而促进自身的招生决策、人才培养、生涯指导、再就业培训等环节。基于人才需求的规模结构、能力结构与往年专业招录的特征分析，进而决策招生专业、招生方向、人数比例等；整合人才需求信息、毕业反馈信息、行业与企业生产或操作标准，来动态调整专业设置与专业方向、教学内容和教学方法；基于人才培养数据库，通过与常模成就记录对比来监测学生学业进展状况并适时提出学业预警；整合毕业反馈信息与人才需求信息，分析专业的就业方向与能力要求，进而基于就业创业资源库，有针对性地进行个性化的生涯指导以及再就业培训等。

（三）教育部门的参与机制

教育部门是职业生涯追踪平台建设的管理主体，其核心职责发挥统筹与协调的功能，协调各方机构组建由高职院校、教育部门、人社部门、用人单位、行业协会等代表在内的建设委员会，按照"分工协作、责任共担、收益共享"的运行机制，负责制定生涯追踪平台的建设规划、制度设计、配套的激励政策、绩效考评体系等。同时，教育部门整合高职院校毕业生的就业信息、用人单位毕业生的就业反馈信息、人社部门毕业生的职业发展信息以及行业协会的发展规划与人才需求预测分析，进而从宏观上制定高职教育的招生规模、招生层次与招生结构等。

（四）人社部门的参与机制

人社部门是平台建设重要的参与主体，通过对毕业生进行就业监测和档案追踪，进而适时提出失业预警并参与其职业资格认证。基于就业监测数据库，结合全国与区域的人才价格指数，分析学生的就业形势与收入变化，进而适时发布失业预警，并基于人才需求信息库与就业创业资源库对失业人员进行再就业培训；基于职业转换数据库和电子档案数据库，对于学生的就业岗位与就业质量进行统计和追踪，对工作年龄、工作内容、岗位能力进行追踪和确认，并与行业协会合作，基于行业标准来进行资格认证，进而服务于学生的职业生涯发展。

（五）用人单位的参与机制

用人单位是平台建设重要的参与主体，通过参与人才需求分析、共享培训岗位与资源、追踪在岗学生职位变迁，进而为自身产业转型升级提供人力资源储备。通过发布岗位需求的规模、能力结构、层次结构等信息，进而参与高职教育的招生决策和人才培养环节；与高职院校合作，通过共享培训岗位与资源，可以实现在校学生的毕业实习、专业教师的一线实践以及企业在岗人员的技能提升与再就业培训；与人社部门合作对大学毕业生进行就业跟踪，记录与分析在岗学生的职业异动信息，适时提供失业预警并进行再就业培训指导。

（六）行业协会的参与机制

行业协会是平台建设重要的合作主体，参与行业人才需求分析与行业标准制定。通过分析产业行业的发展趋势以及对人才需求的规模、层次与能力结构进行分析，进而能够指导高职教育的招生决策与人才培养；通过制定产业行业标准，进而与人社部门合作，参与学生职业资历确认与职业资格认证。

第三节　基于职业生涯追踪平台的专业群动态建设路径

本书基于"互联网+"开发的学生职业生涯追踪平台，通过促进高职教育内部与外部的"双联动"机制，形成高职学生、高职院校、教育部门、人社部门、用人单位、行业企业协同参与、互惠共赢的运作机制，服务于高职学生职业生涯发展的全过程，并通过云计算技术和大数据技术的分类、聚类、关联、预测等分析功能，为高职院校的专业群建设提供最可靠、最直接、最及时的学生生涯发展信息，进而基于共享信息、共建资源和决策支持，从前期"动态化"专业结构布局调整、中期"智慧化"人才培养模式改革、后期"终身化"职业生涯发展服务等三个方面来引领高职专业群建设，以期能够提升高职院校技术技能人才的培养质量，并为他们的职业生涯发展提供服务（如图6—2所示）。

一 前期"动态化"专业结构布局调整

专业群结构布局是指高职院校专业群的数量、类型及其内部专业间的结构关系。专业结构布局的核心是对接区域产业、优化专业布局，主要包括选择对接产业种类、组建专业群类型、群内专业如何设置三个方面。在现实实践中，选择对接产业种类主要是以区域经济发展和行业企业人才需求为依据，选择区域内主要产业、新型产业以及周边院校的专业布局；组建专业群类型主要考虑高职院校自身的发展定位、发展战略与发展特色，选择自身的优势专业、特色专业和骨干专业为基础来组建专业群；群内专业如何设置，主要是采取产业群和职业岗位群的分析、师资与实训资源共享等角度来进行专业群的布局和群内专业架构。传统的专业群内的专业结构布局调整是在假定产业结构固定、劳动力市场封闭的前提下，采用的是"产业结构—人才需求结构—专业结构"的线性逻辑模式，显然，这对于面临产业结构调整优化升级、劳动力市场复杂变化的我国高职教育发展现实是不适用的。

传统的专业群结构布局模式存在两方面问题：一方面，由于区域内产业结构的动态调整过程使得劳动力市场的复杂性日益加强，进而使得产业结构调整到形成人才需求存在传递时滞。在知识社会，社会分工的复杂性和高新技术的发展决定了劳动力市场的复杂性，技术进步使得社会产业技术结构发生变化，并从本质上反映了社会分工的变化。当前，产业结构调整升级已经成为各区域经济发展的核心战略，并促进了社会资源配置的转变，以及产业内部分工的演变，从而深刻影响了社会的劳动力资源配置和行业内部的专业化分工，由此产生了对不同类型和层次专业化劳动力的需求，进而使得劳动力市场人才供求的关系变得异常复

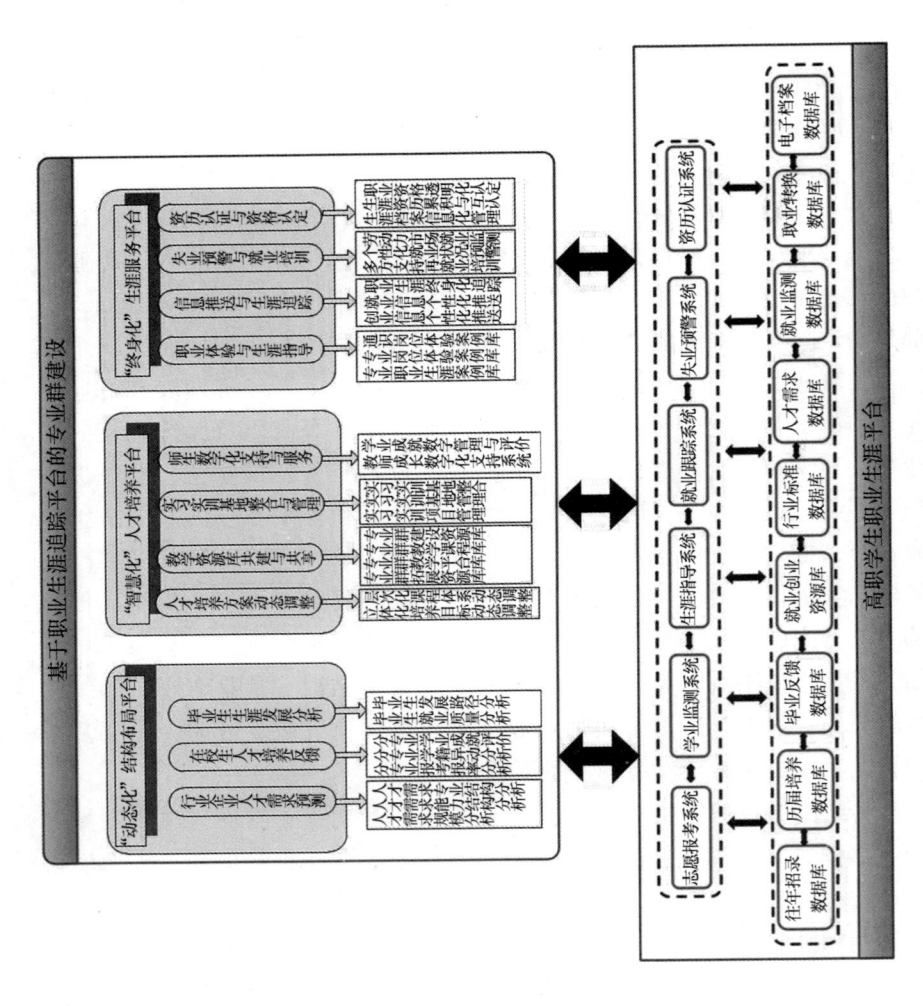

图 6—2 基于职业生涯追踪平台的专业群建设路径

杂。由此，产业结构的转型升级到形成日趋复杂的人才需求会出现一定的传递时滞，包括产业结构自身调整时滞、产业结构向人才需求的传递时滞、劳动者对人才需求异动的获知与反应时滞等。另一方面，由于高职院校人才培养的周期性，从专业结构到形成相应的人才供给结构也存在一定的时滞。高职院校专业群的结构布局存在着由"产业结构—人才需求结构—专业结构—人才供给结构"的线性的单向的逻辑，即使高职院校能够获取较为准确的人才需求结构，并按其需要形成了相应的专业群结构，但是由于高职院校人才培养的周期性（一般高职院校的学制为3年），因此使得从专业结构到形成人才供给结构至少存在3年的形成时滞，包括高职院校调整专业结构的决策时滞、专业结构调整到新人才供给结构的形成时滞和劳动者再培训到新就业结构的形成时滞。

由上述分析可以看出，单方面基于对接产业结构来进行高职院校专业群结构布局仅是高职院校人才培养的"入口"，而忽略了高职院校人才培养的"进程"，即人才培养过程中的反馈，以及高职院校人才培养的"出口"，即高职院校毕业生的初始就业质量及其职业发展路径。由此，基于职业生涯追踪平台，通过互联网实现高职学生、高职院校、教育部门、人社部门、用人单位、行业协会六个参与主体协同联动和数据、信息、资源的共建共享机制，并发挥云计算和大数据的分类、聚类、关联、预测等分析功能，尝试构建基于入口的"行业企业人才需求预测"、进程的"在校生人才培养反馈"、出口的"毕业生生涯发展分析"三方面协同的专业群结构布局的"动态化"调整机制，从而可以尽可能实现专业群的专业布局与产业结构优化升级相适应、与培养方案动态调整相协调、与专业生涯发展路径相匹配的"动态化"专业结构布局调整。

（一）入口的"行业企业人才需求预测"的实现

"行业企业人才需求预测"主要基于"人才需求数据库"，通过整合用人单位发布岗位需求的规模、能力结构、层次结构等信息以及行业协会发布的产业行业的发展趋势对人才需求的规模、层次与能力结构的影响分析信息，继而获得产业结构调整所形成的人才需求信息，包括技术技能人才需求的规模分析、专业结构分析和能力结构分析，进而明确专业群内部专业结构调整的人才需求信息。由此，"行业企业人才需求预测"从入口明确专业结构调整的人才需求信息，进而确定选择对接产业的种类，即根据产业结构调整而形成的劳动力市场的需求来确定高职院校应对接的新兴专业、热门专业或者区域产业的大致范围。

（二）进程的"在校生人才培养反馈"的实现

"在校生人才培养反馈"主要基于"往年招录信息数据库"和"历届培养数据库"，通过整合来自教育部门和高职院校招生部门的招生、录取和报到数据以及来自高职院校教务部门的学生学业成绩、专业异动信息、社会实践、评优评奖等数据，进而形成分专业报考报到率分析、分专业学籍异动分析、分专业学业成就评价，进而掌握在校生对于专业群内专业结构调整的意愿及其动向信息。由此，"在校生人才培养反馈"从进程掌握在校生对于专业群专业结构调整的意愿及其动向信息，进而确定组建专业群的类别，即依据在校生对于已有专业或者专业群的选择与反馈来动态调整高职院校专业群的组建类型。

（三）出口的"毕业生生涯发展分析"的实现

"毕业生生涯发展分析"主要基于"就业监测数据库"所包括人社部门的区域或行业的就业形势监测与收入变化分析数据、劳动力市场价格监测数据等以及"职业转换数据库"所包括人社部门和用人单位对于毕业生初次就业信息、就业异动信息的追踪数据，进而形成毕业生初始就业质量分析和毕业生职业发展路径分析，进而掌握专业群毕业生的职业生涯发展路径信息。"毕业生生涯发展分析"从出口掌握专业群毕业生的职业生涯发展路径信息，进而决定"群内专业如何设置"，即确定专业群内的专业数量、专业方向种类及专业间的关系。

综上所述，专业群结构动态调整的核心是对接区域产业、优化专业布局，主要包括选择对接产业种类、组建专业群类型、群内专业如何设置三个方面。由此，基于入口的"行业企业人才需求预测"、进程的"在校生人才培养反馈"、出口的"毕业生生涯发展分析"三方面协同，形成选择对接产业种类、组建专业群类型、群内专业如何设置相结合的专业群的动态调整机制，进而将高职院校专业群的动态调整与高职院校毕业生的职业生涯发展信息紧密结合起来，促进专业群的专业布局与产业结构优化升级相适应、与培养方案动态调整相协调、与专业生涯发展路径相匹配的"动态化"专业结构布局调整。

二　中期"智慧化"人才培养模式改革

高职院校专业群建设是高职院校优化专业布局和资源配置的教学组

织手段，其实质则是高职院校人才培养模式的变革。在知识社会背景下，整个社会向学习型社会转变，而学习型社会要求传统的学校教育向终身教育转变，因此，作为学校教育的一部分，职业教育也必将成为终身教育体系的一部分。在知识社会中，学生的职业发展将越来越不稳定，在一生之中将会不可避免地从事多种职业，因此，职业教育应为学习者一生中变换专业和应对经济和社会转变的职业生涯服务。这就要求高职学生既具备一般性的科学文化素养，也掌握与特定的工作岗位相对应的操作技能，进而能够促使其在不同职业间发展与转换。而高职院校专业群建设作为高职院校优化专业布局和资源配置的教学组织手段，也是高职专业建设机制和管理模式创新，其宗旨就是加强学习者岗位适应性与职业迁移能力的培养，进而促进学习者的职业生涯发展。

尽管高职院校专业群建设应为学习者的终身发展做准备，从单纯强调"专业"与"应用"、重视"专门的技术人才"、强调"一次性就业率"的"历史定位"中走出来，提供给学生"宽广的基础知识"和"专精的专业知识"，着力培养"知识型"和"能力型"的高素质的技术技能人才，具备扎实的基础文化和专门知识技能、终身学习和转变职业生涯的能力的未来从业者。然而，已有高职院校专业建设强调职业教育的"职业性"和"产业性"，始终围绕产业成长和变革，一味地强调就业的零距离对接和产业服务能力，提高毕业生的首岗胜任能力，而忽视了学习者的可持续发展能力和岗位迁移能力，导致高职院校毕业生就业质量较低，高就业率、高职业和行业转换率，专业与就业的低相关度等问题。

从上述分析可以看出，高职院校专业群建设的价值取向应从"就业导向"转向促进学习者的"职业生涯导向"，因此，学生的职业生涯发展应当成为其出发点和落脚点。学习者的职业生涯发展涉及志愿报考、学业监测、生涯指导、就业跟踪、失业预警、资历认证等生涯发展的全过程和高职院校内部，以及教育部门、人社部门、用人单位、行业企业等多个主体。因此，基于"互联网+"开发的学生职业生涯追踪平台，形成高职院校内部与外部的"双联动"发展机制，从而形成数据、信息、资源、平台的共建共享机制，进而基于云计算技术和大数据技术的分类、聚类、关联、预测等分析功能，促进人才培养方案动态调整、教学资源库共建共享、实习实训基地整合管理和师生数字化支持与服务，以期形成毕业生职业生涯发展驱动高职院校专业群建设的"智慧化"人才培养模式。

(一) 人才培养方案动态调整

人才培养方案是专业群技术技能人才培养的纲领，在上述专业群结构布局的基础上设置人才培养目标和专业群课程体系。在传统的单一专业模式上，人才培养目标追求人才培养与岗位需求的"零距离"对接，以适应单一岗位要求为培养宗旨，以适应某一具体的职业岗位的知识与技能来设置专业课程。由此，使得高职院校的课程体系单一性、重复性建设和同质化建设严重，而过于强调教学内容针对性、忽略学生职业发展能力的培养，使得毕业生就业的"低对口率"现象普遍。以专业群为单位的人才培养方案，旨在通过各相关专业或者专业方向培养目标体系和课程体系的整合与集成，通过宽基础、多技能、强素质的人才培养方案来培养学生的职业生涯能力并服务于学生的职业生涯发展。

基于多方协同参与的高职院校学生职业生涯追踪平台的专业群人才培养方案，坚持以人为本的理念，以服务于学生的职业生涯发展为宗旨，遵循技术技能人才的成长规律，着重培养学生的职业生涯能力，进而实现专业群人才培养方案的立体化培养目标动态调整和层次化课程体系动态调整。通过云计算、大数据技术整合技术技能人才需求信息、企业行业的发展信息与从业人员职业标准信息，进而形成专业群内部技术技能人才培养的通用素质目标、各专业或者专业方向的基本素质目标和拓展素质目标，进而形成立体化的人才培养目标体系，进而基于立体化的人才培养目标，形成包含共享平台课程 + 专业模块课程 + 专业拓展课程在内的层次化的课程体系。

立体化的培养目标体系包含技术技能人才培养的通用素质目标、各专业或者专业方向的基本素质目标和拓展素质目标。基于高职院校学生职业生涯追踪平台中的"人才需求数据库"和"职业转化数据库"，整合"人才需求数据库"中用人单位发布的岗位需求的规模、能力结构、层次结构等信息以及行业协会发布的产业行业的发展趋势对人才需求的规模、层次与能力结构的分析信息，以及"职业转换数据库"中所包含的人社部门和用人单位所发布的毕业生初始就业质量分析和毕业生职业发展路径分析信息，进而确定专业群所面对的职业领域、专业或者专业方向所面对的产业链中的岗位（群），进而按照具体职业领域的要求指定人才培养通用素质目标，按照具体岗位（群）的基本操作要求制定专业或者专业方向的基本素质目标，按照岗位（群）的职业晋升标准要求制定拓展素质目标，进而形成满足技术技能人才成长规律的动态的立体化的人才培养目标体系。

基于技术技能人才成长规律的立体化的人才培养目标体系，制定包含共享平台课程＋专业模块课程＋专业拓展课程在内的层次化课程体系。共享平台课程主要按照专业群对应的职业领域所要求的通用素质目标，面向专业群内的所有专业，在分析群内专业的共性与差异性的基础上，开设公共基础课和专业群基础课，主要培养对应职业领域中的岗位群或者产业链要求从业者所具备的基本知识、基本技能和基本素质，进而为学生的职业迁移能力和职业生涯发展奠定基础；专业模块课程主要按照具体产业链或者岗位（群）所制定的专业或者专业方向的基本素质目标，基于"历届培养数据库"，通过分析学生的基础能力、个性特点需要，开设面向不同专业或者专业方向的专业模块课程，旨在服务于面向具体岗位的基本素质需求，进而实现专业群内学生的分流培养，提升毕业生就业的针对性；专业拓展课程旨在按照岗位（群）的职业晋升标准要求制定拓展素质目标，开始面向群内相关专业、设立互通互选的专业拓展课程，旨在服务于专业技能的深化与提升、提升就业能力的适应性与迁移性。

在"互联网＋"背景下，利用云计算技术和大数据技术的分析，形成基于技术技能毕业生成长规律的专业群的立体化的培养目标体系及相应的层次化课程体系，使得高职院校学生能够在具备特定职业能力的同时，促进其职业生涯能力的培养，进而在满足学生就业针对性的同时提升其就业的灵活性、适应性。

（二）教学资源库共建共享

资源库建设是高职院校专业群建设的有力支撑。专业群的资源库建设强调资源的整合性，旨在解决按单个专业建设的资源库的"资源孤岛"现象，并促进高职院校教学资源的优化配置整合。在传统的教学资源建设模式下，资源库建设是高职院校专业教研组的分内事，各个专业的教学资源间处于一种"各自为战"的建设模式中。这种资源建设模式对资源需求分析不足，仅关注本专业、本课程的现实需求，未考虑同类专业的教学要求，进而出现不同专业间的资源"重复性建设"严重现象。同时，由于各专业建设的资源库间的协调性比较差，导致高职院校间的

"资源孤岛"现象普遍。由于"重复性建设"和"资源孤岛"现象的出现,使得高职院校教学资源建设存在开发周期过长、资源浪费现象严重、资源使用效益低下等问题。

基于高职院校学生职业生涯追踪平台的专业群共建共享资源库建设,充分发挥云计算技术的分布式存储优势,组建优质资源建设联盟,形成校企合作、多元参与、共建共享优质资源的"资源池"模式来建设优质教学资源数据库。通过实现多主体协同下的资源、数据和案例的共建共享,利用大数据技术和云计算技术,使得高职院校能够以专业群为单位,整合校内的专业资源和课程资源,进而为学生的专业发展提供服务。同时,可以整合校外的项目资源与竞赛资源,进而为学生的职业发展提供服务。首先,高职院校可以专业群为单位,整合校内的资源建设。专业群一般是覆盖某一技术与服务领域的职业岗位群、具有共同的或相似的专业技术课程和基本技能要求的专业集合,因此,以专业群为单位的共享资源库建设可以整合专业群内各专业的优质师资,共同进行需求分析和资源建设,进而通过共享已有资源和共建共享新资源来提升资源的使用效益、灵活性和生命力。同时,借助职业生涯追踪平台,高职院校也可以整合校外的优质资源,包括企业的项目资源、案例资源、培训资源等,进而为学生的职业发展提供拓展性资源。

"资源池"化共建共享性资源库主要包括整合高职院校内的专业群建设资源库和专业群教学课程库以及高职院校外的专业群教学平台库与专业群拓展资源库。

专业群建设资源库主要基于"人才需求数据库""行业标准数据库""就业监测数据库""历届培养数据库"等,整合产业发展前沿信息、行业职业标准信息、技术技能人才需求信息、历年专业人才培养信息等,进而为专业群的建设与发展提供事实依据;专业群教学课程库,主要整合高职院校内和高职院校间的优秀师资力量,共建共享以职业素质为本位,以专项能力培养为基础、以职业生涯能力培养为目标构建"'模块化'课程,分别是通用性职业素质课程、关键性职业素质课程和专业方向性职业素质课程"①,包括课程标准、课程实施方案、教材与项目设计、教学课件与视频、优秀教学成果、学业成果案例等;专业群教学平台库

---

① 李蕾:《以职业素质为本位构建高职教育课程》,《山东社会科学》2014年第12期。

主要整合高职院校内外包括虚拟仿真实训平台、工作过程模拟软件、校企远程协作平台在内的平台资源，进而实现针对实习安排困难或危险性高的专业领域的虚拟仿真实训实习、针对难以理解的复杂生产流程开展工作过程模拟与生产过程观摩教学[①]；专业群拓展资源库主要基于"历届培养数据库""行业标准数据库""职业转换数据库"，为专业群的学生发展提供专业成长案例、职业技能大赛作品库、职业资格认定项目库等，为学生提供行业与产业的人才成长路径参考，继而为其职业生涯规划奠定基础。

资源库建设的运行机制主要包括共建共享资源库建设的"保障机制"和"动力机制"。资源库建设的保障机制主要包括队伍建设和标准建设，应当成立以高职院校专业群负责人领衔，高职院校信息中心、专业带头人、骨干教师、行业企业专家、技术能手等为一体的资源库建设队伍，共同来制定专业群资源库的资源分类标准、资源建设规范、资源评价指标体系等，进而实现资源建设的协同和共享。资源库建设的动力机制主要是指能够调动高职院校内外力量共同参与资源库建设的激励机制和配套政策，包括资源建设质量与使用效益评价、教师职称晋升配套政策、行业企业参与补贴政策等。

（三）实习实训基地整合管理

实习实训基地是高职院校技术技能人才培养的重要支撑，也是专业群建设中实践教学体系的重要组成部分。通过建设共享型实习实训基地，可以有效整合高职院校和企业的实习实训资源，进而创新技术技能人才的实践教学体系。《现代职业教育体系建设规划（2014—2020年）》和《高等职业教育创新发展行动计划（2015—2018年）》共同指出：应支持企业、行业和职业院校共建教学、生产、经营合一的共享型实习实训基地，并把其作为现代职业教育体系建设的重要内容。因此，高职院校共享型实习实训基地建设在主体参与上呈现出从以单一院校为主体向多元主体共建共享、从服务于传统实践教学向促进学生职业生涯发展的趋

[①] 闫广芬、张栋科：《"互联网+职业教育"体系架构与创新应用》，《中国电化教育》2016年第8期。

势①。然而，在现实实践中，我国高职院校开放共享型实践教学基地存在着"重建设、轻管理"的发展倾向，并由此出现校企间实训资源重复性建设严重、实训基地使用效益低下、多方协同共建共享长效机制缺乏等问题。由此，基于多方协同参与的高职学生生涯追踪平台，构建服务于专业群建设的开放共享的实践教学管理平台，成为畅通多方协同参与机制、形成"线上"管理与"线下"基地互动发展的必由之路。

　　基于多方协同的生涯追踪平台下的专业群实践教学体系建设，有其自身的特点：首先应按照服务于技术技能人才成长的理念，按照专业群内各专业的实践需要来设计包含体验实习、单向实训、综合实训、生产性实训、顶岗实习的实践教学体系。其次，应秉持"集群式"服务理念，以专业群内资源开放共享为目标，通过整合校内和校外的实践教学基地来满足"共享平台＋专业模块＋综合实践"的实践教学需求。因此，基于多方协同的生涯追踪平台下的开放共享的实践教学管理平台，是以服务于技术技能人才职业生涯发展为理念，多方协同、共建共享来设计专业群内的实践教学体系，其具体内容包括实习实训基地整合平台、实习实训基地管理平台、实习实训项目管理平台。

　　实习实训基地整合平台旨在以多方共建共享的方式对高职院校及其相关的行业与企业的实习实训基地进行整合，进而提供系统的实践教学体系来服务于技术技能人才的成长。整合的原则是保持"校内＋校外"的"组合性"、"互补性"、"开放性"和"共享性"，进而满足专业群建设对于"共享平台＋专业模块＋综合实践"的技术技能人才职业生涯成长的实践教学要求。在校内，整合专业群内的服务于某一课程需要的实习与见习实训基地、服务于群内各专业的岗位通用技能实训基地、服务于特定专业或者专业方向的专项技能实训基地、服务于基于工作过程和技术综合应用的综合实训基地，进而提高实训项目的适应性和选择性；在校外，整合企业自建或者校企共建的服务于项目开发的、专门化的生产性实训基地和顶岗实习实训基地。由此，通过整合校内外的实习实训基地资源，进而形成服务于专业群内技术技能人才成长需要的实践教学体系。

---

　　① 纪德奎、胡文婧：《"互联网＋"背景下高职实训管理平台建设研究》，《职教论坛》2017年第18期。

实习实训基地管理平台旨在于实习实训基地整合平台基础之上，为校内外的实习实训基地提供建设布局、运行监控与使用管理三方面的服务。高职院校提交实习实训基地的建设布局申请，服务其专业群建设实践的实际需要，按照院校申请、政府支持、企业投标的原则，制订实习实训基地建设计划和建设方案；通过运行监控服务，建立起动态的实习实训教育体系调整机制，主动适应职业岗位群和专业群建设的变化需求，对已有的实训基地和实训资源进行更新和调整；通过使用管理服务，可以针对专业群内各专业实施的实际进行预约管理机制，继而提升实习实训基地的使用效率。

实习实训项目管理平台旨在整合高职院校内外的项目资源和研究团队，进而为高职学生实习实训体系提供项目发布和实习管理服务。项目发布服务主要是为行业企业发布与具体产品设计、产品生产、售后服务相关的生产性任务，以及与科学技术攻关、生产技术研发、工艺流程改进相关的研究课题，进而为高职学生提供与教学计划相适应的实习实训项目资源；实习管理服务主要按照双向选择的原则，由高职学生自愿提出符合自身兴趣和学习要求的实习申请，研究团队根据学生的个人申请、学习基础来受理实习申请，并对其实习流程进行全程追踪，进而为其实习经历做出评价和鉴定。

（四）师生数字化支持与服务

基于"互联网+"构建的高职院校学生职业生涯追踪平台，其宗旨是更好地服务于师生的职业生涯发展。通过整合校内外师生职业生涯发展的数据、信息、资源，实现对学生学习和教师成长的全过程支持体系，进而通过基于管理、学习和质量保障体系的大数据来实现对师生的数字化支持与服务，包含技术技能积累平台、培训研修平台、项目研究平台的"教师成长数字化支持系统"，以及包括学业监测与预警平台、学业成就评价平台两部分的"高职学生学业成就数字管理与评价系统"。

专业群建设的关键是师资队伍建设。为适应专业群的"共享平台+专业模块+专业拓展"的课程教学，高职院校专业群的师资队伍必须是"双师"和"多能"的，即教师必须具有教师资格和职业资格或者相关行业岗位的锻炼经历，能够担任专业核心课、专业基础课、专业拓展课、专业实践课的日常教学，因此，高职院校教师必须不断地提升自己的专业能力。由此，基于职业生涯追踪平台，建设包含技术技能积累平台、培训研修平台、项目研究平台的"教师成长数字化支持系统"。技术技能积累平台可以记录教师参加的各级各类技能鉴定等级、各级各类技能大赛成绩、企业培训与实习经历;培训研修平台可以整合校外的国家或者省级的精品课程资源、校内的优质课程库资源来帮助教师进行学习研修并记录其学习经历;项目研究平台整合行业企业发布的生产工艺改进、生产技术攻关、产品设计研发等横向课题,通过组织专业群内不同专业的学生,组建相应的科研协作团队来协同攻关。由此,通过"互联网+"建设的"教师成长数字化支持系统"可以更好地服务于教师的实践能力提升与职称资格评审。

基于"互联网+"构建的高职院校学生职业生涯追踪平台,可以有效整合高职院校内学生的学习数据以及毕业生的职业发展数据,并通过大数据技术和云计算技术分析管理、学习和质量保障数据来构建"高职学生学业成就数字管理与评价系统",包括学业监测与预警、学业成就评价两部分。学业监测与预警系统的数据支撑包括"历届培养数据库""毕业反馈数据库""人才需求数据库""行业标准数据库",对学生的学习进程进行常态的跟踪与动态监测,进而提供学生的学业成就记录与反馈,结合对学生学习状态进行评估和测试,并适时提出学习反馈和学习预警;适应"学业成就评价由传统的纸质评价开始转向数字评价"[①]的趋势,"依据高等职业教育的培养目标及目前高职院校学生的学业构成,从专业知识、职业素养与职业能力三方面构成高等职业院校学生学业成就评价体系的评价指标"[②],数字评价的主要特征是嵌入式学习过程、适应学习者的能力和知识、提供实时反馈并能够衡量复杂能力,由此建立基于大数据、全过程、全方位的综合素质评价系统,为高职院校人才培养提供科学、全面的参考依据[③]。

---

① "National Education Technology Plan, 2016", http://tech.ed.gov/netp/assessment/, 2016年5月15日。

② 王秦、李宇红、刘建国:《高职院校学生学业成就评价体系改革》,《职业技术教育》2013年第7期。

③ 闫广芬、张栋科:《"互联网+职业教育"体系架构与创新应用》,《中国电化教育》2016年第8期。

三 后期"终身化"职业生涯发展服务

高职院校专业群建设是高职院校优化专业布局和资源配置的教学组织手段，其宗旨就是增进学习者岗位适应性与职业迁移能力、促进学习者的职业生涯发展。高职院校学生的职业生涯追踪平台，除了从"行业企业人才需求预测""在校生人才培养反馈""毕业生生涯发展分析"三方面支持前期"动态化"的专业结构布局调整，从人才培养方案动态调整、教学资源库共建共享、实习实训基地整合管理和师生数字化支持与服务等方面支持中期的"智慧化"人才培养模式改革之外，还可以为高职毕业生后期的"终身化"职业生涯发展提供服务。在现实实践中，高职院校往往重视初次就业率和就业质量的统计，而忽略或者没有精力和时间去追踪毕业生的职业发展，而交给第三方机构来做，由于问卷回收率较低和毕业生参与积极性不高等，其数据仅仅是向政府上传、并无实际参考价值的"面子工程"。由此，在校方主导和第三方主导都效果欠佳的情况下，高职院校对毕业生职业生涯发展追踪基本处于一种"毕业即失联"的状态，无法了解学生的职业生涯发展，更无法有效地提供有针对性的服务。

由上述分析可以看出，单方面注重高职院校的"人才培养"、强调"初次就业率"和"初始就业质量"是一种功利化教育倾向，而高职院校作为我国终身教育体系的一部分，应更加强调高职院校对毕业生的"终身负责制"，并为毕业生提供"终身化"的职业生涯服务。高职院校毕业生的职业生涯发展涉及多个利益主体，由此，基于高职院校学生职业生涯追踪平台，通过互联网实现以服务高职院校毕业生为宗旨，由高职院校负责，高职学生、教育部门、人社部门、用人单位、行业协会协同参与数据、信息、资源的共建共享，并发挥云计算和大数据的分类、聚类、关联、预测等分析功能，尝试构建包含"职业体验与生涯指导""信息推送与生涯追踪""失业预警与就业培训""资历认证与资格认定"四方面功能的"终身化"职业生涯发展服务，从而尽可能实现专业群建设与高职毕业生职业生涯发展的联动发展。

（一）职业体验与生涯指导功能的实现

职业体验与生涯指导功能主要基于"就业创业资源库"和"职业转换数据库"来实现。"就业创业资源库"主要整合高职院校与用人单位的实习实训的课程资源和项目资源,"职业转换数据库"主要整合人社部门和用人单位对于毕业生初次就业信息、就业异动信息的追踪数据,通过整合"就业创业资源库"和"职业转换数据库"的信息来形成"通识岗位体验案例库""专业岗位体验案例库""专业职业生涯案例库"。"创建职业体验中心的根本就是要提高毕业生的就业适应性"①,通过互联网构建在线职业岗位体验中心,创设虚拟的职业情境,整合"通识岗位体验案例库""专业岗位体验案例库""专业职业生涯案例库",进而由职业教练指导高职院校学生完成职业岗位体验并针对其个性特点形成个性化的职能评价报告,进而为其职业生涯规划指导提供决策依据。

(二) 信息推送与生涯追踪功能的实现

信息推送与生涯追踪功能主要基于"人才需求数据库"、"就业监测数据库"和"职业转换数据库"来实现。"人才需求数据库"主要整合行业协会的人才需求预测和用人单位的人才需求具体规划,"就业监测数据库"主要整合人社部门的区域或行业的就业形势监测与收入变化分析数据、劳动力市场价格监测数据等,"职业转换数据库"主要整合人社部门和用人单位对于毕业生初次就业信息、就业异动信息的追踪数据。通过整合"人才需求数据库"、"就业监测数据库"和"职业转换数据库",基于互联网构建就业信息推送系统、创业信息推送系统和职业生涯终身化追踪系统,利用云计算与大数据技术,整合、分析学生求职信息与用人单位岗位需求信息,进而能够为毕业生个性化定制与推送就业创业的岗位信息与项目信息,并根据职业生涯的动态跟踪与监测数据分析,为高职院校毕业生的个性化指导提供数据支持和决策依据,也为高职院校人才培养提供反馈与预警信息。

(三) 失业预警与就业培训功能的实现

失业预警与就业培训功能主要基于"就业创业资源库"、"人才需求数据库"、"就业监测数据库"和"职业转换数据库"来实现。通过整合"就业监测数据库"中人社部门发布的区域或行业的就业形势监测与收入变化分析数据和"职业转换数据库"中用人单位统计的毕业生职业从事状况的数据来对毕业生职业生涯的质量进行评估与风险测评,并适时提

---

① 查良松:《创建职业体验中心增强高职毕业生就业适应性》,《中国高等教育》2013 年第 12 期。

出失业风险预警;通过整合"人才需求数据库"中给用人单位和行业协会发布的人才需求预测与人才需求具体数据和"就业创业资源库"中高职院校和用人单位的实习、实训课程、资源和项目来针对性地实现就业培训的个性化定制和推送。由此,通过整合"就业创业资源库""人才需求数据库""就业监测数据库""职业转换数据库"来实现针对高职院校毕业生的"劳动力市场就业监测""个性化就业状况预警"和"多方支持再就业培训"。

(四)资历认证与资格认定功能的实现

资历认证与资格认定功能主要基于"电子档案数据库""职业转换数据库""行业标准数据库"来实现。"电子档案数据库"主要整合人社部门对于毕业生的人事档案的记录和转接、社会保险的转移接续等数据,进而实现"生涯档案信息化管理";"职业转换数据库"主要整合人社部门和用人单位对于毕业生初次就业信息、就业异动信息的追踪数据,进而实现不同部门间"生涯资历互认与累积";"行业标准数据库"主要整合行业协会和用人单位对于相关行业具体岗位的技能要求、操作规范等标准数据,在"职业生涯档案信息化"和"职业生涯资历互认化"的基础上,结合"行业标准数据库"实现"职业资格透明化认定"。由此,通过基于"行业标准数据库""职业转换数据库""电子档案数据库",实现"生涯档案信息化管理""生涯资历互认与累积""职业资格透明化认定",从而畅通我国技术技能人才的成长机制。

由此,基于"互联网+"构建的高职学生职业生涯追踪平台,通过云计算和大数据整合和分析高职院校内外的数据和资源,实现"职业体验与生涯指导""信息推送与生涯追踪""失业预警与就业培训""资历认证与资格认定"等功能,进而使高职专业群建设为高职毕业生职业生涯发展提供"终身化"的职业生涯支持与服务。

结　　语

　　高职院校以专业群为组织单位进行专业的内涵建设，是其建设高水平专业的重要途径。然而，通过实地调研后发现，高职院校专业群建设的价值取向存在"就业导向"认识误区、行动逻辑上沿袭"产业—专业—就业"的线性逻辑，实施路径处于校内外各部门"单打独斗"的现实境遇。因此，本研究将高职院校专业群建设的视角由"社会需求"转向"个体生涯"，通过反思高职教育的本质属性及其与社会的互动关系，从价值取向、行动逻辑和实施路径来系统地建构高职院校专业群建设体系。

　　首先，研究梳理了职业教育价值取向的历史演变，认为职业教育已经进入服务于学习者职业生涯的发展阶段，而当前就业导向认识误区的根源在于对社会本位下职业教育观的误读。由此，研究通过梳理社会学、教育学视角下职业教育本质属性的现实之争，分析了职业教育从"训练性"到"教育性"的历史演变，认为在知识社会下职业教育本质属性应是职业生涯导向性，即职业教育应面向学生的整个职业生涯、以形成职业生涯能力为目标来培养技术技能人才。通过借鉴杰勒德·德兰迪的知识社会理论，认为大学是知识社会中塑造文化公民身份和技术公民身份的关键机构[①]，并基于大学体系内部"技术公民身份"和"文化公民身份"的二维分类，高职院校主要提供的是与专业训练有关的知识，其角色主要是大学中的"知识应用者"，培养的是知识社会下的一线劳动者，即"知识工人"，而高职教育应为"知识工人"的职业生涯服务。

　　由此，职业生涯导向性是职业教育的本质属性，也是高职院校专业群建设的价值取向。职业生涯导向下的高职院校专业群建设，秉持以人

[①] ［英］杰勒德·德兰迪：《知识社会中的大学》，黄建如译，北京大学出版社2010年版，第190页。

为本的培养理念,以培养学生的职业生涯能力为目标,通过专业群的动态建设来为高职院校学生的职业生涯发展服务。高职院校学生的职业生涯发展,包括志愿报考、学业监测、生涯指导、就业跟踪、失业预警、资历认证等生涯发展的全过程,其本质是包含招生信息、培养信息、就业信息等"个人生涯信息"。高职院校专业群建设包括专业结构布局、课程体系建设、实训体系建设、培养模式改革、师资队伍组建、组织机制设计等要素,其实质是高等教育专业结构、人才市场就业结构和社会经济产业结构三者间的"人才供需信息"在高职教育中的反映。因此,职业生涯导向下的高职院校专业群建设的实质就是基于技术技能人才的"人才供需信息"与"个人生涯信息"的全面对接来为专业群建设提供依据。

要想实现"人才供需信息"与"个人生涯信息"的全面对接,就要涉及两方面的问题:一是"人才供需信息"与"个人生涯信息"的获取机制,即职业生涯导向下专业群建设的参与主体及行动逻辑;二是"人才供需信息"与"个人生涯信息"的应用策略,即职业生涯导向下促进专业群建设的实施路径。

如何畅通"人才供需信息"与"个人生涯信息"的获取机制,是职业生涯导向下专业群建设需要解决的首要问题。本研究首先分析了在就业导向理念下,高职院校专业群建设实践中所存在的"产业—专业—就业"单向、线性的行动逻辑的理论根源是高等职业教育机械适应论的体现。高等职业教育机械适应论忽略了劳动力市场的复杂性,致使高职院校专业群建设无法及时反映就业市场的人才需求变化,并由此导致专业设置重复现象严重、人才培养技能培训化明显、就业质量重视不足且反馈不够、高职院校内部与外部联动机制尚未形成等现实困境,进而影响人才培养质量。因此,重新审视职业教育与社会发展的单向的、线性的适应关系,成为当前高职院校专业群建设所亟待解决的问题。

由此,本研究引入了卢曼的功能结构主义理论,认为高职教育作为社会系统的一个子系统,其自身也是自创生系统,具有组织闭合和结构开放、结构决定和结构耦合两组特征,其与外在环境是一种主动、动态的适应关系。作为自创生系统的高职教育,是以"专业群"作为"代谢生产网络"、以"职业生涯导向"作为纲要、以"职业人/非职业人"作为"二元符码"的"自我指涉"机制来运行进而培养出符合社会需求的高素质的技术技能人才。高职院校的"自我指涉"过程在本质上遵循的是高职教育与社会环境的"双联动"逻辑,即通过高职院校与教育部门、用人单位、人社部门等的"外部联动"以及与高职院校招生部门、教育部门、就业部门的"内部联动",实现"人才供需信息"与"个人生涯信息"的共建共享与传递反馈,进而服务于学生的职业生涯发展。在"双联动"逻辑下,高职教育系统内部与外在环境耦合关系的本质则是以具有专业群特色的高职人才"生产网络"的"复杂性"来化约社会发展对技术技能人才需求的"复杂性"。

职业生涯导向、"双联动"逻辑下的高职院校专业群建设实施路径,就是如何将高职专业群建设与学生的职业生涯发展相结合,其实质就是通过促进高职院校外部社会"人才供需信息"与内部学习者"个人生涯信息"的全面对接来为专业群动态建设提供依据。然而,"双联动"机制在现实运行中存在一定程度的脱节与失轨,表现为"外部联动"的"时滞效应"与"内部联动"的"孤岛现象"。而在"互联网+"背景下,基于云计算技术、大数据技术和泛在网络技术,可以实现高职院校与教育部门、人社部门、用人单位、行业协会的互联互通和数据的共建共享,进而形成多部门协同参与学生职业生涯发展的信息传递与反馈机制。由此,在服务于职业生涯发展的理念下,基于"互联网+"开发的学生职业生涯追踪平台,通过六个主体协同参与来实现九个数据库的共建共享,进而为学生职业生涯发展提供涵盖"志愿报考""学业监测""生涯指导""就业跟踪""失业预警""资历认证"六项系统的业务,进而实现"人才供需信息"与"个人生涯信息"的全面对接。

基于职业生涯追踪平台,通过云计算技术和大数据技术的分类、聚类、关联、预测等分析功能,从而能够为高职院校的专业群建设提供最可靠、最直接、最及时的学生生涯发展信息,并基于共享信息、共建资源和决策支持,进而构建包括"行业企业人才需求预测""在校生人才培养反馈""毕业生生涯发展分析"协同的专业群"动态化"结构布局调整策略,包括"人才培养方案动态调整""教学资源库共建共享""实习实训基地整合管理""师生数字化支持与服务"的专业群"智慧化"人才培养模式改革策略,包含"职业体验与生涯指导""信息推送与生涯追踪""失业预警与就业培训""资历认证与资格认定"的专业群"终身化"职业生涯发展服务策略。

需要指出的是，本研究是基于高职专业群建设的实践调研，尝试建构了包括职业生涯导向的价值理念、"双联动"的行动逻辑和基于职业生涯追踪平台的高职院校专业群建设的系统体系，对于高职院校专业群建设的研究和实践具有一定的指导意义。然而，本书仍然存在以下不足与局限，从研究立场上，尽管本研究专业群建设的视角由"社会需求"转向"个体生涯"，但是仍是基于高职院校的立场来看待专业群建设与学习者职业生涯发展的关系，而学习者的职业生涯发展是一个纵向的、涉及多个社会主体参与的复杂过程，因此，尚需从企业立场、政府立场等来进一步透视高职教育对于学习者职业生涯发展的角色与定位；从研究内容上，本研究主要通过从理论上反思高职教育的本质属性及其与社会的互动关系，进而从价值取向、行动逻辑和实施路径来系统地建构高职院校专业群建设体系。然而，如何实践、优化与改进高职院校专业群建设体系则需要与政府部门、用人单位等来进行更深的沟通和协商。由于研究者自身以及研究时间的局限，这两部分内容成为本研究的遗憾与不足，但为后续研究的深入和拓展提供了方向。

参考文献

中文文献

（一）著作

1. 国内著作

［1］阿里研究院：《互联网+：从 IT 到 DT》，机械工业出版社 2015 年版。

［2］曹淑江：《教育制度和教育组织的经济学分析》，北京师范大学出版社 2010 年版。

［3］陈久青：《大学学科建设论稿》，湖北人民出版社 2009 年版。

［4］陈向明：《质的研究方法与社会科学研究》，北京教育科学出社 2009 年版。

［5］陈向明：《质性研究：反思与评论（第 3 卷）》，重庆大学出版社 2013 年版。

［6］陈志强主编：《德国双元制职业教育本土化：技术与路径》，苏州大学出版社 2011 年版。

［7］褚宏启：《教育现代化的路径》，教育科学出版社 2000 年版。

［8］国家教委职业技术教育中心研究所：《职业技术教育原理》，经济出版社 1998 年版。

［9］黄日强：《比较职业技术教育研究》，原子能出版社 2010 年版。

［10］黄志成：《西方教育思想的轨迹》，华东师范大学出版社 2008 年版。

［11］纪之信：《职业技术教育学》，福建教育出版社 1995 年版。

［12］姜大源：《职业教育学研究新论》，教育科学出版社 2007 年版。

［13］姜大源：《当代世界职业教育发展趋势研究》，电子工业出版社

2013年版。
[14] 解战原：《当代社会分工论》，中国政法大学出版社1991年版。
[15] 匡瑛：《比较高等职业教育：发展与变革》，上海教育出版社2006年版。
[16] 劳凯声：《变革社会中的教育权与受教育权》，教育科学出版社2003年版。
[17] 刘春生、徐长发：《职业教育学》，教育科学出版社2002年版。
[18] 刘桂林：《中国近代职业教育思想简史》，高等教育出版社2010年版。
[19] 马化腾主编：《互联网+——国家战略行动路线图》，中信出版社2015年版。
[20] 潘懋元、王伟廉：《高等教育学》，福建教育出版社1995年版。
[21] 石伟平：《比较职业技术教育》，华东师范大学出版社2001年版。
[22] 石伟平、徐国庆：《职业教育课程开发技术》，上海教育出版社2006年版。
[23] 石伟平：《时代特征与职业教育创新》，上海教育出版社2006年版。
[24] 石中英：《知识转型与教育改革》，教育科学出版社2001年版。
[25] 谭光鼎、王丽云：《教育社会学：人物与思想》，华东师范大学出版社2013年版。
[26] 王荣发主编：《职业发展导论——从起步走向成功》，华东理工大学出版社2004年版。
[27] 项贤明：《泛教育论——广义教育学的初步研究》，山西教育出版社2000年版。
[28] 徐国庆：《实践导向职业教育课程研究》，上海教育出版社2005年版。
[29] 徐国庆：《职业教育原理》，上海教育出版社2007年版。
[30] 徐立冰：《云计算和大数据时代网络技术揭秘》，人民邮电出版社2013年版。
[31] 徐平利：《职业教育的历史逻辑和哲学基础》，广西师范大学出版社2010年版。
[32] 薛天祥：《高等教育学》，广西师范大学出版社2001年版。
[33] 阳荣威：《高等学校专业设置与调控研究》，湖南大学出版社2007

年版。
［34］叶立群：《职业技术教育学》，福建教育出版社 1995 年版。
［35］元三：《职业教育概说》，湖南教育出版社 1988 年版。
［36］翟海魂：《发达国家职业技术教育历史演进》，上海教育出版社 2008 年版。
［37］郑也夫：《吾国教育病理》，中信出版社 2014 年版。

2. 引进译著

［1］［奥］贝塔朗菲：《一般系统论》，秋同、袁嘉新译，社会科学文献出版社 1987 年版。
［2］［德］菲利克斯·劳耐尔、［澳］鲁珀特·麦克林：《国际职业教育科学研究手册》，赵志群等译，北京师范大学出版社 2014 年版。
［3］［德］雅斯贝尔斯：《什么是教育》，邹进译，生活·读书·新知三联书店 1991 年版。
［4］［法］埃德加·莫兰：《复杂性理论与教育问题》，陈一壮译，北京大学出版社 2004 年版。
［5］［加］迈克尔·富兰：《教育变革新意义（第三版）》，赵中建译，教育科学出版社 2005 年版。
［6］［加］尼科·斯科尔：《知识社会》，阴晓蓉译，上海译文出版社 1998 年版。
［7］［美］Ozmon, A., Craver, M.：《教育的哲学基础》，石中英等译，中国轻工业出版社 2006 年版。
［8］［美］阿兰·柯林斯、理查德·哈尔弗森：《技术时代重新思考教育》，陈家刚、程佳铭译，华东师范大学出版社 2015 年版。
［9］［美］丹尼尔·贝尔：《后工业社会的来临》，高铦等译，新华出版社 1997 年版。
［10］［美］杰弗里·H. 格林豪斯、杰勒德·A. 卡拉南、维罗妮卡·M. 戈德谢克：《职业生涯管理》，王伟译，清华大学出版社 2014 年版。
［11］［美］兰德尔·柯林斯、迈克尔·马科夫斯：《发现社会——西方社会学思想述评》，李霞译，商务印书馆 2014 年版。
［12］［美］鲁思·华莱士、［英］艾莉森·沃尔夫：《当代社会学理论》，刘少杰等译，中国人民大学出版社 2008 年版。
［13］［美］迈克尔·波特：《国家竞争优势》，李明轩、邱如美译，华夏

出版社 2002 年版。

［14］［美］约翰·杜威：《民主主义与教育》，王承绪译，人民教育出版社 2001 年版。

［15］［日］堺屋太一：《知识价值革命》，黄晓勇等译，生活·读书·新知三联书店 1987 年版。

［16］［英］理查德·唐金：《工作的历史》，谢仲伟译，电子工业出版社 2011 年版。

［17］［英］琳达·格拉顿：《转变——未来社会岗位需求变化及应对策略》，高采平译，电子工业出版社 2012 年版。

［18］［英］迈克尔·吉本斯主编：《知识生产的新模式：当代社会科学与研究的动力学》，陈洪捷、沈雯钦译，北京大学出版社 2011 年版。

［19］［英］维克托·迈尔—舍恩伯格、肯尼思·库克耶：《大数据时代》，周涛译，浙江人民出版社 2015 年版。

［20］［英］杰勒德·德兰迪：《知识社会中的大学》，黄建如译，北京大学出版社 2010 年版。

（二）期刊论文

［1］曹培杰、尚俊杰：《未来大学的新图景——"互联网＋高等教育"的变革路径探析》，《现代远距离教育》2016 年第 5 期。

［2］曹晔：《社会职业演变的六大趋势及其理论依据》，《中国职业技术教育》2010 年第 21 期。

［3］曾宪文、张舒：《论高等职业院校专业群建设——关于质的探讨》，《当代教育科学》2010 年第 3 期。

［4］查良松：《创建职业体验中心增强高职毕业生就业适应性》，《中国高等教育》2013 年第 12 期。

［5］车明朝：《互联网＋：职业教育面临的挑战与机遇》，《中国职业技术教育》2015 年第 22 期。

［6］陈林杰：《高职院校专业群构建的路径研究与实践案例》，《中国职业技术教育》2007 年第 26 期。

［7］陈鹏、庞学光：《培养完满的职业人——关于现代职业教育的理论构思》，《教育研究》2013 年第 1 期。

［8］陈鹏：《职业能力观演变的历史逻辑及其理论述评》，《中国职业技

术教育》2010 年第 6 期。

[9] 陈秀珍：《高职院校专业群课程体系构建的研究》，《中国职业技术教育》2015 年第 2 期。

[10] 戴明来、杨丽娜：《国外高职教育专业设置分析》，《中国成人教育》2007 年第 3 期。

[11] 戴勇：《高职实训基地关键资源池（KR—POOL）模式的研究与实践》，《中国职业技术教育》2015 年第 17 期。

[12] 邓光、傅伟：《职教育"专业"的涵义、特征与问题——基于高等教育类型的比较研究》，《现代教育管理》2011 年第 7 期。

[13] 丁东红：《卢曼和他的社会系统理论》，《世界哲学》2005 年第 5 期。

[14] 丁钢：《大学发展的教育使命》，《探索与争鸣》2005 年第 11 期。

[15] 方飞虎、潘上永、王春青：《高等职业教育专业群建设评价指标体系构建》，《职业技术教育》2015 年第 5 期。

[16] 冯向东：《学科、专业建设与人才培养》，《高等教育研究》2002 年第 3 期。

[17] 冯向东：《走出高等教育"适应论"意味着什么——对教育"适应论"讨论的反思》，《北京大学教育评论》2013 年第 4 期。

[18] 郭福春、徐伶俐：《高职院校专业群视域下的专业建设理论与实践》，《现代教育管理》2015 年第 9 期。

[19] 郭继强、郑程、姜俪：《论教育—就业结构与就业—产业结构的双联动》，《山东社会科学》2014 年第 2 期。

[20] 何景师、范明明：《产业融合背景下宽平台、多方向的专业群构建》，《职业技术教育》2012 年第 5 期。

[21] 和震、李玉珠：《基于〈国际教育标准分类法（2011）〉构建中国现代职业教育体系》，《首都师范大学学报》（社会科学版）2014 年第 3 期。

[22] 胡德鑫、王漫：《高等教育学科结构与产业结构的协调性研究》，《高教探索》2016 年第 8 期。

[23] 黄波、于淼、黄贤树：《职业带理论与现代职业教育体系建设》，《职业技术教育》2015 年第 1 期。

[24] 霍丽娟：《论专业群建设与高职教师的成长与发展》，《国家教育行

政学院学报》2010年第1期。

[25] 蒋直平、陈晚云：《高等教育在新型工业化进程中的价值选择》，《大学教育科学》2016年第3期。

[26] 焦瑶光、吕寿伟：《复杂性与社会分化——卢曼社会系统理论研究》，《自然辩证法》2007年第12期。

[27] 教育部调研团：《美国生涯与技术教育调研报告》，《中国职业技术教育》2016年第1期。

[28] 柯清超：《技术推动的教育变革与创新》，《中国电化教育》2012年第4期。

[29] 李恒威、徐怡：《从生物自创生到社会自创生》，《自然辩证法研究》2014年第4期。

[30] 李蕾：《以职业素质为本位构建高职教育课程》，《山东社会科学》2014年第12期。

[31] 李世勇：《我国高校学生生涯发展教育的现状分析与对策思考》，《思想理论教育导刊》2013年第8期。

[32] 李雪梅：《高等职业教育就业导向的异化与矫正》，《高等教育研究》2013年第10期。

[33] 李芸：《专业群建设背景下高职校园文化与行业文化的融合》，《江苏高教》2017年第1期。

[34] 李卓梅、王学军：《"能力开发"系统对高职院校人才培养模式改革的启示——以新加坡南洋理工学院为例》，《中国高教研究》2012年第10期。

[35] 刘家枢、高红梅、赵昕：《适应区域产业集群要求的高职专业集群发展对策思考》，《现代教育管理》2011年第4期。

[36] 刘霞：《基于产业链的高职专业群建设研究》，《中国职业技术教育》2012年第3期。

[37] 刘晓：《职业教育本质的再审视》，《职教论坛》2010年第10期。

[38] 刘育锋：《论职业教育的本质属性》，《职教论坛》2004年第4期。

[39] 刘育锋：《职业教育适应劳动力市场需求制度的国际比较》，《中国职业技术教育》2015年第36期。

[40] 刘毓：《高职院校松散型专业群建设研究》，《继续教育研究》2010年第6期。

[41] 刘云生：《论"互联网+"下的教育大变革》，《教育发展研究》2015年第20期。

[42] 刘志文：《知识社会转型中的知识与大学》，《高教探索》2005年第3期。

[43] 鲁洁：《超越性的存在——兼析病态适应的教育》，《华东师范大学学报》（教育科学版）2007年第12期。

[44] 鲁洁：《论教育之适应与超越》，《教育研究》1996年第2期。

[45] 吕慈仙、郑孟状：《服务型教育体系下高校招生就业联动模式的构建》，《教育发展研究》2011年第23期。

[46] 马君、周志刚：《发生学视野下职业教育价值观的历史演进》，《职业技术教育》2008年第22期。

[47] 孟景舟：《就业导向的职业教育改革》，《教育发展研究》2005年第1期。

[48] 孟景舟：《社会学与教育学：职业教育本质论的两种不同视野》，《职业技术教育》2008年第25期。

[49] 欧阳河：《职业教育基本问题初探》，《中国职业技术教育》2005年第12期。

[50] 潘庆祥：《国外高职教育专业设置的特点与启迪》，《中国成人教育》2002年第8期。

[51] 庞跃辉：《知识社会的本质特征、生成环境与创建途径》，《河北学刊》2002年第9期。

[52] 钱红、张庆堂：《高职院校专业群建设的实践与思考》，《江苏高教》2015年第1期。

[53] 强伟纲：《对高职专业群建设的思考》，《教育与职业》2013年第21期。

[54] 强伟纲：《专业群视角的高职实训基地建设研究》，《江苏高教》2014年第5期。

[55] 任晓鹏、任晓鲲、张小菊：《高职院校专业群组织构成与职责定位的探索》，《职业技术教育》2009年第26期。

[56] 申家龙：《职业教育的本质属性——初始职业化》，《河南职业技术师范学院学报》2003年第6期。

[57] 沈建根、石伟平：《高职教育专业群建设：概念、内涵与机制》，

《中国高教研究》2011 年第 11 期。

[58] 施泽波:《围绕产业链构建专业群的实践与思考》,《中国成人教育》2010 年第 12 期。

[59] 孙峰:《专业群与产业集群协同视角下的高职院校专业群设置研究》,《高等教育研究》2014 年第 7 期。

[60] 孙毅颖:《高职专业群建设的基本问题解析》,《中国大学教学》2011 年第 1 期。

[61] 谭镜星、曾阳素、陈梦迁:《从学科到学科群:知识分类体系和知识政策的视角》,《高等教育研究》2007 年第 7 期。

[62] 王红雨、闫广芬:《大学与社会关系新探——以卢曼的社会系统理论为中心》,《高教探索》2016 年第 5 期。

[63] 王秦、李宇红等:《高职院校学生学业成就评价体系改革》,《职业技术教育》2013 年第 7 期。

[64] 王佑镁、包雪、王晓静:《密涅瓦（Minerva）大学:MOOCs 时代创新型大学的探路者》,《远程教育杂志》2015 年第 2 期。

[65] 翁伟斌:《知识社会职业技术教育地位的哲学思考》,《中国职业技术教育》2012 年第 3 期。

[66] 吴翠娟、李冬:《高职教育专业群的内涵分析和建设思考》,《教育与职业》2014 年第 23 期。

[67] 吴德民、汤国栋:《重新审视高等职业教育的定位》,《教育与职业》2005 年第 11 期。

[68] 吴光普:《论教育的适应性》,《教育研究》1992 年第 12 期。

[69] 吴吉东:《高职院校专业群建设视域下的教师发展研究》,《职教论坛》2014 年第 5 期。

[70] 吴康宁:《知识社会中"工作成人"学习的基本特征》,《教育科学》2002 年第 6 期。

[71] 吴强:《地方高职应用电子技术专业群实践教学体系示范性建设研究》,《职教论坛》2014 年第 15 期。

[72] 谢莉花:《德国职业教育的"教育职业标准":职业教育条例的开发内容、路径与经验》,《外国教育研究》2016 年第 8 期。

[73] 徐国庆:《工作体系视野中的职业教育本质》,《职业技术教育（理论版）》2007 年第 28 卷第 1 期。

［74］徐涵：《论职业教育的本质属性》，《职业技术教育（理论版）》2007年第28卷第1期。

［75］徐恒亮、杨志刚：《高职院校专业群建设的创新价值和战略定位》，《中国职业技术教育》2010年第7期。

［76］徐平利：《教育性还是训练性：职业教育的哲学思考》，《教育发展研究》2007年第9期。

［77］徐生、王怀奥、梁蓓：《高职专业群背景下的学习领域课程开发与实施》，《职业技术教育》2010年第23期。

［78］徐秀维、蒋春霞、顾艳阳：《基于协同学视角的高职建筑工程专业群构建实证研究》，《教育与职业》2014年第29期。

［79］许文静、张晓：《从管理到治理：高职专业动态调整机制建构——基于中美比较的视角》，《职教论坛》2015年第28期。

［80］薛伟明：《高职院校专业实践课程群教学模式探索》，《江苏高教》2016年第1期。

［81］闫广芬、张栋科：《"互联网+职业教育"体系架构与创新应用》，《中国电化教育》2016年第8期。

［82］杨光：《坚持市场性与公益性的统一——试论高等职业教育专业建设的价值取向》，《教育研究》2004年第12期。

［83］杨善江：《高职院校专业群对接区域产业群的适应性分析——以常州高职教育园区为例》，《职业技术教育》2013年第5期。

［84］叶华光：《高职教育的特性分析与未来发展走向——与普通高等教育比较的视角》，《教育发展研究》2010年第1期。

［85］殷明、刘丹青、郑继昌：《美国学历资格框架（DQP）述评》，《中国职业技术教育》2016年第6期。

［86］尹艳秋：《论教育理想生成的基础：适应与超越》，《苏州大学学报》（哲学社会科学版）2004年第6期。

［87］应智国：《论专业群建设与高职院校的核心竞争力》，《教育与职业》2006年第14期。

［88］余凡：《从职业教育本真价值透视高职专业建设的困境及出路》，《江苏高教》2014年第6期。

［89］袁广林：《对高等职业教育本质属性的再认识》，《教育探索》2010年第5期。

[90] 袁洪志:《高职院校专业群建设探析》,《中国高教研究》2007年第4期。

[91] 岳瑞凤:《基于互联网思维的学生职业发展研究》,《中州学刊》2015年第7期。

[92] 张欢:《高职院校专业群课程体系构建方法探讨》,《中国职业技术教育》2014年第5期。

[93] 张俊超、陈琼英:《论高等教育对社会的适应与超越》,《中国高教研究》2015年第12期。

[94] 张平、苗杰、胡铮、田辉:《泛在网络研究综述》,《北京邮电大学学报》2010年第5期。

[95] 张人杰:《对"教育应适应市场经济需要"之再思考》,《高等教育研究》1994年第3期。

[96] 张社字:《我国职业教育面临的六大问题》,《教育发展研究》2009年第23期。

[97] 张新民、罗志:《高职专业群建设的机理、理论、动力和机制》,《职教论坛》2016年第27期。

[98] 张岩:《"互联网+教育"理念及模式探析》,《中国高教研究》2016年第2期。

[99] 张振元:《试论现代国民教育的价值取向——兼论职业学校教育的价值追求》,《职教论坛》2011年第1期。

[100] 章建新:《宽就业口径下的高职工商管理专业群构建》,《职业技术教育》2013年第11期。

[101] 章建新:《以产业为导向的职业教育辨析》,《教育与职业》2012年第35期。

[102] 章建新:《职业联系视角下高职专业群建设的效应分析与提升对策》,《职教论坛》2006年第12期。

[103] 中国高等教育学会专题研究组:《走向2030:中国高等教育现代化建设之路》,《中国高教研究》2017年第5期。

[104] 周川:《专业散论》,《高等教育研究》1992年第1期。

[105] 周建松、孔德兰、郭福春:《基于内涵发展的高职专业品质建设研究》,《中国大学教学》2013年第8期。

[106] 周劲松:《基于专业群的高职"平台+模块+方向"课程体系开

发》,《职业技术教育》2013年第8期。

[107] 周晶:《区域中高职专业协调发展的三个经济学视角》,《职业技术教育》2011年第34期。

[108] 周明星:《现代职业教育本质属性探析》,《教育与职业》2003年第1期。

[109] 周韵、李志强:《高职院校专业教学资源库建设的问题与对策》,《中国职业技术教育》2016年第8期。

[110] 周志刚、马君:《对职业教育本质问题研究的审视》,《中国职业技术教育》2009年第9期。

(三) 网络文献

[1]《2018年教育部将支持地方建200所优质高职院校》,http://www.moe.cn/jyb_xwfb/s5147/201607/t20160701_270340.html,2016年6月29日。

[2]《关于进一步深化教育改革,促进高校毕业生就业工作的若干意见》(教学〔2003〕6号),http://old.moe.gov.cn/publicfiles/business/htmlfiles/moe/s3265/201001/xxgk_80062.html,2004年4月25日。

[3]《关于印发〈高等职业院校内部质量保证体系诊断与改进指导方案(试行)〉启动相关工作的通知》(教职成司函〔2015〕168号),http://www.moe.cn/s78/A07/A07_gggs/A07_sjhj/201512/t20151230_226483.html,2015年12月30日。

[4]《国务院关于大力发展职业教育的决定》(国发〔2005〕35号),http://www.moe.cn/jyb_xxgk/moe_1777/moe_1778/tnull_27730.html,2005年10月28日。

[5]《国务院关于印发〈国家教育事业发展"十三五"规划〉的通知》(国发〔2017〕4号),http://www.gov.cn/zhengce/content/2017-01/19/content_5161341.htm,2017年1月9日。

[6]《教育部办公厅关于建立职业院校教学工作诊断与改进制度的通知》(教职成厅〔2015〕2号),http://www.moe.cn/srcsite/A07/moe_737/s3876_zdgj/201507/t20150707_192813.html,2015年6月24日。

[7]《教育部 财政部关于进一步推进"国家示范性高等职业院校建设计划"实施工作的通知》(教高〔2010〕8号),http://old.

moe. gov. cn/publicfiles/business/htmlfiles/moe/s3876/201008/xxgk_93891. html, 2007 年 7 月 26 日。

[8]《教育部 财政部关于实施国家示范性高等职业院校建设计划加快高等职业教育改革与发展的意见》(教高〔2006〕14 号), http://old. moe. gov. cn/publicfiles/business/htmlfiles/moe/s3876/201010/109734. html, 2006 年 11 月 3 日。

[9]《教育部 财政部关于印发〈国家示范性高等职业院校建设计划管理暂行办法〉的通知》(教高〔2007〕12 号), http://old. moe. gov. cn/publicfiles/business/htmlfiles/moe/s3876/201010/xxgk_109729. html, 2007 年 6 月 7 日。

[10]《教育部 财政部关于支持高等职业学校提升专业服务产业发展能力的通知》(教高〔2011〕11 号), http://old. moe. gov. cn/publicfiles/business/htmlfiles/moe/s6342/201407/171562. html, 2011 年 9 月 30 日。

[11]《教育部等六部门关于印发〈现代职业教育体系建设规划(2014—2020 年)〉的通知》(教发〔2014〕6 号), http://old. moe. gov. cn/publicfiles/business/htmlfiles/moe/moe_630/201406/170737. html, 2014 年 6 月 16 日。

[12]《教育部关于全面提高高等职业教育教学质量的若干意见》(教高〔2006〕16 号), http://old. moe. gov. cn//publicfiles/business/htmlfiles/moe/moe_1464/200704/21822. html, 2006 年 11 月 16 日。

[13]《教育部关于深化职业教育教学改革全面提高人才培养质量的若干意见》(教职成〔2015〕6 号), http://www. moe. edu. cn/srcsite/A07/moe_953/201508/t20150817_200583. html, 2015 年 7 月 29 日。

[14]《教育部关于推进高等职业教育改革创新引领职业教育科学发展的若干意见》(教高〔2011〕12 号), http://old. moe. gov. cn/publicfiles/business/htmlfiles/moe/s6342/201407/xxgk_171561. html, 2011 年 9 月 29 日。

[15]《教育部关于以就业为导向深化高等职业教育改革的若干意见》(教高〔2004〕1 号), http://old. moe. gov. cn/publicfiles/business/htmlfiles/moe/moe_737/201001/xxgk_79654. html, 2004 年 4 月 6 日。

[16]《教育部关于印发〈高等职业教育创新发展行动计划(2015—2018

年)》的通知》(教职成〔2015〕9号),http://www.moe.edu.cn/srcsite/A07/moe_737/s3876_cxfz/201511/t20151102_216985.html,2015年10月21日。

[17]《教育部人力资源社会保障部工业和信息化部关于印发〈制造业人才发展规划指南〉的通知》,http://www.moe.gov.cn/srcsite/A07/moe_953/201702/t20170214_296162.html,2016年12月27日。

[18]《我国实施教育现代化推进工程,三部委印发实施方案,明确五大建设任务》,http://www.moe.gov.cn/jyb_xwfb/s5147/201702/t20170221_296808.html,2017年2月21日。

[19]《优质校建设,高职改革举起新标杆》,http://www.jyb.cn/zyjy/sjts/201611/t20161108_681573.html,2016年11月8日。

[20]《国务院关于印〈发国家职业教育改革实施方案〉的通知》,http://www.moe.gov.cn/jyb-xxgk/moe-1777/moe_1778/201904/t201904/t20190404_37601.html,2019年1月24日。

外文文献

(一)论文

[1] Bridget Duncan Shem Well, The effects of a curriculum intervention on Arkansas students' interests in manufacturing as measured by the Kuder career interest assessment, Arkansas State University, 2010.

[2] Christine Kerlin: Measuring Student Satisfaction with the Service Processes of Selected Student Educational Support Services at Everett Community College, Oregon State University, 2000.

[3] Clarence C. Rohrbaugh, Individual differences and career decision factors: a bayes net representation, Kansas State University, 2000.

[4] Fang, Chung-Ha'iung, Career maturity among Taiwan vocational industrial high school students in the machinery courses, The Pennsylvania State University, 1990.

high school teachers and CATE administrators as measured by the characteristics ofengineering and technology education survey, Clemson University, 2014.

[5] Johnson, Don Charles, Subtypes of career indecision and their relation to career planning courses, The University of Oklahoma, 1993.

[6] Jon W. Ramsey, Identifying entry-level skills expected by agricultural industry experts and determining teachers' perceptions on whether they are being learned through students' participation in the supervised agricultural experience component of the secondary agricultural education program: a two-panel delphi study, Oklahoma State University, 2009.

[7] Judson Wagner, Longitudinal Study of Career Cluster Persistence from 8th Grade to 12th Grade with a Focus on the Science, Technology, Engineering, & Math Career Cluster, Wilmington University, 2015.

[8] Kenneth Joseph Maguire, Post-college earnings of Iowa community college career and technical education students: Analysis of selected career clusters, Iowa State University, 2009.

[9] Laura Beth Smith, Perceptions of career and technology education among African American students, Clemson University, 2015.

[10] Lily Yaneth Calix Rodriguez, Factors influencing adult students' decisions to enroll in the architecture and construction career cluster at meridian technology center, Oklahoma State University, 2009.

[11] Mark VanBuren Crenshaw, Stem career cluster engineering and technology education pathway in Georgia: perceptions of Georgia engineering and technology education

[12] Michael Worley, A case study of regional occupational program teachers who have integrated mathematics standards into career and technical education courses, University of La Verne, 2008.

[13] Nancy Lynne Cox, Student characteristics and self-concept of secondary career and technical education students in a north central Texas region, University of North Texas, 2010.

[14] Steven Dee Fraze, The relationship of participation in selected ffa activities with career choice and job satisfaction of program completers in vocational agriculture in Texas, Texas A&M University, 1986.

[15] Stone, Sheila Dobbin, Products and services which should be provided be the Oklahoma Department of Vocational and Technical Education as

perceived by vocational instructors and administrators, Oklahoma State University, 1993.

[16] Tanis Ellyn Cooper Weiss, A bilingual career education module, North Texas State U niversity, 1981.

[17] Tanis Ellyn Cooper Weiss, A bilingual career education module, North Texas State U niversity, 1981.

[18] Wendy Lee Slusher, Competencies needed by graduates of secondary agricultural education in the animal systems career pathway for entry-level employment: a delphi study of indsutry experts in Oklahoma, Oklahoma State University, 2009.

（二）期刊论文

[1] AmlaSalleh, Syed Mohamad Syed Abdullah, Zuria Mahmud, SiminGhavifekr, Noriah Ishak, "A structured career intervention program for academically challenged students", *Asia Pacific Education Review*, No. 2, 2013.

[2] Anyadike-Danes, Michael, Mcvicar, Duncan, "You'll never walk alone: Childhood influences and male career path clusters", *Labour Economics*, No. 4, 2005.

[3] Barbara Morgan, "Engineering by Design (EbD): A Model for Career Clusters", *Technology Teacher*, No. 6, 2006

[4] Chung Hee-young, Pok Hwan Lee, "Analysis of the difference of satisfaction and career maturity by value group through cluster analysis", *Korean Journal of Aesthetic Science*, No. 2, 2009.

[5] Compton, Jonathan I., Laanan, Frankie Santos, Starobin, Soko S., "Career and Technical Education as Pathways: Factors Influencing Postcollege Earnings of Selected Career Clusters", *Journal of Education for Students Placed at Risk*, No. 1 - 2, 2010.

[6] Dedmond, Rebecca M., "Freshman Transition: A Preparatory Course to Career Clusters", *Techniques: Connecting Education and Careers*, No. 6, 2008.

[7] Dull, Lloyd W., "The Cluster Concept in Career Education", *Educational Leadership*, No. 3, 1972.

[8] Eun Young, Kim Jung Hwa, Mi-Kyung Kim, Kim Jin-kyung, "The relationship between cluster type and career disability according to career decision level and career preparation behavior of college students", *Korean Psychological Association: School*, No. 2, 2012.

[9] Evan, Aimee J., Burden, Frances F., Gheen, Margaret H., Smerdon, Becky A., "Explaining Variability in High School Students' Access to and Enrollment in Career Academies and Career Theme Clusters in Florida: Multi-Level Analyses of Student and School Factors", *Career and Technical Education Research*, No. 3, 2013.

[10] Grant B. Morgan Emailauthor Mark M. D' Amico Kari J. Hodge, "Major differences: modeling profiles of community college persisters in career clusters", *Quality & Quantity*, No. 1, 2015.

[11] Hyun Eun Jeong, "College students' dysfunctional career thinking and career decision self-efficacy", *Youth Counseling Research*, No. 2, 2015.

[12] Jasmi A. Talib, Amla Salleh, Salleh Amat, Simin Ghavifekr, Azlinda M. Ariff, "Effect of career education module on career development of community college students", *International Journal for Educational and Vocational Guidance*, No. 1, 2015.

[13] Jean-Denis Culié, Svetlana N. Khapova, Michael B. Arthur, "Careers clusters and employment mobility: The influences of psychological mobility and organizational support", *Journal of Vocational Behavior*, No. 2, 2014.

[14] Jorgensen, Haley, "Learner-Focused Curriculum Design Software Incorporates Career Clusters", *Community College Week*, No. 10, 2008.

[15] Jung Sung-mo; Seon, Hyeyon, "Emotions of college students anddifferences in the type of clusters based on personality career problems and interpersonal competence", *Learner-centered Curriculum Education Research*, No. 3, 2017.

[16] Kevin R. Kelly, "Concurrent Validity of the Kuder Career Search Activity Preference Scales and Career Clusters", *Journal of Career Assessment*, No. 1, 2002.

[17] Kim Min Jung, Yang Hyun Jeong, "Career preparation behavior, job

stress, search for career preparation type according to career decision level", *Counseling Research*, No. 1, 2015.

[18] Lee JiHye, "Relationship between cluster type and career maturity according to college students' career identity and career resilience", *Learner-centered Curriculum Education Research*, No. 2, 2013.

[19] Lee Ji-won, Lee, Ki-Hak, "Differences in career adaptation and life satisfaction according to cluster type according to self-growth initiative and career call", *Counseling Research*, No. 6, 2015.

[20] Lisa M. Larson, P. Paul Heppner, Tom Ham and Ken Dugan, "Investigating Multiple Subtypes of Career Indecision Through Cluster Analysis", *Journal of Counseling Psychology*, No. 4, 1988.

[21] Luisi, P. L. Autopoiesis, "A Review and a Reappraisal", *Naturwissenschaften*, 2003.

[22] McCharen, Belinda, "The Success of Implementing Programs of Study in Health Careers through Career Clusters and Pathways", *Career and Technical Education Research*, No. 3, 2008.

[23] Miller, Jared, "Labor Market Information for Career Cluster Initiatives", *Techniques: Connecting Education and Careers*, No. 6, 2008.

[24] Morgan, Grant; D'Amico, Mark, Hodge, Kari, "Major differences: modeling profiles of community college persisters in career clusters", *Quality & Quantity*, No. 1, 2015.

[25] Park Min-ji, Kay-Hyon, Kim, "Differences in the demand for career service by cluster type based on career development variables of college students", *Counseling Research*, No. 5, 2015.

[26] Reese, Susan, "Career Clusters Implementation in the States", *Techniques: Connecting Education and Careers*, No. 6, 2008.

[27] Richard D. Lakes, "Rescaling Vocational Education: Workforce Development in a Metropolitan Region", *The Urban Review*, No. 5, 2008.

[28] Santos, Paulo Jorge Ferreira, Joaquim Armando, "Career Decision Statuses Among Portuguese Secondary School Students: A Cluster Analytical Approach", *Journal of Career Assessment*, No. 2, 2012.

[29] Shetay N. Ashford, Rheta E. Lanehart, Gladis K. Kersaint, Reginald

S. Lee, Jeffrey D. Kromrey, "STEM Pathways: Examining Persistence in Rigorous Math and Science Course Taking", *Journal of Science Education and Technology*, No. 6, 2016.

[30] Sibert, Bonnie, Rowe, Anne, McSpadden, "The Career Clusters Initiative: Three States Outline Implementation Progress", *Techniques: Connecting Education & Careers*, No. 6, 2007.

[31] Song Zhixiao; Lee, Jungyoon, "College students' personality and motivation to change is a type of special route on the basis of the difference in preparation for action", *Discussion Studies*, No. 3, 2014.

[32] Steven Casper, Fiona Murray, "Careers and clusters: analyzing the career network dynamic of biotechnology clusters", *Journal of Engineering and Technology Management*, No. 1, 2005.

[33] Tai-Ho KimYoung-HyeKim, "The effect of a computer-assisted career guidance program on secondary schools in Korea", *Asia Pacific Education Review*, No. 1, 2001.

[34] Thomas F. Harrington, "The construct validity of the career decision-making system cross-culturally", *International Journal for the Advancement of Counselling*, No. 4, 1986.

[35] Torpey, Elka, "Clusters, pathways, and BLS: Connecting career information", *Career Outlook*, No. 3, 2015.

[36] W. Norton Grubb, "An Occupation in Harmony: The Roles of Markets and Government in Career Information and Guidance", *International Journal for Educational and Vocational Guidance*, No. 2, 2004.

[37] Yoo, Nahyun; Lee, Ki-Hak, "Cluster types of career decision-making difficulties and intervention of universitystudents in Korea", *The Journal of Career Education Research*, No. 2, 2016.

（三）网络文献

[1] A Quality Education For All: A Career and Technical Education Policy Agenda, http://www.shankerinstitute.org/sites/shanker/files/CTE-POLICY-AGENDA-3-10-9-131.pdf, 2018年1月25日。

[2] Advance CTE. Career Clusters, https://careertech.org/career-clusters, 2018年1月25日。

[3] ILO. International Standard Classification of Occupations – 08, http：//www. ilo. org/public/english/bureau/stat/isco/isco08/index. htm，2008年3月5日。

[4] Introduction to The Common Career Technical Core, https：//careertech. org/sites/default/files/CCTC_Standards_Formatted_2014. pdf? f = numswdh&t = – – type&ft = gjlock& – – type = 0，2018 年 1 月 25 日。

[5] Katherine Ruffing, The History of careerclusters, http：//occrl. Illinois. edu/sites/default/. . . /Careerclusterhistory. doc, 2018 年 1 月 25 日。

[6] Lumina Foundation. DegreeQualificationsPro-file, http：//degreeprofile. org/wp-content/uploads/2017/03/DQP-web-download-reference-points-FINAL. pdf, 2014 年 10 月 21 日。

[7] NAICSAssociation. NAICS Structure, https：//www. naics. com/history-naics-code/, 2018 年 1 月 25 日。

[8] The Office of Management and Budget. 2000 SOCSystem, https：//www. bls. gov/soc/2010/home. htm，1999 年 6 月 29 日。

[9] The Office of Management and Budget. 2010 SOC System, https：//www. bls. gov/soc/2010/home. htm，2009 年 3 月 31 日。

[10] The Office of Management and Budget. 2018 SOC System, https：//www. bls. gov/soc/. 2018/home. htm，2017 年 11 月 28 日。

[11] UNESDOS. International Standard Classification of Education 2011, http：//www. uis. unesco. org/EDUCATION/pages/international-standard-classification-of-education. aspx，2011 年 9 月 5 日。

后 记

本书在博士论文的基础上修改完成。回首三年的博士求学生涯,感慨良多。这三年时间,既是学术的成长经历,也是生活的人生阅历。而今新书得以付梓,既是对自己求学生涯的总结,也是未来研究工作的开端。

博士学位论文得以出版,首先应感谢我的导师闫广芬教授。闫老师是一位开朗、豁达、坚毅的知识女性,既是我求学之路上的学术导师,也是我人生之路上的灵魂导师。三年前,老师语重心长地对我说,读博之路并非坦途,要做好克服困难的心理准备,当时还对博士生活不太了解的我将信将疑,一路走来,我真切体味了求学之路中的迷茫、困惑,以致曾经丧失信心,甚至考虑放弃,然而,正是由于老师一如既往的信任、毫无保留的鼓励、竭尽所能的支持,让自己的求学之路变成了自我探索之路、突破之路、成长之路。除了学习,老师更是自己的人生导师,三年的时间里,面对由教师到学生的角色转变、孩子出生后的角色适应、父亲病故后的角色责任,自己一时间感到压力山大,而老师每次都像一位慈祥的长者一样,引导我适应多重角色的转变、理解责任的内涵、形成积极的人生观,由此,才能使我顺利地坚持到现在。感谢老师,这三年里,老师的学术修养与人格魅力犹如人生的灯塔,一直照亮着自己前进的方向。

感谢在高职院校实践调研中,接受访谈的学校相关负责人和代帮我联系的院校领导们,正是有你们的热情帮助和鼎力支持,我的研究才得以顺利进行,在此,向你们致以最深的谢意!感谢四川高等职业教育中心魏会超和重庆商务职业学院徐林两位老朋友,竭尽所能帮我联系高职院校的相关负责人。感谢我硕博阶段的同窗挚友李亚昕和邓小华,你们的"无情"鼓励与渊博学识让我获益匪浅。感谢同门陈沛酉和师弟房基，是你们的鼓励和陪伴给了我继续坚守的力量。感谢我的硕士研究生冯瑞、赵丽佳、刘宇飞和孟丽单对书稿文字校订工作的大力支持。感谢中国社会科学出版社马明老师为此书的顺利出版提供的一切帮助。

最后，感谢我的妻儿、父母和兄弟。读博期间，妻子吴婷婷女士一人撑起了整个家，在支持我学业的同时，坚韧的把可爱懂事的嘟嘟带大，爱人是我读博期间最坚强和最温暖的存在；父母一生勤恳、为人和善，为儿女成长倾注了毕生的心血，支持我一路从小学直至大学，父亲即使病重期间，仍不忘对我学业的鼓励，父母一直是我心中最强大的后盾；感谢哥哥和弟弟，求学在外多年，是你们将家中大小事宜安排妥当，一直对我学业大力支持。感谢所有的家人，正是你们一直以来对我的关心和支持，才让我一路走到现在。我会肩负你们的期望，不忘初心，努力前行！

本书系 2015 年度教育部哲学社会科学研究重大课题攻关项目"毕业生就业率、就业质量、职业发展与高等教育事业发展研究"和河北省高等学校人文社会科学重点研究基地"河北大学高等教育与区域发展研究中心"的研究成果之一。感谢河北大学教育学院对本书出版的大力资助，在此一并致以诚挚的谢意。

张栋科
2020 年 4 月 1 日